物流成本管理

（微课版）

主　编　王桂荣　张如意　魏正涛
副主编　张胜柱　王　伟
主　审　戴　明

北京理工大学出版社
BEIJING INSTITUTE OF TECHNOLOGY PRESS

内 容 简 介

"物流成本管理"是物流工程、物流管理等相关专业的必修课，同时适用于有志于从事物流相关工作的广大社会学习者。物流成本管理是企业管理物流活动的重要环节，课程在学习者已经掌握现代物流管理、会计学原理及物流基本理论与方法、具备一定工程实践能力基础上，系统掌握物流成本核算、分析、预算、评价及控制的基本原理与方法；描述宏观和微观物流成本的构成；说明物流成本管理在企业中的应用；阐释物流成本管理发展趋势和前沿理论。具有运用成本管理相关理论，对企业物流成本进行核算、预测、评价的能力；具有数据分析能力，能够对企业物流成本决策与控制提出合理建议。引导学生形成系统性、创新性思维；树立团结协作、时效至上的职业素养；具备成本节约和"双碳"理念。

图书在版编目（CIP）数据

物流成本管理：微课版 / 王桂荣，张如意，魏正涛主编. --北京：北京理工大学出版社，2024. 6.
ISBN 978-7-5763-4193-5

Ⅰ. F253.7

中国国家版本馆 CIP 数据核字第 2024YC9350 号

责任编辑：武丽娟　　**文案编辑**：武丽娟
责任校对：刘亚男　　**责任印制**：李志强

出版发行 / 北京理工大学出版社有限责任公司
社　　址 / 北京市丰台区四合庄路 6 号
邮　　编 / 100070
电　　话 / （010）68914026（教材售后服务热线）
　　　　　　（010）68944437（课件资源服务热线）
网　　址 / http://www.bitpress.com.cn

版 印 次 / 2024 年 6 月第 1 版第 1 次印刷
印　　刷 / 三河市天利华印刷装订有限公司
开　　本 / 787 mm×1092 mm　1/16
印　　张 / 12
字　　数 / 282 千字
定　　价 / 72.00 元

前言

现代物流是畅通国民经济循环的重要环节，一头连着生产，一头连着消费，高度集成并融合运输、仓储、分拨、配送、信息等服务功能，是延伸产业链、提升价值链、打造供应链的重要支撑，在构建现代流通体系、促进形成强大国内市场、建设现代化经济体系、推动高质量发展中发挥着先导性、基础性、战略性作用。近年来，物流降本增效积极推进，社会物流成本水平保持稳步下降，物流成本管理工作被提到了新的高度。

习近平总书记在 2022 年 10 月 16 日党的二十大报告中指出，"加快发展物联网，建设高效顺畅的流通体系，降低物流成本。加快发展数字经济，促进数字经济和实体经济深度融合，打造具有国际竞争力的数字产业集群。""加快推动产业结构、能源结构、交通运输结构等调整优化。实施全面节约战略，推进各类资源节约集约利用，加快构建废弃物循环利用体系"。2024 年 2 月 23 日习近平主持召开中央财经委员会第四次会议强调推动新一轮大规模设备更新和消费品以旧换新，有效降低全社会物流成本。可见加强物流成本管理，进一步降低物流成本，是扎实推进"六稳""六保"，保障和改善民生，为实体经济减负的重要举措，有助于促进产业升级和消费变革，进而推动经济高质量发展。

"物流成本管理"是物流工程、物流管理专业一门专业核心课程，服务于物流工程、物流管理专业人才培养目标。本教材根据物流行业发展的新形势和新特点，结合物流成本管理操作规程，系统介绍物流成本管理、成本的核算与分析、作业成本制度及其实施、物流成本的预算与决策、物流成本预算与控制、物流成本管理绩效评价、运输与配送成本管理、仓储成本管理等相关理论，并通过案例分析和能力训练，培养和提高读者的应用能力。本教材共 8 章，具有知识系统、案例丰富、注重创新、实用性强等特点。

本教材在借鉴大量优秀物流成本管理研究成果的基础上，结合作者对物流成本管理的认识而编写，具有以下特色。

1. 案例经典、丰富，具有行业前沿性

本教材在介绍物流成本管理理论的基础上，关注行业发展前沿，归纳整理具有代表性的案例，让学生把握物流成本管理的思想和精髓。

2. 编写体例、形式和内容注重应用性

本教材结合应用型本科人才培养目标，每章开头设置知识、能力和素质目标。接着以行业典型案例引入，激发学生学习兴趣。章后设置技能识练和实训案例，培养学生对知识的应用能力。最后设置"展-思-悟"，学习贯彻二十大精神、行业政策等，落实立德树人根本任务，实施课程思政。

3. 教学资源丰富

"物流成本管理"在山东省联盟在线平台建有丰富的线上学习资源。具体可登录https://coursehome.zhihuishu.com/courseHome/1000013578/191560/20#review 进行学习。或者扫描以下二维码。

扫码学习

"物流成本管理"教材由王桂荣、张如意、魏正涛担任主编；张胜柱、王伟担任副主编。在写作过程中，我们广泛参考了国内外有关物流成本管理的教材、专著和论文，特此说明，同时向有关作者和译者一并致谢。本教材在出版过程中，得到了北京理工大学出版社的大力支持和帮助，在此表示感谢。同时，竭诚欢迎广大读者批评指正。

目录

第 1 章 物流成本管理概述

教学目标

知识目标：
1. 了解物流成本的相关理论与物流成本管理的意义和作用；
2. 系统掌握物流成本的内涵和物流成本构成的内容。

能力目标：
1. 能分析物流成本相关理论学说；
2. 能解释物流成本的内容。

素质目标：
1. 获得在不同情境下解决实际问题的高效执行、交流沟通等高阶能力；
2. 具有严谨的工匠精神以及团队合作意识和风险防范与管控意识。

先导案例

立足"最后一公里"体验　构建线上线下一体化仓配体系

江苏苏宁物流有限公司

一、企业基本情况

（一）企业简介

江苏苏宁物流有限公司（以下简称苏宁物流）是苏宁控股集团旗下八大产业集团之一，创立于 2012 年，注册资本约 68 亿元。在智慧零售变革趋势下，苏宁物流专注于服务零售全渠道、全场景、全客群的发展模式，依托领先的软硬件支持，打造技术驱动的物流基础网络，面向合作伙伴输出高效协同的供应链解决方案。目前已形成涵盖仓配、冷链、即时配、快递、快运、跨境、售后、送装八大服务产品群。苏宁物流于 2018 年通过 ISO9001质量管理体系认证，获得国家智能化仓储物流示范基地、智慧物流配送示范单位、物流标准化重点推进企业、江苏省重点物流基地等多项荣誉。

（二）企业优势

一是自建物流网络。苏宁物流自建有大件、小件、冷链等各类大型仓储中心，建设立体仓、自动化仓、无人仓等高标准仓储设施，创新产地仓、前置仓、小店中心仓等运作模式。截至2019年上半年，苏宁物流联合天天快递仓储面积达到1 090万平方米，大件始发中心60个，小件始发中心24个，冷链物流仓46个，海外仓6个，干支线网络超过17 000条，运营车辆超过10万辆。

二是智慧物流平台。苏宁物流自主研发乐高平台、天眼平台、天机平台和指南针四大系统平台。其中，乐高平台是基于零售需求的复杂性和不确定性，为更加敏捷地响应市场而研发的模块化供应链物流管理信息平台；天眼平台是整合苏宁物流数据、参与社会数据置换、实现数字化管理的物流整体运营数据管理平台；天机平台是通过精准匹配物流供给与需求、优化物流资源配置等，对全局和全链条作业数据进行智能处理；指南针系统是通过协同场地限制、运营需求、作业效率、运作成本四大因素，实现全自动化运作、人机结合等多种方式的柔性化生产。

二、主要做法与成效

伴随苏宁零售业务的发展，苏宁物流持续推进线上线下一体化融合，完善"最后一公里"布局，拓展社会化服务功能，提升消费者体验。

（一）线上线下一体化融合

苏宁物流在集团线上线下融合总体战略下，持续整合上下游资源，打通线上（苏宁易购平台、苏宁易购天猫官方旗舰店）及线下（苏宁易购门店、苏宁小店等）渠道，打造线上线下一体化融合的仓储配送管理体系，实现门店端、PC端、移动端和家庭端四端协同，为消费者提供家电、3C、母婴、百货、超市、服装等全品类、全渠道的优质服务。在动态库存管理方面，通过大数据分析和智能调度系统，形成枢纽分拨和最短配送路由，实现全国范围"一盘货"管理；在货位管理方面，通过ABC分区及库存总量预测，缩短77%的订单拣选路线，提高拣选效率；在配送路径优化方面，通过建立虚拟模型和导入实际作业数据，形成动态路网规划、高灵敏的路由路线排程、智能调度引擎，平均提高车辆装载率18%，缩短总配送距离13%，降低配送成本22.3%。

（二）完善"最后一公里"布局

苏宁物流充分发挥线上线下零售平台和物流快递设施优势，通过建设快递直营网点、苏宁帮客县镇服务中心、苏宁小店生活帮、零售云门店自提网点，整合旗下天天快递网点等措施，打造智慧零售末端仓配综合服务网点，形成强大的城乡末端配送网络。主要模式有：一是"苏宁快递站点+零售云自提点+天天快递站点"三大基础站点组合，实现全网全地域覆盖；二是"苏宁生活帮+苏宁小店"深度融合，定位于"快递+"综合服务功能，代寄代收包裹；三是苏宁帮客县镇服务中心，打造集揽、仓、配、装、销、修、洗、收、换等功能于一体的综合服务体，强化县镇农村物流深度布局。

通过上述综合服务网点建设，有效破解城乡网点分布不均、不深、功能少等难题，更好地实现了"最后一公里"全国性布局。目前，苏宁物流已建设27 744个末端快递点、480家苏宁县级服务中心，覆盖全国2 858个区县，其中40%的区域已实现半日达配送和售后服务，60%的区域实现当日达服务。

（三）探索社会共享平台服务

苏宁物流打造开放的第四方综合物流信息服务平台，探索实现社会化服务转型。在社会化服务方面，平台基于物联网、大数据、云计算等技术形成信息化体系，实现支线运输、仓储、配送、自提等各环节供需双方的有效对接，并通过担保交易、信用管理、保险赔付等机制，提高物流交易的安全性与可靠性。在共享服务方面，推动包括美的、奥玛、志高、科捷等多家知名企业和近200余家中小型物流服务需求企业与物流企业开展业务合作；充分发挥共享平台优势，对各地"小""散"物流企业及物流运输车辆资源进行集聚整合，减少车辆返程空载，提高物流资源使用效率。目前，服务平台已入驻商户2 000余家，在线共享仓储租赁面积超过10万平方米，覆盖全国57个地区。

三、未来规划

一是强化集约配送业务。依托多元化、高标准的仓储资源和完善的末端配送网络，进一步发挥综合物流中心的集聚辐射功能。面向供应商、平台商户、社会客户提供工厂到仓库、经销商、门店和消费者的全链路物流解决方案。

二是优化乡村网络布局。继续加强乡镇末端网点建设，进一步提升农村"最后一公里"的服务质量。加快能力建设、资源整合和对外开放，打造农村现代寄递物流网，实现"县县有分拨、乡乡有网点、村村通快递"。

三是推进绿色物流发展。推广共享快递盒、循环中转袋(箱)、环保袋、环保填充物等减量化、复用化的包装产品，在农村地区逐步加大新能源车的使用比例。

（资料来源：商务部网站(www. mofcom. gov. cn)

http：//ltfzs. mofcom. gov. cn/article/af/202001/20200102928404. shtml)

思考

结合案例，查找资料分析我国企业物流成本管理的现状

1.1　物流成本概述

根据2021年12月1日正式实施的《中华人民共和国国家标准—物流术语》(GB/T 18354—2021)，物流成本可定义为"物流活动中所消耗的物化劳动和活劳动的货币表现"，即产品在实物运动过程中，如包装、运输、储存、流通加工、物流信息等各个环节所支出的人力、物力和财力的总和。

1.1.1　物流成本的含义

物流成本是完成诸种物流活动所需的全部费用。本书从管理和控制的角度，将物流成本分为宏观物流成本、货主企业物流成本和物流企业物流成本。

1. 宏观物流成本

宏观物流成本又可以称为社会物流成本。站在社会物流的角度，进行社会物流的优化，就要考虑物流成本的问题。人们往往用物流成本占国内生产总值(GDP)的比重来衡量一个国家物流管理水平的高低，这种物流成本就是指社会物流成本。

按照由国家统计局，国家发改委发布的《社会物流统计制度及核算表(试行)》中的定义，社会物流成本是指一定时期内，国民经济各方面用于社会物流活动的各项费用支出。

包括支付给包装、运输、储存、装卸搬运、流通加工、配送、信息处理等各个物流环节的费用；应承担的物品在物流期间发生的损耗；社会物流活动中因资金占用而应承担的利息支出；社会物流活动中发生的管理费用等。

2. 货主企业物流成本

这里所说的货主企业主要是指制造企业和商品流通企业。总体来说，制造企业物流是物流业发展的原动力，而商品流通企业是连接制造业和最终客户的纽带，是物流服务的需求主体。商品流通企业的经营活动就是对现有的商品进行销售来获取利润，其业务活动相对于制造企业较为简单，以进、销、存活动为主，不涉及复杂的生产物料组织，物品实体也较为单一，多为产成品。典型的商品流通企业包括商业连锁超市、商贸企业等，而一些B2C电子商务企业，如京东商城，在物流运作上也与商业连锁超市的物流运作类似，在本书中将其归入商品流通企业类型。而一些电子商务平台企业，如淘宝，由于自身只是提供平台服务，并不涉及相关的物流服务，其相关物流业务是由第三方物流企业展开的，因而其物流成本的问题可以从第三方物流企业的物流成本管理视角来展开，因此也将其归入商品流通企业。商品流通企业的物流成本从物流环节上看，包括运输成本、仓储成本、配送成本、管理成本等；从成本项目的角度看，包括企业员工工资及福利费；支付给有关部门的服务费，如水电费等；经营过程中的合理消耗费，如储运费、物品合理损耗及固定资产折旧等；支付的贷款利息；经营过程中的各种成本，如差旅费、办公管理费等。

制造企业的生产目的是将生产出来的物品通过销售环节转换成货币，为了销售生产经营的需要，制造企业所准备的物品应包括产成品、半成品、原材料和零配件等，其物流过程包括供应的开始中原材料以及零部件的采购；生产物品过程中制造的半成品存放、搬运、装卸、成品包装及运输到流通领域；仓储验收、分类、储存、保管、配送、运输等。

3. 物流企业物流成本

制造企业和商品流通企业是物流服务的需求主体，同时也是物流运营管理的主体，许多货主企业的物流业务是由企业内部的相关部门或二级公司来完成的。当然，大部分货主企业的物流业务并不一定全部由自己完成，或多或少总有外包部分，这就出现了对专业性物流业务企业的需求，由专业的物流企业来参与物流的运营管理，是社会专业化大生产的必然结果，也是提高物流效率、降低物流成本的有效途径。

根据物流服务企业提供的服务类型，可以把物流企业分为两类。第一类是提供功能性物流服务业务（如仓储、运输）的物流企业，这类企业在整个物流服务过程中发挥着很大的作用，这类一般只提供某项或者某几项主要的物流服务功能，如仓储服务企业、运输服务企业、快递服务企业等。第二类是提供一体化物流服务的第三方物流企业，第三方物流企业一般是指综合性的物流服务公司，能为客户提供多种物流业务服务。尽管目前第三方物流和一体化物流企业发展趋势十分显著，但是功能性物流服务企业的存在还是必要的，它可以发挥专业的优势，与第三方物流企业一起，共同完成客户的物流服务需求，达到降低成本、提高物流效率的目的。

物流企业在运营过程中发生的各项费用，都可以看成物流成本。因此，可以说物流企业的物流成本包括了物流企业的各项成本和费用。实际上，从另一个角度看，当货主企业把物流业务外包给物流企业运营时，物流企业发生的各项支出构成了它的物流成本，而物流企业向货主企业的收费（包括物流企业的成本费用、税金及一定的利润）就构成了货主企业的物流成本。

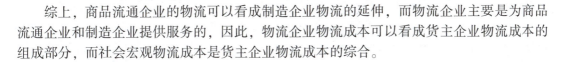

综上，商品流通企业的物流可以看成制造企业物流的延伸，而物流企业主要是为商品流通企业和制造企业提供服务的，因此，物流企业物流成本可以看成货主企业物流成本的组成部分，而社会宏观物流成本是货主企业物流成本的综合。

1.1.2　物流成本的特征

与产品成本(财务会计概念)比较，物流成本具有基本特征交替损益规律。

1. 基本特征

(1)货币计量。物流成本是以货币计量的费用支出，无法以货币计量的费用不能计入物流成本。

(2)相关性。物流成本是特定物流活动过程中发生的费用支出，与物流活动无关的费用不能计入物流成本。

(3)全局性。物流成本是管理会计中的成本概念，既包括实际耗费的经济资源，也包括机会成本。其贯穿于企业经营活动和筹资活动全程，不仅仅包括正常经营活动中的费用支出。

(4)独立性。物流成本不包括物流活动过程中物的价值，是独立于物的价值之外的、在物的流动过程中发生的费用支出。

2. 物流成本的交替损益规律

物流成本除了具有上述特征，还具有交替损益规律这一特征。

物流成本交替损益规律又称为物流成本效益背反规律、二律背反效应。物流系统的效益背反包括物流成本与服务水平的效益背反和物流功能之间的效益背反。

(1)物流成本与服务水平的效益背反。

物流成本与服务水平的效益背反是指物流服务的高水平必然带来企业业务量的增加、收入的增加，同时也带来企业物流成本的增加，使得企业效益下降，即高水平的物流服务必然伴随高水平的物流成本，而且物流服务水平与物流成本之间不呈线性关系，如图 1-1 所示。在没有很大技术进步的情况下，企业很难同时做到提高物流服务水平和降低物流成本。

从图 1-1 中可以看出，在物流服务处于较低水平时，追加物流成本 X，就可以把物流服务水平提高 Y_1；如果处于较高物流服务水平，同样追加物流成本 X，物流服务水平只能提高远小于 Y_1 的 Y_2。

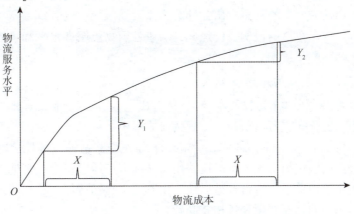

图 1-1　物流服务水平和物流成本的效益背反关系

（2）物流功能之间的效益背反。

物流功能之间的效益背反是指物流各项功能活动处于一个统一且矛盾的系统中，在同样的物流总量需求和物流执行条件情况下，一种功能成本削减会使另一种功能成本增加。因为各种费用互相关联，必须考虑整体的最佳成本。

我们知道，物流的基本功能主要是对货物的包装、装卸、保管、运输配送等职能，这些基本职能之间就存在此消彼长的效益背反。

例如，从配送中心的数量与运输配送费和保管费的关系来看，一个企业如果在配送范围内建立多个配送中心，运输配送成本必然下降，因为运输距离变短，但是同时，由于单个配送中心必须配备一定数量的保管人员、车辆，且保持一定的商品库存，必然导致企业整体的工资费用、保管费、库存资金占用利息等大大增加。也就是说，运输成本和保管费用之间存在着二律背反关系，二者交替损益。

企业物流管理肩负着"降低物流成本"和"提高物流服务水平"两大任务，这是一对相互矛盾的对立关系。整个物流合理化，需要用总成本评价，这反映出企业物流成本管理的效益背反特征及企业物流对整体概念的重要性。

思考
列举生活中的二律背反效应

1.2 企业物流成本的基本构成

1.2.1 宏观物流成本的构成

宏观物流成本是核算一个国家在一定时期内发生的物流总成本，是不同性质企业微观物流成本的总和。按照2004年由国家统计局、国家发展改革委员会发布的《社会物流统计制度及核算表（试行）》中的定义，社会物流成本是指一定时期内，国民经济各方面用于社会物流活动的各项费用支出，包括：支付给运输、储存、装卸、搬运、包装、流通加工、配送、信息处理等各个物流环节的费用；应承担的物品在物流期间发生的损耗；社会物流活动中因资金占用而应承担的利息支出；社会物流活动中发生的管理费用等。一个国家物流成本总额占国内生产总值的比例，已经成为衡量各国物流服务水平和物流发展水平高低的标志。

1. 宏观物流成本构成的概念性公式

$$物流总成本 = 运输成本 + 存货持有成本 + 物流行政管理成本$$

基于这个概念性公式，可以认为，宏观物流成本由3个部分构成：

（1）运输成本（Transportation Cost）。运输成本分为公路运输、其他运输方式和货主费用三个类别。公路运输包括本地卡车运输费用与城际卡车运输费用。其他运输方式包括铁路运输费用、水路运输费用、油料管道运输费用、航空运输费用、货运代理费用。货主费用包括运输管理部门的运营费用和货物装卸费。

（2）存货持有成本（Inventory Carrying Cost）。存货持有成本包括仓储成本、残损、人力费用及保险和税收费用，还包括库存占用资金的利息。把库存占用资金的利息计入物流成本，是现代物流成本与传统物流成本的最大区别。

（3）物流行政管理成本（Logistics Administration Cost）。物流行政管理成本包括订单处理、IT成本以及市场预测、计划制订和相关人员发生的管理费用。

2. 我国宏观物流成本的构成

根据中华人民共和国国家标准《社会物流指标体系》（GB/T 24361—2009），我国社会物流总成本是指我国全部常住单位因社会物流经济活动而发生的总费用，具体包括运输费用、保管费用和管理费用。

（1）运输费用。

运输费用是指社会物流经济活动中，国民经济各部门由于物品运输而支付的全部费用。包括支付给物品承运方的运费（即承运方的货运收入），支付给装卸搬运、保管、代理等辅助服务提供方的费用（即辅助服务提供方的货运业务收入），以及支付给运输管理与投资部门，由货主方承担的各种交通建设基金、过路费、过桥费、过闸费等运输附加费用。

运输费用的计算公式是：

$$运输费用=运费+装卸搬运等辅助费+运输附加费$$

具体计算时，根据铁路运输、道路运输、水上运输、航空运输和管道运输等不同的运输方式及对应的业务核算办法分别计算。

（2）保管费用。

保管费用是指社会物流经济活动中，物品从最初的资源供应地（生产环节、海关关境）向最终消费地流动过程中所发生的运输费用和管理费用除外的全部费用。包括物流过程中因流动资金的占用而需承担的利息费用，仓储保管方面的费用，流通中配送、加工、包装、信息及相关服务方面的费用，以及物流过程中发生的保险费用和物品损耗费用等。

保管费用的计算公式是：

$$保管费用=利息费用+仓储费用+保险费用+货物损耗费用+信息及相关服务费用+$$
$$配送费用+流通加工费用+包装费用+其他保管费用$$

（3）管理费用。

管理费用是指社会物流经济活动中，物品供需双方的管理部门因组织和管理各项物流活动所发生的费用。主要包括管理人员报酬和福利、办公费用、教育培训、劳动保险、车船使用等各种属于管理费用科目的费用。

管理费用的基本计算公式是：

$$管理费用=社会物流总额×社会物流平均管理费用率$$

式中，社会物流平均管理费用率，是指报告期内各物品最初供给部门完成全部物品从供给地流向最终需求地的社会物流活动中，管理费用额占各部门物流总额的综合平均数。

练一练

（单选题）以下（　　　）不是社会物流成本的构成部分。

A. 运输成本　　　　　　　　　B. 存货持有成本

C. 人力成本　　　　　　　　　D. 物流行政管理成本

1.2.2 企业物流成本的基本构成

1. 基本成本项目

按照国家标准《企业物流成本构成与计算》（GB/T 20523—2006）中对企业物流成本的类型描述，企业物流成本构成包括企业物流成本项目构成、企业物流成本范围构成和企业物流成本支付形态构成三种类型，见图1-2所示。

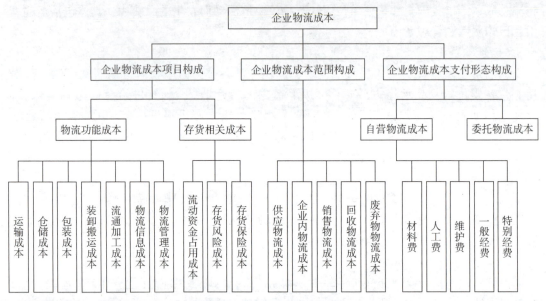

图1-2　企业物流成本构成

从图1-2可看出，企业物流成本包括运输成本、仓储成本、包装成本、装卸搬运成本、流通加工成本、物流信息成本、物流管理成本等物流功能成本和与存货有关的流动资金占用成本、存货风险成本以及存货保险成本，不同成本由不同的支付形态构成，存在于不同的物流范围阶段。

（1）物流功能成本。

物流功能成本包括物流运输成本、物流管理成本和物流信息成本。物流运作成本包括运输成本、仓储成本、包装成本、装卸搬运成本和流通加工成本。物流运作成本包括企业本身发生的费用支出和委托外单位进行物流运作支付的费用。

（2）存货相关成本。

物流成本除了包括上述物流功能成本，还包括与存货有关的流动资金占用成本、存货风险成本和存货保险成本。

①流动资金占用成本。

流动资金占用成本是指一定时期内，企业在物流活动过程中因持有存货占用流动资金所发生的成本，包括存货占用银行贷款所支付的利息和存货占用自有资金所发生的机会成本，前者属显性成本，后者属隐性成本。

②存货风险成本。

在物流活动过程中，由于多种不确定因素的存在，原材料、半成品、产成品等存货通常面临风险损失，例如，产品在运输过程中可能发生破损或完全损毁导致价值丧失，在装卸搬运过程中可能发生货物破损、散失和损耗，在保管过程中可能会发生货物的毁损、丢失等，同时，因保管时间长等原因，还会发生货物的跌价损失等。

存货风险成本指一定时期内企业在物流活动过程中所发生的物品损耗、毁损、盘亏以及跌价损失等。广义上说，无论会计核算体系是否反映，只要存货发生了风险损失，都应计入存货风险成本。但从可操作性和重要性角度考虑，这里仅将显性成本即会计核算体系中反映的存货损失成本计入存货风险成本，会计核算体系中没有反映的贬值、过时损失等则不计入存货风险成本。

就物流范围而言，因存货风险损失在运输、仓储、装卸搬运等环节都可能发生，因此，存货风险成本存在于供应物流、企业内物流和销售物流阶段。

③存货保险成本。

近年来，为分担风险，很多企业开始对货物采取投保缴纳保险费的方式来减少风险损失。保险费支出的高低与产品价值和类型以及产品丢失或损坏的风险程度等因素相关。

存货保险成本指一定时期内企业在物流活动过程中，为预防和减少因物品丢失、损坏造成的损失，而向社会保险部门支付的物品财产保险费用。

就物流范围而言，物品丢失、损毁主要发生于采购、保管和销售过程中；就存货实物形态而言，既包括在途存货，物流、企业内物流和销售物流阶段，也包括库存存货，因此，存货保险成本存在于供应物流、企业内物流和销售物流阶段。

各项物流功能成本，其支付形态主要包括人工费、材料费、维护费和一般经费。与物流功能成本不同，存货相关成本包括流动资金占用成本、存货风险成本和存货保险成本，其支付形态在特别经费中反映。

2. 制造企业物流成本的构成

制造企业物流是指单个制造企业的物流活动，是微观物流的主要形式。制造企业物流包括从原材料采购开始，经过制造过程的转换活动，到形成具有一定使用价值的产成品，直到把产品销售给中间商或用户全过程的物流活动。按照物流的定义，制造企业物流包括原材料（生产资料）供应物流、生产物流、销售物流及废弃物回收物流几个方面。典型的制造企业物流系统流程如图1-3所示。

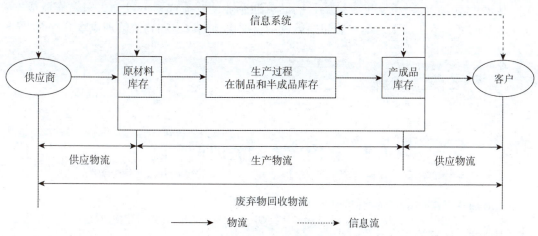

图1-3　典型的制造企业物流系统流程

与物流系统流程相对应，制造企业的物流成本也应该包括供应物流成本、生产物流成本、销售物流成本与废弃物回收物流成本 4 个方面。

制造企业物流成本的构成除从物流流程的角度进行分析外，也可以按照物流成本项目来分析其构成。制造企业物流成本项目主要包括：人工费，材料消耗，运输设施、仓库设施的折旧费、合理损耗，资金占用的利息费用、管理费用以及委托物流费用等。

3. 商品流通企业物流成本的构成

商品流通企业主要是指商业批发企业、商业零售企业、连锁经营企业等。流通企业物流成本是指在组织商品的购进、运输、仓储、销售等一系列活动中所消耗的人力、物力、财力的货币表现，相对于制造业来说，流通企业只是减少了生产物流的环节，并且其供应物流和销售物流是一体化的。图 1-4 为典型的商品流通企业物流系统业务流程。

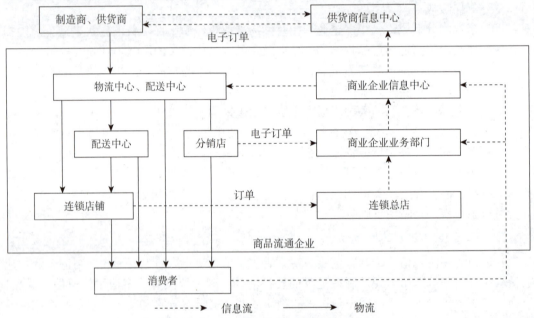

图 1-4　典型的商品流通企业物流系统业务流程

从物流环节与作业的角度来分类，商品流通企业的物流成本可以分为采购作业成本、仓储作业成本、流通加工成本、装卸搬运成本、配送运输成本和物流管理成本等方面。

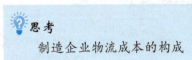

思考

制造企业物流成本的构成

1.3　物流成本相关理论学说

1.3.1　"黑大陆"学说

财务会计在物流成本核算过程中，将发生的人力、物力、财力分别计入生产成本、销售费用、管理费用和营业外支出等科目，这样，在损益表中无法反映物流成本在总成本以及销售额中所占的比重，因此物流成本的重要性往往被忽略，这就是物流成本被称为"黑大陆"的一个原因。

由于物流成本管理存在的问题以及有效管理对企业盈利、发展的重要作用，1962 年世界著名管理学家彼得·德鲁克在《财富》杂志上发表了《经济的黑大陆》一文，将物流比作"一块未开垦的处女地"，强调应高度重视流通以及流通过程中的物流管理。他指出："流通是经济领域里的黑暗大陆。"这里，虽然彼得·德鲁克泛指的是流通，但是由于流通领域中的物流活动的模糊性特别突出，是流通领域中人们认识不清的领域，所以"黑大陆"学说主要是针对物流而言的。

"黑大陆"学说的主要观点是尚未认识、尚未了解。"黑大陆"学说是对 20 世纪经济学界存在的愚昧认识的一种批驳和反对，指出在市场经济繁荣和发达的情况下，科学技术也好，经济发展也好，都没有止境。"黑大陆"学说也是对物流本身的正确评价，这个领域未知的东西还有很多，理论与实践都不成熟。

从某种意义上看，"黑大陆"学说是一种未来学的研究结论，是战略分析的结论，带有较强的哲学抽象性。这一学说对于物流成本领域的研究起到了启迪和动员作用。

1.3.2　物流成本冰山学说

物流成本冰山学说是日本早稻田大学西泽修教授最早提出的，他在研究物流成本时发现，财务会计制度和会计核算方法都不能掌握物流费用的实际情况，企业在计算盈亏时，销售费用和管理费用项目所列的"运输费用"和"保管费用"的金额一般只包括企业支付给其他企业的运输费用和仓储保管费，而这些外付费用不过是企业整个物流成本的冰山一角，他把这种情况比作"物流冰山"。冰山的特点是大部分沉在水面之下，露出水面的仅是冰山的一角。物流便是一座冰山，其中沉在水面以下的是我们看不到的黑色区域，而我们看到的不过是物流成本的一部分，如图 1-5 所示。

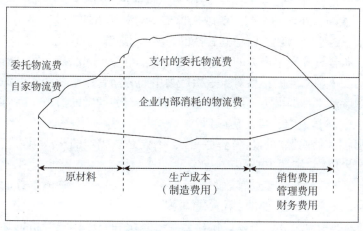

图 1-5　物流成本冰山

西泽修教授用物流成本具体分析了德鲁克的"黑大陆"学说。事实证明，物流领域的方方面面对我们而言还是不清楚的，"黑大陆"和"冰山"的水下部分正是物流尚待开发的领域，也正是物流的潜力所在。

一般情况下，在企业的财务数据中，只能看到支付的外部运输和仓储费用，而实际上，这部分成本在整个物流成本中确实犹如冰山一角。购买原材料所支付的费用，物流基础设施的折旧费，企业利用自己的车辆运输、利用自己的仓库保管货物，由自己的工人进行包装、装卸搬运，以及与物流有关的利息支出等，都计入了原材料、生产成本、制造费用、管理费用、销售费用和财务费用等科目中。事实上，企业向外部支付的物流成本只是物流总成本中很小的一部分。美国、日本等国家的实践都表明，企业实际物流成本的支出往往要超过企业对外支付物流成本额的 5 倍以上。

物流成本冰山学说之所以成立，除了会计核算制度本身没有考虑到物流成本，主要有以下三个方面的原因：一是物流活动范围太大，包括供应物流、企业内物流、销售物流、废弃物回收物流，从而使物流成本的计算贯穿于企业经营活动始终；二是物流运作环节太多，包括运输、仓储、包装、装卸搬运、流通加工、物流信息、物流管理等；三是物流成本支付形态复杂，除了对外支付的费用，内部支付形态包括材料费、人工费、设施设备的折旧费、维护修理费、燃料费、水电费、办公费等，几乎涵盖了会计核算中的所有支付形态。正是由于上述三个方面的原因，物流成本难以计算，计算时难免挂一漏万。因此，我们所掌握的物流成本确实犹如冰山一角。

1.3.3 "第三利润源"学说

"第三利润源"的说法也是日本早稻田大学的教授西泽修在 1970 年提出的。

从历史发展来看，人类历史上曾经有过两个大量提供利润的领域。在生产力相对落后、社会产品供不应求的历史阶段，由于市场商品匮乏，制造企业无论生产多少产品都能销售出去，于是就大力进行设备更新改造、扩大生产能力、增加产品数量、降低生产成本，以此来创造企业剩余价值，即第一利润。当产品充斥市场，转为供大于求，销售产生困难时，也就是第一利润达到一定极限很难持续发展时，便采取扩大销售的办法寻求新的利润源泉。人力领域最初是廉价劳动力，其后则是依靠科技进步提高劳动生产率，减少人力消耗或采用机械化、自动化来减少劳动耗用，从而降低成本，增加利润，我们称之为"第二利润源"。然而，在前两个利润源越来越小，利润开拓越来越困难的情况下，物流领域的潜力受到重视，于是出现了西泽修教授的"第三利润源"的说法。

这三个利润源着重开发生产力的三个不同要素：第一个利润源的挖掘对象是生产力中的劳动对象；第二个利润源的挖掘对象是生产力中的劳动者；第三个利润源的主要挖掘对象则是生产力中劳动工具的潜力，同时注重劳动对象与劳动者的潜力，因而更具全面性。

从"第三利润源"学说中，可以认识到：

(1)物流活动和其他独立的经济活动一样，不仅是总成本的构成因素，也可以是单独的盈利因素，可以成为"利润中心"。

(2)从物流服务角度看，通过有效的物流服务，可以给接受物流服务的生产企业创造更好的盈利机会，成为生产企业的"第三利润源"。

(3)通过有效的物流服务，可以优化社会经济系统和整个国民经济的运行，降低整个社会的运行成本，提高国民经济总效益。

练一练

(单选)根据"物流成本冰山"学说，露在水面之上的部分是(　　　　)。

A. 企业内部消耗的物流费　　　　B. 制造费用

C. 委托的物流费用　　　　D. 自家物流费用

1.4　物流成本管理概述

1.4.1　物流成本管理的产生和发展

对物流活动及物流管理的认识最初起源于美国。第二次世界大战期间，美国及其盟军需要在横跨欧洲、美洲、大西洋的广大空间范围内进行军需物品的补充调运。在军队人员调动，军用物品装备的制造、运输、供应、战前配置与调运、战中补给与养护等军事后期活动中，研究采用了一系列的技术、方法，使得这些后勤活动既能够及时保障供给、满足战争的需要，又能够使费用最省、时间最短、成本最低，还要安全、巧妙地回避敌方的攻击。由此，在美国军方形成了关于后勤管理（Logistics Management）的完整的思想、技术、方法体系，即通过对采购、运输、仓储、分发进行统筹安排、优化和全面管理，以求费用更低、速度更快、服务更好。物流成本管理伴随着美国军方的后勤管理由此产生。

我国的物流成本管理起步较晚，简单归纳为以下三个阶段：

第一阶段：20 世纪 70 年代末

1979 年，中国物资经济学会派代表团参加了在日本举行的第三届国际物流会议，第一次把"物流"这一概念从日本介绍到了国内。20 世纪 80 年代初，我国流通领域还带有很浓重的计划经济色彩，作为生产资料流通的主要承担者，国有物资部门开始从宏观角度研究物流。

第二阶段：20 世纪 90 年代

90 年代初，由于竞争的激烈，业态的多样化，导致流通利润下降，商业系统才开始重视物流，特别是开始重视连锁经营与配送关系的研究，使商业系统对物流的研究迈向了新的高度。1991 年，由中国物资流通学会承担的"工业企业物流合理化研究"课题组对我国电子、石化、有色金属等八个行业的物流现状作了一次表格调查，发现企业现有统计报表中按物流统计的数据极少，大量数据需要通过估算得出，有些数据甚至无法填写。这次活动引起企业对物流的重视，有些企业对本单位的物流状况进行了全面调查，对物流成本进行分析，对物流主要环节的某些指标定额进行探索（如物流吨费用、运输吨/公里费用、仓储吨日成本等）。物流成本开始进入初步的研究和实验性管理阶段，但还只限于个别的企业和部门，并没有引起全社会对物流成本的关注。

进入 90 年代后期，随着我国经济体制的改革，企业产权关系的明确，生产企业及其他流通企业开始认识到物流的重要性。国内一些企业的内部开始设立专门的物流部门，也开始出现了不同形式的物流企业（大多物流企业是由原运输企业、仓储企业、商业企业或工业企业等改造重组而来的），已有少数物流企业开始建立在物流理论上，根据物流运作规律进行组织与管理。此时，物流这个"第三利润源"引起了社会和企业的极大兴趣，大家纷纷参照国外的先进经验和技术来加强物流管理，组织专门的人员研究降低物流成本的理论和方法，物流成本管理开始迈向组织化。

第三阶段：21 世纪

进入 21 世纪，我国的物流业又有了新的发展，2020 年 6 月，国家发改委、交通运输部联合印发《关于进一步降低物流成本实施意见的通知》，提出将推进新兴技术和智能化设备应用，提高仓储、运输、分拨配送等物流环节的自动化、智慧化水平。网络经济的发展，电子商务对物流提出了新的要求，加强了我国物流业与世界物流业的合作与交流，使我国物流业发展开始走向国际化。对物流成本管理理论和方法的研究进入了一个新的阶段，出现了一些关于物流成本管理的专著和论文。一些企业开始引入物流成本预算制度，作为物流环节的运输、储存、装卸搬运等，也都有了一些行业的定额指标。近几年来有不少企业已在探讨和摸索，并在成本预算、控制、评价方面取得了一些积极的成果。理论界也在积极探讨关于建立统一的物流成本计算标准的问题。通过对物流成本的管理来改善物流流程，降低成本，提高效益，已经成为我国物流业的核心问题。

1.4.2　物流成本管理的意义与作用

物流成本是产品空间移动或时间占用中所耗费的人力、物力和财力的总和，包括包装、装卸、运输、储存、流通加工，以及信息处理等各种物流活动所发生的费用。物流成本管理即对物流相关的费用进行计划、协调与控制，具体包括物流成本预测、物流成本计划、物流成本决策、物流成本控制、物流成本核算、物流成本分析和物流成本检查六个方面。物流成本管理是企业物流管理的关键所在，是面向服务过程的，而不是面向企业经营的结果。进行物流成本管理不仅提高物流的效率和客户满意度，同时也降低了企业的成本，加快了企业商品的流通速度，给企业带来更多的利润，进而提高整个社会的经济效益。

专家认为："物流既是主要成本的产生点，又是降低成本的关注点""物流是降低成本的宝库"。物流成本管理是企业物流管理的核心，为此，所有企业都在谋求降低物流成本的途径。同样，我国也开始致力于这方面的研究。实行物流成本管理，降低物流成本，提高效益，对国家与企业都具有非常重要的现实与长远意义。

1. 物流成本管理的宏观意义

物流活动的成本对一个国家来说并非一个小数目，其在 GDP 中占有相当的份额。从宏观角度讲，进行物流成本管理，给企业和社会带来的经济效益体现在以下三个方面：

（1）提高经济运行质量和总体竞争力。

随着经济全球化和信息技术的迅速发展，企业生产资料的获取与产品销售范围的日益扩大，社会生产、物资流通、商品交易及其管理正在不断发生深刻的变革。物流成本管理水平的高低，将直接影响物流成本水平，进而影响产品成本。如果全行业的物流效率普遍提高，物流成本平均水平降低到一个新的水平，那么，该行业在国际上的竞争力将会得到增强。对于一个地区的行业来说，可以提高其在全国市场的竞争力。

全行业物流成本的普遍下降，将会对产品的价格产生影响，导致物价相对下降，减轻消费者的经济负担，这有利于保持消费物价的稳定，相对提高国民的购买力，刺激消费，提高经济运行的整体效率。

（2）加速产业结构的调整，支撑新型工业化。

加强物流成本管理，促进现代物流的发展，改变区域经济的增长方式。我国目前致力打造制造业强国，加强物流成本管理可以促进区域经济增长方式的转变，引导企业走新型工业化之路，实现用集约式经营来提高效益和效率。发展物流成本管理是实现新型工业化的强大支撑。

（3）加强以物流成本为手段的物流管理，可以促进新的产业形态的形成，优化区域产业结构。现代物流产业本质上是第三产业，是现代经济分工和专业化高度发展的产物，其发展将对第三产业的发展起到积极的促进作用。实践表明，现代物流的发展，推动、促进了当地的经济发展，既解决了当地的就业问题，又增加了税收，促进了其他行业的发展。此外，还能进一步带来商流、资金流、信息流、技术流的集聚，以及交通运输业、商贸业、金融业、信息业和旅游业等多种产业的发展，这些产业都是第三产业发展的新的增长点，是第三产业重要的组成部分。

（4）加强物流成本管理还可以促进以城市为中心的区域市场的形成和发展。一般来说，城市是商品集散和加工的中心，而且物流设施和基础设施齐全，消费集中而且需求量大，交通与信息发达，与周围地区存在不对称性，以其为核心枢纽，辐射周边地区，带动其他地域形成一个商品流通整体。现代物流可以促进以城市为中心的区域经济形成，促进以城市为中心的区域经济结构的合理布局和协调发展，有利于以城市为中心的经济区域吸引外资，有利于以城市为中心的网络化的大区域市场体系的建立，有利于解决城市的交通问题，有利于城市的整体规划，有利于减少物流对城市环境的种种不利影响。

2. 物流成本管理的微观作用

从微观的角度看，进行物流成本管理给企业带来的经济效益主要体现在以下三个方面：

（1）降低成本，提高利润。

由于物流成本在产品成本中占有很大的比例，在其他条件不变的情况下，降低物流成本意味着扩大了企业的利润空间，提高了利润水平。当某个企业的物流活动效率高于所属行业的平均物流活动效率，物流成本低于所属行业平均物流成本的时候，物流成本的降低部分就转化为企业的"第三方利润"，反之，企业的利润水平就会下降。

（2）增强竞争优势。

企业通过物流成本作为评价其物流活动的共同尺度，将物流活动用货币的形式表现出来，在同一平台上对物流活动进行比较，从而更好地认识到各个活动在企业中的地位。在市场竞争中，价格竞争是市场竞争的主要手段。在进货价格、销售价格不变的情况下，降低物流成本就可增加企业盈利；若进货价格和盈利保持不变，降低物流成本就可降低商品的销售价格，从而可以提高企业的竞争力。

（3）增强时间和质量上的竞争力。根据物流成本计算结果，不仅可以知道物流成本占企业生产总成本的份额，而且还可以发现物流活动存在的问题，即现状与理想状态之间的差距，通过对问题的进一步分析，可以有针对性地加以改进，达到物流的合理化。

总之，加强物流成本管理，降低物流成本，从微观角度上看，可以提高企业的物流管理水平，加强企业的经营管理，促进经济效益的提高，增强竞争力；从宏观角度上看，降低物流成本对提高国民经济的总体运行质量和竞争力，促进产业结构的调整，支撑新型工业化，发展国民经济，提高人民生活水平，都具有重要意义。

1.4.3　物流成本管理的内容

物流成本管理是以把握物流成本、分析物流成本为手段进行的物流管理。从本质上讲，物流成本管理仍然是一个成本管理体系，但同时又兼有物流管理的特性。物流成本管理的具体研究内容可以分为三大模块：物流成本分析模块、物流成本决策模块和物流成本控制模块。

1. 物流成本分析模块

物流成本分析模块主要包括物流成本计算和物流成本分析。物流成本分析模块是进行物流成本决策与控制的基础。

物流成本计算是指计划执行后，根据企业确定的成本计算对象，采用相适应的成本计算方法，按规定的成本项目，对一系列的物流成本进行汇集与分配，从而计算出各物流活动成本计算对象的实际总成本和单位成本。物流成本计算是对物流成本计划执行情况的检验。物流成本分析是在成本计算及其他有关资料的基础上，运用一定的方法，揭示物流成本水平的变动，进一步查明影响物流成本变动的各种因素。通过物流成本分析，检查和考核成本计划的完成情况，总结经验，找出实际与计划差异的原因，及时发现问题，查明原因，揭露物流环节中的主要矛盾。常用的方法主要有：指标对比分析法和因素分析法等。物流成本分析过程同时也是对前一阶段物流成本管理业绩的评估过程。

2. 物流成本决策模块

物流成本决策模块包括物流成本预测、物流成本决策和物流成本计划的制订。它主要指企业根据自身的发展情况和利用已有的成本信息对未来的物流成本作出预测；然后从若干个方案中选择一个满意的方案，作出决策；在此基础上根据决策的结果来制订物流成本计划。决策模块是进行物流成本控制的依据和准则，决策的科学性和可行性直接影响物流成本计划实施成功与否。

3. 物流成本控制模块

物流成本控制模块主要包括物流成本控制和物流成本信息反馈。物流成本控制模块是根据物流成本计划和控制过程中的实时信息反馈，及时调整控制手段，来保证计划的实现。成本控制阶段也是对物流计划进行实施和监督的阶段。

练一练

（多选）企业物流成本按照物流活动的功能进行的分类，可以分为(　　　)。

A. 物流环节成本　　　　　　　　B. 信息流通成本

C. 物流管理成本　　　　　　　　D. 物流运作成本

上述三个模块和各项成本管理活动的内容是互相配合、相互依存的一个有机整体：成本分析与预测是成本决策的前提；成本计划是成本决策所确定目标的具体化；成本控制是对成本计划的实施进行监督，以保证目标的实现；成本计算与分析是对目标是否实现的检验和评估。其中成本决策和成本控制主要是针对企业在已经确定的竞争战略下如何建立与竞争战略相适应的物流成本管理战略所必须实施的两个关键程序。物流成本管理的最后步骤是进行物流成本管理绩效的检验和评估，对物流成本决策的正确性和控制的有效性进行评估，发现问题，肯定成绩，以利于新的决策的制定和实施。

能力训练

一、单选题

1. 物流管理的首要任务是( )。
A. 提高物流效率   B. 降低物流成本
C. 满足顾客需求   D. 服务的可靠性

2. "物流成本冰山说"是( )提出的。
A. 美国的彼得·德鲁克   B. 日本的西泽修
C. 美国的科特勒   D. 日本的阿保荣司

3. 第一个利润源挖掘对象是生产力中的( )。
A. 劳动对象   B. 劳动者
C. 劳动工具   D. 劳动产品

4. 物流成本管理的中心环节是物流成本( )。
A. 预测   B. 控制   C. 核算   D. 分析

5. 物流成本( )作用最大,它通过对各个环节的分析可以控制物流成本。
A. 综合   B. 事前分析   C. 事中分析   D. 事后分析

二、判断题

1. 物流成本管理是企业物流管理的核心。   ( )

2. "物流冰山"学说是日本早稻田大学唐泽丰教授提出的。   ( )

3. 物流成本是指在物流过程中,企业为了提供有关的物流服务,要占用和耗费的一定的活劳动和物化劳动中必要劳动时间的货币表现,是物流服务价值的重要组成部分。   ( )

4. 物流成本横向管理就是对物流成本进行预测和编制计划。   ( )

5. 资本性支出是指那些受益期不超过一年或一个营业周期的支出。   ( )

三、理论问答

1. 什么是物流成本?
2. 从微观和宏观上看,物流成本管理有何意义?
3. 与物流成本相关的理论学说有哪些?
4. 物流系统由哪些物流成本交替损益规律?

四、实训题

如果我国某年GDP总量为15亿元,物流成本中运输成本为0.9亿元,存货持有成本为0.4亿元,请计算我国物流总成本占GDP总量的百分比。

展思悟

物流兴国——物流对于一个国家的发展到底有多重要

物流,不仅仅是将货物从A点送往B点的过程,同样是两地文化相互交融、传播的枢纽。纵观中国历史,但凡盛极一时的王朝,如汉唐、明朝,无一不在物流领域建树颇多,至今仍为后世所传颂。

汉朝丝绸之路，连接亚洲、非洲和欧洲的古代陆上商业贸易路线，是中国盛极一时的象征，也是中国物流首次走出国门的伟大开端。丝绸之路的开辟（图1-6），让中国许多传统文化、产品得以在全世界范围推广，同时引进了许多外来产品，让世界知道在遥远的东方，有一个强大的国家，它的名字叫中国。

图1-6　丝绸之路

唐朝物流立足于开明的国家政策，唐代不仅重新开辟了丝绸之路，还敢于接纳来自国外的文化知识，派遣使臣学子学习国外文化，对古代印度、日本、阿拉伯、柬埔寨、高丽等国家的文化发展都具有深远影响，比较有名的故事莫过于鉴真和尚东渡日本、玄奘西天取经、唐玄宗杨玉环"一骑红尘妃子笑"（冷链物流）等。

明朝郑和七下西洋（图1-7），是中国古代历史上，将中国文化传播最远的一个活动，远航西太平洋和印度洋，拜访了30多个国家和地区，不仅大力发展了海运物流，还推动了造船技术、航海技术的发展，尽管对于郑和下西洋的目的（寻找建文帝）还有所争议，但此举确实帮助当时的明朝大力开拓了海外贸易。

图1-7　郑和下西洋

无论是汉唐还是明朝，国家的强盛离不开"对外开放"的国家政策，同样也离不开物流发展，给国家持续注入新鲜的血液，才保证了王朝的兴盛。与"对外开放"相反的清朝，因为闭关锁国的原因，从清政府建立之初，其实就已经开始走向灭亡了。

清朝是中国最后一个封建王朝，然而这个庞然大物的衰败，从康熙皇帝提出"闭关锁国"、乾隆皇帝彻底巩固"闭关锁国"，就已经走向衰败了，长时间闭门造车，沉醉在自己还是东方大国的泡沫当中，殊不知国外的工业发展早已日新月异，以至于最后国外利用中国发明的火药来研制武器，一举轰开了封建中国的大门，沦为了半殖民地半封建社会，直到中华人民共和国的成立。

讨论：当今中国提出"一带一路"倡议对中国物流发展的意义及影响。

第2章 物流成本的核算与分析

🎯 **教学目标**

知识目标：
1. 了解物流成本核算的意义、目的和核算中存在的问题；
2. 系统掌握物流成本核算内容、对象和核算方法。

能力目标：
1. 具备用掌握物流成本核算方法解决实际问题的能力；
2. 具备编制物流成本报表的能力。

素质目标：
1. 获得在不同情境下解决实际问题的高效执行、交流沟通等高阶能力；
2. 具有严谨的工匠精神以及团队合作意识和风险防范与管控意识。

🔷 **先导案例**

丰巢涨价

2020年4月30日，丰巢快递柜宣布执行超时收费，普通用户可免费寄存包裹12小时，超时后每12小时收0.5元，3元封顶。

丰巢收费引发争议，暴露出平台经济的思维逻辑：前期靠烧钱补贴建立市场优势、培养用户消费习惯，形成一定的用户黏性；后期通过涨价获得利润。此商业模式已经成为平台经济的一贯手法。

"空降"收费不仅将未通知就投柜的顽疾摆上台面，还推进着消费者向其他末端取件服务迁移，从而冲击着智能柜在取件便捷性上的吸引力和话语权。与此同时，企业与物业在租金、摆放位置等方面的话语争夺也影响着消费者的取件感受。在整个商业角力背后，最终折损的仍然是消费者的使用体验。

智能快递柜距离成为社区配套设施，或许还很遥远。智能柜服务需要纳入社区公共服务设施规划，与信报箱一样成为小区建设不可或缺的一部分。物业可以成为快递柜的运营方，而企业则提供技术等服务。这样既能提升社区的设施配套，又能让居民得到更好的取件体验。

思考

结合案例资料分析丰巢涨价的背后原因

物流成本核算是成本管理中的重要环节，通过对各项物流活动进行成本核算，可以提高成本信息的准确性，提高企业的经营管理水平和企业的竞争能力。因为物流成本信息是物流企业经营决策的重要依据，也是制造企业或商品流通企业进行业务流程改造的重要依据，同时也是国家规划物流产业与制定物流产业发展战略的重要依据，如何用科学的方法对物流成本进行准确核算，是各国物流产业发展中普遍关注与着力解决的一项重大课题。

2.1　物流成本核算概述

2.1.1　物流成本核算的意义

当前由于实行多批次、小批量配送和适时配送，也由于收货单位过多和过高的服务要求，物流服务水平越来越高，导致运费上升；又由于商品品种增多，寿命缩短，必然出现库存增加，或时多时少，由此导致库存费用上升；由于缺乏劳动力，导致人员费用增多；由于地价上涨，导致物流中心投资费用增加；由于道路拥挤，导致运输效率下降。凡此种种都在影响着物流成本。在这种情况下，企业降低物流成本已经成为当务之急。

而降低物流成本的前提是核算物流成本。只有将企业的物流成本现状揭示出来，才有可能看到西泽修教授所说的"水面下的冰山"，才能充分挖掘物流成本节约的潜力，这是有效地进行物流成本管理、降低物流成本的基础。通过正确的会计核算，可以实现：

（1）提高企业对物流重要性的认识，真正认识到物流是企业的"第三利润源"。

（2）为物流企业制定物流服务收费价格提供依据。

（3）为货主企业物流外包提供决策依据。

（4）为企业改善物流系统、更新物流设施设备提供决策依据。

（5）及时发现物流运作和物流管理中存在的问题，促进物流运作和管理水平的提高。

2.1.2　物流成本核算在应用中存在的问题

有效地进行物流成本核算，加强物流成本管理，成为现代物流管理的一个重要内容。进行物流成本核算，必须正确确定物流成本的内容，划分物流成本的范围，建立统一的物流成本计算标准，将物流成本计算与企业现有会计制度相结合，确定计算物流成本应该遵循的基本原则，确定统一的物流成本计算口径与方法。现阶段，在我国推行的物流成本核算与应用中还存在一些问题，这也阻碍了物流管理水平的提高。

1. 物流成本核算的目的不明确

目前，人们计算物流成本的目的，还只是单纯地想了解物流成本，没有达到如何充分有效地利用物流成本的阶段。因此，物流负责部门和会计部门花费很大精力计算物流成本，其用途却相对较小，使得人们对物流成本计算的积极性不高。实际上，物流成本核算必须以明确具体的核算目的为前提，有的放矢，才能达到真正的效果。

2. 物流成本的会计核算内容和方法不明确

在我国当前的会计核算制度中，没有明确物流成本的概念及其核算方法。因此，企业没有切实掌握公司内部的物流成本，弄不清物流成本与制造成本、物流成本与促销费用的关系。另外，在物流成本中，混有物流部门根本无法控制的成本，例如，物流成本中过量服务所发生的费用与标准服务所发生的费用是混合在一起的；对于保管费用中的过量进货、过量生产等在库维持费用，紧急送达等产生的费用，一般也是纳入物流成本的。这无疑增加了物流成本核算和管理的难度。

3. 物流成本核算与管理没有超出财务会计的范围

有的企业即使进行一些物流成本的分解，也还停留在财务会计对物流成本进行核算与反映的层次，没有充分利用管理会计中的有关方法对物流成本进行归集分配，并运用到成本控制、预算管理、绩效考核、经营决策等领域中，这使物流成本的核算不能与其有效地利用结合起来。

4. 物流成本核算的标准不统一

没有统一的物流成本标准，物流部门向高层管理人员报告的物流成本往往只是"冰山一角"，而没有向他们提供生产部门、销售部门相关的、有价值的物流成本资料。同时，各个企业计算物流成本的范围本不相同，可是有的企业偏偏要做对比，并因此时喜时忧。

5. 缺乏懂得物流知识的财务会计与管理会计人员

尽管国内财务会计和管理会计人员的水平在不断提高，但是由于正规财务会计与管理会计教育中没有相关物流及物流成本的知识，使得在职的会计人员没有物流成本核算与控制的概念，这是当前我国物流成本的核算与运用中面临的主要问题之一。加强会计人员对基本物流知识和物流成本知识的培训是解决我国当前物流成本管理落后状况的一项有效策略。

2.1.3　物流成本核算的目的

物流成本核算的基本目的是要促进企业加强物流管理，提高管理水平，创新物流技术，提高物流效益。具体来说，物流成本核算的目的可以体现在以下几个方面。

1. 通过对企业物流成本的全面计算，弄清物流成本的大小，从而提高企业内部对物流重要性的认识

长期以来，人们只看到了物流这整座冰山的一角，一直未能看清物流成本的全貌。更深层次的原因是现行会计制度将物流成本的各个构成部分分散在众多的成本费用科目中。

在制造业，采购原材料发生的外地运输费是原材料入库成本的部分，而市内运杂费一般直接记入企业管理费用中，自营运输费用和自有保管费用则计算在销售费用、营业费用或者管理费费用中，与销售产品相关的物流成本被记入销售费用中；另外，与物流有关的利润、租金及营业外收支都根据不同的需要和企业部分划分方式被分配到不同的成本费用项目中。从当前的账户和会计报表中，人们很难甚至无法看清物流耗费的实际状况。

实际上，物流成本在不同行业中占产品成本的比例一般都在 15%～30%，有的甚至高达 40%，成为制造业仅次于原材料成本的第二大成本。挖掘物流成本的潜力，是企业降低成本、创造更多利润的途径。而对企业物流成本进行全面细致的核算，描绘企业物流成本的全貌就成为实现上述目的的基础工作。

2. 通过对某一具体物流活动的成本计算，弄清物流活动中存在的问题，为物流运营决策提供依据

管理的重点在于经营，经营的重点在于科学的决策，而决策的重点在于充分、真实、完整的信息。只有信息充分，才能根据实际情况对企业的现状和存在的问题进行分析并提出备选方案；也只有信息充分，才能对备选方案进行比较，寻找投入产出比最高的方案。

3. 按不同的物流部门，计算各物流部门的责任成本，评估各物流部门的绩效

当前，很多企业在进行内部责任成本核算，并制定了产品或服务的内部转移价格，其目的是进行绩效考核，提高各部门的成本意识和服务意识。对物流相关部门进行考核，就需要企业与物流成本利润相关的数据。

4. 通过对某一物流设备或机械(如单台运输卡车)的成本计算，弄清其消耗情况，谋求提高设备效率、降低物流成本的途径

在管理要求越来越精细化的今天，可以细化到针对每一台物流设备或机械的成本核算，以加强设备或相关责任人的绩效管理。

5. 通过对每个客户物流成本的分解核算，为物流服务收费水平的制定及有效的客户管理提供决策依据

既然物流成本是产品成本中重要的组成部分，人们在进行产品定价时就应该充分考虑该产品的物流服务消耗量，将物流成本考虑到产品定价里才会使价格决策更科学、更符合实际。通过物流成本核算，可以为物流服务价格和产品价格的具体制定提供数据。

6. 通过对某一成本项目的计算，确定本期物流成本与上年同期成本的差异，查明成本升降的原因

企业物流成本是全面反映企业物流活动的综合性评价指标，物流成本的高低是企业物流管理水平的综合反映。企业物流运营管理水平的高低，物流装备和设施利用率的高低，燃料、动力单位消耗的大小，产品配送、仓储布置是否合理，企业的选址及厂区规划设置是否合理都会在物流成本中反映出来。

练一练

物流成本计算程序的第一步是(　　　　)。

A. 确定物流成本计算对象　　　　B. 审核和控制各项费用和支出

C. 确定成本项目　　　　　　　　D. 归集和分配物流成本

2.2　物流成本核算对象与内容

　　根据物流成本核算的目的，企业就可以进行物流成本核算对象的确定。一旦物流成本核算对象确定了，就可以确定每个核算对象的物流成本内容，再选择一定的核算方法进行核算。

2.2.1　物流成本的核算对象

　　物流成本的核算对象应根据物流成本核算的目的及企业物流活动的特点予以决定。

1. 以某一物流成本项目为对象

　　把一定时期的物流成本，从财务会计的核算项目中抽出，按照成本费用项目进行分类核算。它可以将企业的物流成本分为企业自家物流费、委托物流费和外企业代垫物流费等项目分别进行计算。其中，企业自家物流费包括按相应的分摊标准和方法计算的为组织物流活动而发生的材料费、人工费、燃料费、办公费、维护费、利息费、折旧费等；委托物流费包括企业为组织物流向外单位支付的包装费、保管费、装卸费等；外企业代垫物流费包括在组织原材料（商品）采购和商品销售过程中由外单位（企业）代垫的物流成本。

2. 以某种物流功能为对象

　　根据需要，以包装、运输、储存等物流功能为对象进行核算。这种核算方式对于加强每个物流功能环节的管理，提高每个环节作业水平，具有重要的意义；而且可以计算出标准物流成本（单位个数、重量、容器的成本），进行作业管理，设定合理化目标。按照物流成本的功能作为成本核算对象，可以核算得到的物流成本信息，如表 2-1 所示。应该注意的是，尽管这里按照物流的每项功能进行物流成本的归集，但一般仍然可以得到每项物流功能成本中各个成本项目的构成，因为按照成本费用项目进行成本的分类是最基本的成本分类方法。

表 2-1　以物流功能为成本核算对象的物流成本汇总信息表

成本项目		功能							
		运输	保管	装卸	包装	流通加工	物流信息	物流管理	合计
企业内部物流成本	材料费								
	人工费								
	维修费								
	水电费								
	…								
	其他								
	小计								
委托物流费									
合计									

3. 以某一服务客户作为核算对象

这种核算方式对于加强客户服务管理、制定有竞争力且能盈利的收费价格是很有必要的。特别是对于物流服务企业来说，在为大客户提供物流服务时，应分别核算为大客户提供服务时所发生的实际成本，这有利于物流企业制定物流服务收费价格，或者为不同客户确定差别性的物流水平等提供决策依据。按客户进行物流成本核算可以得到的物流成本信息，如表 2-2 所示。

表 2-2 以服务客户为成本核算对象的物流成本汇总信息表

成本项目		客户							
		A 大客户	B 大客户	C 大客户	…	O 大客户	P 大客户	Q 大客户	合计
企业内部物流成本	材料费								
	人工费								
	维修费								
	水电费								
	…								
	其他								
	小计								
委托物流费									
合计									

从表 2-2 中可以看到，对于大客户，可以独立设置账户核算其发生的物流成本，以进行有效的管理。如果物流企业服务的对象还包括许多中小客户，则可以把这些客户进行分类(如按照同类产品归类，或者按照同等服务水平要求归类)，统一核算物流成本，然后按照归类的属性再将成本分摊给这些客户，以有效地进行每个客户的成本与收费价格的管理，也有利于进行有效的物流服务水平管理。

4. 以某一产品为对象

这主要是指货主企业在进行物流成本核算时，以每种产品作为核算对象，计算为组织该产品的生产和销售所花费的物流成本。据此可进一步了解各产品的物流成本开支情况，以便进行重点管理。以产品为物流成本核算对象的成本汇总表可以与表 2-1 和表 2-2 类似，这里不再列出。

5. 以企业生产的某一过程为对象

这包括以供应、生产、销售、退货等过程为对象进行计算。它的主要任务是从材料采购费及企业管理费中抽出供应物流成本，如材料采购账户中的外地运输费、企业管理费中的市运杂费、原材料仓库的折旧费和修理费、保管人员的工资等；从基本生产车间和辅助生产车间的生产成本、制造费用及企业管理费等账户中抽出生产物流成本，如人工费部分按物流人员比例或物流工时比例确定计入，折旧费、大修费按物流固定资产占用资金比例确定计入等；从销售费用中抽出销售物流成本，如销售过程中发生的运输、包装、装卸、保管、流通加工等费用和委托物流费等。这样就可以得出物流成本的总额，使企业经营者一目了然地了解各范围(领域)物流成本的全貌，并据此进行比较分析。

6. 以某一物流部门为对象

如以仓库、运输队、装配车间等部门为对象进行计算。这种核算对加强责任中心管理，开展责任成本管理办法和对于部门的绩效考核是十分有利的。

7. 以某一地区为对象

核算在该地区组织供应和销售所花费的物流成本，据此可进一步了解各地区的物流成本开支情况，以便进行重点管理。对于销售或物流网络分布很广泛的物流企业或者产品分销企业来说，这种以地区为物流成本核算对象的成本核算就显得更加重要，它是进行物流成本日常控制等各个地区负责人绩效考核及其他物流系统优化决策的有效依据。以地区为核算对象的物流成本汇总信息如表 2-3 所示。从该表中可看出，管理者不仅可以获得每个地区的物流总成本，还可得到物流成本物流功能(运输费、仓储费、配送费、流通加工费等)的构成情况。实际企业也可以按照每个地区物流成本的成本项目构成进行物流成本的归集。

表 2-3　以地区为成本核算对象的物流成本汇总信息表

成本项目		地区							
		东北分公司	华北分公司	华中分公司	华南分公司	西北分公司	西南分公司	中南分公司	合计
企业内部物流成本	材料费								
	人工费								
	维修费								
	水电费								
	…								
	其他								
	小计								
委托物流费									
合计									

8. 以某一物流设备和工具为对象

以某一运输车辆为对象进行计算。

9. 以企业全部物流活动为对象

确定企业为组织物流活动所花费的全部物流成本支出。

值得注意的是，企业在进行物流成本核算时，往往不局限于某一个成本核算对象、通过会计科目和账户的细化设置，可以从多角度对物流成本进行核算。如图 2-1 所示的三维物流成本模式，就是要从 3 个角度对物流成本进行核算归类，从而得到更多角度、更详细的成本信息，以满足企业管理多方面的需求。

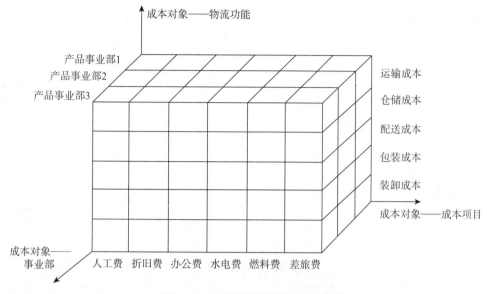

图 2-1 三维物流成本核算模式

当然，物流成本的核算也可以是四维、五维，甚至更多维的，维数越多，物流成本信息就越详尽，当然对于会计核算来说，难度和工作量也就越大。目前，随着会计信息化工作的日益普及，物流成本的多维核算变得可能。企业物流成本的全面核算往往要借助会计信息化工作的全面开展。一般来说，企业结合自身的管理要求和实际情况，三维或四维的物流成本核算模式是比较适合的，关键在于选择什么样的维度作为成本核算的对象。

 思考

企业进行物流成本核算的对象有哪些。

2.2.2 物流成本核算的内容

物流成本核算是根据企业确定的物流成本核算对象，按规定的成本项目，采用适当的成本计算方法，对企业经营过程中发生的与物的流动有关的费用进行归集与分配，从而计算出各物流成本计算对象的物流成本。

物流成本核算最关键的因素有两个：一是明确物流成本的构成内容，亦即探寻物流和成本之间交集的过程。根据效益背反学说，物流成本各项之间存在此消彼长的现象，一项物流成本的下降可能会带来其他项目成本的上升，所以，物流成本计算应从物流系统的角度出发，全面清晰地界定物流成本的内容。二是确定物流成本计算对象。对企业而言，物流成本计算对象是多元的，包括产品、部门、地区、事业部、物流范围、物流阶段、物流功能等。企业应根据不同时期物流成本管理的要求，动态调整物流成本计算对象。

根据国家标准《企业物流成本构成与计算》（GB/T 20523—2006）对企业物流成本按成本项目的基本分类，企业物流成本由物流功能成本和存货相关成本构成。其中物流功能成本包括物流活动过程中所发生的运输成本、仓储成本、包装成本、装卸与搬运成本、流通加工成本、物流信息成本和物流管理成本；存货相关成本包括企业在物流活动过程中所发生的与存货有关的流动资金占用成本、物品损耗成本、保险和税收成本。具体内容如表2-4所示。

表 2-4　企业物流成本项目基本构成

成本项目		内容说明
物流功能成本	运输成本	一定时期内，企业为完成货物运输业务而发生的全部费用，包括从事货物运输业务的人员费用、车辆(包括其他运输工具)的燃料费、轮胎费、折旧费、维修费、租赁费、养路费、过路费、年检费、保养费、保险费等
	仓储成本	一定时期内，企业为完成货物储存业务而发生的全部费用，包括仓储业务人员费用，仓储设施的折旧费、维修保养费、水电费、燃料与动力消耗等
	包装成本	一定时期内，企业为完成货物包装业务而发生的全部费用，包括包装业务人员费用，包装材料消耗，包装设施折旧费、维修保养费，包装技术设计、实施费用及包装标记的设计、印刷等辅助费用
	装卸与搬运成本	一定时期内，企业为完成装卸搬运业务而发生的全部费用，包括装卸搬运业务人员费用，装卸搬运设施折旧费、维修保养费，燃料与动力消耗等
	流通加工成本	一定时期内，企业为完成货物流通加工业务而发生的全部费用，包括流通加工业务人员费用，流通加工材料消耗，加工设施折旧费、维修保养费，燃料与动力消耗等
	物流信息成本	一定时期内，企业为采集、传输、处理物流信息而发生的全部费用，指与订货处理、储存管理、客户服务有关的费用，具体包括物流信息人员费用、维护保养费、通信费等
	物流管理成本	一定时期内，企业物流管理部门及物流作业现场所发生的管理费用，具体包括管理人员费用，差旅费、办公费、会议费等
存货相关成本	流动资金占用成本	一定时期内，企业在物流活动中负债融资所发生的利息支出(显性成本)和占用内部资金所发生的机会成本(隐性成本)
	物品损耗成本	一定时期内，企业在物流活动中所发生的物品损耗、毁损、盘亏及跌价损失等
	保险和税收成本	一定时期内，企业在物流活动中，为预防和减少因物品丢失、损毁造成的损失，而向社会保险部门支付的物品财产的保险费用及上交的税费

 练一练

(单选题)结合会计体系的物流成本核算的"物流成本"科目建立在(　　　)的基础上。

A. 产品成本计划　　　　　　　　　B. 产品标准成本

C. 产品成本计算　　　　　　　　　D. 产品成本改变

2.3　物流成本核算方法

对于物流成本核算可以采用会计核算方法和统计核算方法。

2.3.1　会计核算方法下的物流成本核算

通过会计核算方法核算物流成本，就是通过凭证、账户、报表对物流耗费予以连续、系统、全面地记录、计算和报告的方法。会计核算方法的物流成本核算，具体包括两种形式：一是独立的物流成本核算模式，即把物流成本核算与其他成本核算截然分开，单独建立物流成本核算的凭证、账户、报表体系。在单独核算的模式下，物流成本的内容在传统成本核算和物流成本核算中得到双重反映。二是结合财务会计体系的物流成本核算，即物流成本核算与企业现行的其他成本核算如产品成本核算、责任成本核算、变动成本核算等结合进行，建立一套能提供多种成本信息的共同的凭证、账户、报表核算体系。在这种情况下，要对现有的凭证、账户、报表体系进行较大的改革，需要对某些凭证、账户、报表的内容进行调整，同时还需要增加一些凭证、账户和报表。这种结合无疑是比较困难的，但不是不可能的。

采用会计核算方法核算物流成本，提供的成本信息比较系统、全面、连续、准确和真实。但采用这种方法核算物流成本复杂，工作量大，需要在不违反现行财务会计制度的前提下，设计新的凭证、账户和报表体系，或者需要对现有的体系进行较大的甚至是彻底的调整。

2.3.2　统计核算方法下的物流成本核算

采用统计方法核算物流成本，就是说它不要求设置完整的凭证、账户、报表体系，而主要是通过对企业现行成本核算资料分析，从中抽出物流耗费部分（物流成本的主体部分），再加上一部分现行成本核算没有包括进去的，但要归入物流成本的费用，如物流资金占用成本、外企业支付物流费等，然后再按物流管理要求对上述费用重新归类、分配、汇总，加工成物流管理所需要的成本信息。

1. 统计方法下物流成本核算过程

（1）通过对材料采购、管理费用账户的分析，抽出供应物流成本部分，如材料采购账户中的外地运输费，管理费用账户中的材料市内运杂费，原材料仓库的折旧修理费，保管人员的工资等，并按功能类别、形态类别进行分类核算。

（2）从生产成本、制造费用、辅助生产、管理费用等账户中抽出生产物流成本，并按功能类别、形态类别进行分类核算，如人工费部分按物流人员的人数比例或物流活动工作量比例确定，折旧修理费按物流作业所占固定资产的比例确定。

（3）从销售费用中抽出销售物流成本部分，包括销售过程中发生的运输、包装、装卸、保管、流通加工等费用。

（4）外企业支付的物流费用部分，现有成本核算资料没有反映的供应外企业支付的物流费用，可根据在本企业交货的采购数量，每次以估计单位物流费用率进行核算；销售外企业支付的物流费用，可根据在本企业交货的销售量乘以估计单位物流费用率进行计算。单位物流费用率的估计可参考企业物资供应、销售在对方企业交货时的实际费用水平。

（5）物流利息费用的确定可按企业物流作业所用资产资金占用额乘以内部利率进行计算。

（6）从管理费用中抽出退货物流费用。

（7）废弃物物流成本数额较小时，可以不单独抽出，而并入其他物流费用；委托物流费用的计算比较简单，它等于企业对外支付的物流费用。在核算物流成本时，总的原则是单独为物流作业所耗费的费用直接计入物流成本，间接为物流作业所耗费的费用，以及物流作业与非物流作业共同耗费的费用，应按一定比例，如从事物流作业人员比例、物流工作量比例、物流作业所占资金比例等进行分配计算。

与会计核算方法的物流成本核算比较，由于统计方法的物流成本核算没有对物流耗费进行连续、全面、系统的核算，所以据此得来的信息其精确程度受到影响。但正因如此，所以这种方法运用起来比较简单、方便。

2. 物流成本按费用要素或支付形态进行核算

在核算物流成本时，首先从企业财务会计核算的全部成本费用科目中抽出所包含的物流成本，然后加以汇总。汇总的方法通常是采用矩阵表的形式，在矩阵表的水平方向是企业按《企业会计准则》以及其他财务会计规定设置的成本费用科目，在矩阵表的垂直方向是成本核算项目，这些成本核算项目可以是不同的费用要素，如表2-5所示。

表2-5　物流成本按费用要素的计算

项目	主营业务成本	其他业务成本	销售费用	管理费用	财务费用	合计
工资						
材料费						
固定资产折旧费						
燃料动力费						
利息支出						
税金						
其他支出						
合计						

如果企业不是从企业财务会计核算的成本费用科目中抽取物流成本，而是采用其他办法直接计算物流成本的话，成本计算矩阵表的水平方向和垂直方向的项目，可以选择对于企业更为有用的项目。例如，水平方向用不同的物流功能作为项目，垂直方向用不同的费用要素作为项目，如表2-6所示。

表 2-6　物流成本按费用要素与物流功能的核算

项目	运输成本	库存持有成本	仓储成本	包装成本	批量成本	其他费用	合计
工资							
材料费							
固定资产折旧费							
燃料动力费							
利息支出							
税金							
其他支出							
合计							

　　物流成本按费用要素或支付形态进行核算，可以反映物流成本总额，从中也可以反映企业一定时期内在物流活动或物流作业中发生了哪些费用，数额各是多少，什么经费项目花费最多，据以分析企业各个时期各种费用的构成和水平，还可以反映物质消耗和非物质消耗的结构和水平，从而考虑在物流成本管理上应以什么为重点。物流成本核算项目的选取，应当放在成本控制的重点上。一般来说，物流成本的核算并非越全越细越好，所以成本核算项目也并非越全越好。过细过全的成本核算是不必要的，同时也是不经济的。

3. 物流成本按物流功能进行核算

　　在物流成本按物流功能进行核算下，矩阵表的垂直方向是成本核算项目，这些成本核算项目也可以是不同的物流功能，即物流费用的不同经济用途，如表 2-7 所示。

表 2-7　物流成本按物流功能的核算

项目	主营业务成本	其他业务成本	销售费用	管理费用	财务费用	合计
运输成本						
库存持有成本						
仓储成本						
包装成本						
批量成本						
其他费用						
合计						

　　物流成本按物流功能进行核算，可以反映企业不同物流功能的费用耗费。从这种方法可以看出哪种物流功能更耗费成本，可以更进一步找出实现物流合理化的症结，有利于成本的计划、控制和考核，便于对物流费用实行分部门管理和进行监督。

　　物流成本核算的目的是更好地进行物流成本管理，因此，企业可以按照物流成本管理的不同要求和目的，对成本计算项目进行规定，同时企业应当按照相应的成本计算项目设置成本费用科目的明细科目。各个企业可以结合自己的情况，采用在本企业易于实施的、有效的方法。

练一练

以下（　　）不属于物流成本的核算对象。

A．某种物流功能　　　　　　　　B．某一物流部门

C．某一过程　　　　　　　　　　D．某一产品的损耗

2.4　物流成本报表

企业物流成本核算结果需要通过一种载体披露物流成本信息，这个载体就是企业物流成本报表。按披露物流成本信息内容不同，企业物流成本表可分为企业物流成本主表和企业自营物流成本支付形态表。

2.4.1　企业物流成本主表

1. 企业物流成本主表格式

企业物流成本主表是按成本项目、物流范围和成本支付形态栏形式反映企业一定期间各项物流成本信息的报表。它是根据物流成本的三维构成，按一定的标准和顺序，把企业一定期间的项目物流成本、范围物流成本和支付形态物流成本予以适当排列，根据日常工作中形成的大量成本费用数据，通过整理计算编制而成的。报表使用者可从该表中了解详尽的企业物流成本信息，同时，企业物流成本主表还能够提供进行物流成本评价的基础资料，它是企业物流成本评价的基础。企业物流成本主表的基本格式如表2-8所示。

2. 企业物流成本主表的编制方法及要求

（1）企业物流成本主表的编制方法。企业物流成本主表的编制，主要是对日常会计核算中的成本费用数据加以归集、整理和核算，使之成为有用的物流成本信息。企业物流成本主表中各项目的数据主要来源于会计核算资料和物流成本计算的结果。具体说来：

①根据会计明细账发生额汇总填列。企业物流成本主表中各项委托物流成本，一般可根据会计明细账发生额汇总填列。例如，对于生产制造和流通企业而言，委托运输成本和委托装卸搬运成本，可根据会计明细账中"销售费用—运费""销售费用—装卸费"分别汇总填列；对于物流企业而言，委托运输成本和委托装卸搬运成本，可根据会计明细账中的"主营业务成本—运费""主营业务成本—装卸费"分别汇总填列。

②根据会计明细账发生额分析汇总填列。例如，对于生产制造企业来说，可根据会计明细账"制造费用折旧费"来具体分析其中有哪几项多少数额是用于包装设备折旧费；根据会计明细账"制造费用—保险费"来具体分析其中有哪几项多少数额是用于包装设备保险费，从而获取和核算包装成本的有关信息，最后将与包装成本有关的信息汇总填列。

③根据会计明细账发生额分析计算汇总填列。企业物流成本主表中的多数项目都属于间接物流成本，其填列都需根据会计明细账的有关资料进行分析，并采用一定的标准和方

法进行分摊和计算，最后汇总与某一成本项目有关的所有细目后加以填列。例如，在填列仓储成本时，首先要看企业仓储成本包括哪些内容。假设经查企业会计明细资料，得知企业仓储成本主要包括人工费和维护费两部分内容，这时需要分别计算人工费和维护费的数额，经查"销售费用—工资"明细账，发现这部分工资费用支出既包括仓库管理人员也包括仓库运作人员的工资，这时需要进一步分析和计算仓库运作人员的工资以确定仓储成本中人工费的支出数额；经查"销售费用—折旧费"明细账，发现这部分内容既包括仓库也包括营业用房的折旧费支出，这时需要进一步分析计算仓库的折旧费，以确定仓储成本中维护费的支出数额。然后再将"仓储成本—人工费"和"仓储成本—维护费"两部分内容相加，就能得到仓储成本的有关信息。

总之，企业物流成本的计算是以会计成本费用类账户明细资料为依据；企业物流成本主表的填列是以物流成本的计算结果为主要依据，是在汇总各同类物流成本项目的基础上进行填列，因此，物流成本的核算和物流成本主表的填列主要遵循以下程序：

①获取成本费用类明细账资料。

②按明细科目逐一分析该项费用是否属于物流成本内容。

③对于属于物流成本内容的，设物流成本四级明细账户，"物流成本—物流项目成本—物流范围成本—物流支付形态成本"账户，如"物流成本—运营成本—供应物流成本—人工费"等。

④对于可直接计入上述明细物流成本账户的，直接计入；对于不能直接计入的，则分别情况，按一定的标准对成本进行分摊，分析计算计入。

⑤按企业物流成本主表内容要求，汇总同一物流成本明细项目。

⑥按汇总结果，填列企业物流成本主表。

（2）企业物流成本主表的编制要求。企业物流成本主表的编制应遵循以下要求：

①企业物流成本主表的编报期为月报、季报和年报。

②生产制造企业和流通企业一般应按供应物流、企业内物流、销售物流、回收物流和废弃物物流五个范围阶段逐一进行填列。

③按范围形态填列时，若某阶段未发生物流成本或有关成本项目无法归属于特定阶段的，则按实际发生阶段据实填列或填列横向合计数即可。

④对于委托物流成本，若无法按物流范围进行划分但可按成本项目分别支付的，填写"物流总成本—委托—17"一列的有关内容即可；若采用不分成本项目的整体计费方式支付但可划分物流范围的，则填写"物流总成本—14"一行中与委托有关的成本即可；若既采用整体计费方式支付又无法划分物流范围的，则填写"物流总成本—14"一行与"物流总成本—委托—17"一列相交位置的成本即可。

⑤在上述③和④中提出的可直接填写"物流总成本"有关内容的，应对其内容在表后做备注说明。

⑥对于物流企业，不需按物流范围进行填列，按成本项目及成本支付形态填写物流成本即可。

表 2-8 企业物流成本主表

表号：企物流 A1 表
单位：元

企业法人代码：　　　　　　年　　月
企业详细名称：

成本项目		代码	范围及支付形态															
			供应物流成本			企业内物流成本			销售物流成本			回收物流成本			废弃物流成本			物流总成本		
			自营	委托	小计	自营	委托	小计	自营	委托	小计	自营	委托	小计	自营	委托	小计	自营	委托	小计
甲		乙																		
物流功能成本	运输成本	01																		
	仓储成本	02																		
	包装成本	03																		
	装卸搬运成本	04																		
	流通加工成本	05																		
	物流信息成本	06																		
	物流管理成本	07																		
	合计	08																		
存货相关成本	流动资金占用成本	09																		
	存货风险成本	10																		
	存货保险成本	11																		
	合计	12																		
其他成本		13																		
物流总成本		14																		

单位负责人：　　　　　　填表人：　　　　　　填表日期：　　年　　月　　日

2.4.2　企业自营物流成本支付形态表

1. 企业自营物流成本支付形态表格式

企业自营物流成本支付形态表是按成本项目和自营物流成本支付形态二维形式反映企业一定期间自营物流成本信息的报表。它是根据物流成本项目和自营物流成本支付形态之间的相互关系，按一定的标准和顺序，把企业一定期间的项目物流成本及其对应的自营支付形态物流成本予以适当排列，依据日常工作中形成的大量成本费用数据，通过整理计算编制而成的。

企业自营物流成本支付形态表是对企业物流成本主表的补充说明。物流成本按支付形态可分为自营物流成本和委托物流成本，自营物流成本又有其具体的支付形态。企业在物流成本管理过程中，除了要了解自营和委托物流成本的数额，还需要了解不同支付形态下的各项自营物流成本数额。企业自营物流成本支付形态表对企业物流成本主表中的自营物流成本做了进一步的诠释和细化，使报表使用者可以更详尽地了解企业内部不同支付形态下的成本发生额以及不同成本项目的支付形态构成。

企业自营物流成本支付形态表成本项目的构成内容与企业物流成本主表的构成内容完全一致，其支付形态一维主要包括材料费、人工费、维护费、一般经费和特别经费，其格式如表 2-9 所示。

表 2-9　企业自营物流成本支付形态表

表号：企物流 A2 表

企业详细名称：　　　　　　企业法人代码：　　　年　　月　　　　　　单位：元

成本项目		代码	内部支付形态					
			材料费	人工费	维护费	一般经费	特别经费	合计
甲		乙	1	2	3	4	5	6
物流功能成本	运输成本	01						
	仓储成本	02						
	包装成本	03						
	装卸搬运成本	04						
	流通加工成本	05						
	物流信息成本	06						
	物流管理成本	07						
	合计	08						
存货相关成本	流动资金占用成本	09						
	存货风险成本	10						
	存货保险成本	11						
	合计	12						
其他成本		13						
物流总成本		14						

单位负责人：　　　　　　填表人：　　　　　　填表日期：　　　年　　月　　日

2. 企业自营物流成本支付形态

（1）企业自营物流成本支付形态表的编制方法。企业自营物流成本支付形态表的编制方法与企业物流成本主表的编制方法基本相同，各项目的数据来源于会计核算资料和物流成本计算结果。自营物流成本支付形态表主要依据会计明细账发生额分析汇总或分析计算汇总填列，一般不能直接汇总填列。

①根据会计明细账发生额分析汇总填列。例如，计算"仓储成本—人工费"时，需要对"销售费用—工资"明细账进行分析，分析在销售费用列支的工资额中，有多少数额或多大比例是仓储作业人员的工资支出。同时，还需要进一步收集和分析与"仓储成本—人工费"有关的其他信息，例如为仓储作业人员支付的奖金、福利费、保险费、住房公积金支出等，最后将与"仓储成本—人工费"有关的信息汇总填列。

②根据会计明细账发生额分析计算汇总填列。例如，在"销售费用—办公费"明细账中含有物流作业现场管理人员的办公费支出，由于办公费的列支没有按人员明细记账，通过查询明细资料无法直接获得物流管理人员的办公费支出，这时需要计算物流管理人员在全部人员中所占的人数比例，从而计算出物流管理人员所耗用的办公费支出，获取"物流管理成本——般经费"的信息。在企业管理和经营过程中，应当列入"物流管理成本——般经费"的内容较多，因此，在填列该项内容之前，需要将属于"物流管理成本——般经费"的内容进行汇总。

总之，企业自营物流成本支付形态表的填列大多是要对有关的会计成本费用明细账资料进行分析计算。与企业物流成本主表的填列相同，也要获取成本费用类明细账资料，设置物流成本四级辅助账户，分析、计算、汇总和填写表格。

事实上，只要设置了完整的企业物流成本明细账户，明确了企业物流成本的计算过程，根据企业物流成本表的内容设置，即可完成填写工作。

（2）企业自营物流成本支付形态表的编制要求。企业自营物流成本支付形态表的编制应符合以下要求：

①企业自营物流成本支付形态表编报期为月报、季报和年报。

②对于运输成本、仓储成本、装卸搬运成本、物流信息成本和物流管理成本，对应的支付形态一般为人工费、维护费和一般经费；对于包装成本、流通加工成本，对应的支付形态一般为材料费、人工费、维护费和一般经费；对于流动资金占用成本、存货风险成本和存货保险成本，对应的支付形态为特别经费。

③凡成本项目中各明细项目有相应支付形态的，均需填写；无相应支付形态的，则不填写。

④企业自营物流成本支付形态表中"合计—6"一列中各项成本数值应等于企业物流成本主表中"物流总成本自营—16"一列中各项成本数值。

 练一练

（多选题）物流成本核算步骤包括（   ）。

A. 设置物流成本辅助账户   B. 分析确认物流成本内容

C. 归集物流成本   D. 汇总计算物流成本

2.5 物流成本分析

物流成本分析是指利用物流成本核算数据和其他相关资料，以本期实际物流成本指标与目标物流成本指标、上期实际物流成本指标、国内外同类企业的物流成本指标等进行比较，以便了解物流成本相关指标升降变动情况，及其变动的因素和原因，并分清单位与个人的责任。

物流成本分析与物流成本预测是物流成本决策的基础，依据物流成本分析与物流成本预测提供的素材，企业可以制定各类物流成本决策，从而达到降低物流成本、提高物流成本使用效益、优化物流管理的目的。

2.5.1 物流成本分析的方法

物流成本分析采用的技术方法是多种多样的，它可以采用会计的方法、统计的方法或数学的方法。在实际的物流成本分析工作中，使用最广泛的技术方法主要有指标对比法和因素分析法。

1. 指标对比法

指标对比法又称比较法，这是实际工作中广泛应用的分析方法。它是通过相互关联的物流成本指标的对比来确定数量差异的一种方法。通过对比，揭露矛盾，发现问题，寻找差距，分析原因，为进一步降低物流成本、提高物流成本使用效益指明方向。物流成本指标的对比分析可采取以下三种形式：

(1)实际指标与计划指标对比。

进行物流成本分析时，可以将实际成本指标与计划成本指标进行比较，通过对比，说明计划完成的程度，为进一步分析指明方向。

(2)本期实际指标与前期(如上年同期或历史最好水平)实际指标对比。

通过对比，反映企业物流成本的动态和变化趋势，有助于吸取历史经验，改进物流成本管理。

(3)本期实际指标与同行业先进水平对比。

通过对比，可以反映本企业与国内外先进水平的差距，以便扬长避短，努力挖掘降低物流成本的潜力，不断提高企业的经济效益。

应该指出的是，采用指标对比法时，应注意对比指标的可比性，即对比指标采用的计量单位、计价标准、时间单位、指标内容和计算方法等都应具有可比的基础和条件。在同类企业比较物流成本指标时，还必须考虑它们在技术经济上的可比性。所要对比的指标可以用绝对数，也可以用相对数。

2. 因素分析法

因素分析法是将某一综合指标分解为若干个相互联系的因素，并分别计算、分析每个因素影响程度的一种方法。如企业物流成本是一个综合性的价值指标，各方面工作都会影响物流成本水平。物流成本的升降是由许多因素造成的，概括起来有两类：一类为外部因素；一类为内部因素。

因素分析法的一般做法是：第一，确定分析指标由几个因素组成；第二，确定各个因素与指标的关系，如加减关系、乘除关系等；第三，采用适当方法，把指标分解成多个因素；第四，确定每个因素对指标变动的影响方向与程度。

因素分析法的具体计算程序是：以物流成本的计划指标为基础，按预定的顺序将各个因素的计划指标依次替换为实际指标，一直替换到全部都是实际指标为止，将每次的计算结果与前次的计算结果相比，就可以求得某一因素对计划完成情况的影响。下面举例说明指标与因素的关系。

设物流成本指标 N 是 A、B、C 三个因素的乘积，其计划成本指标与实际成本指标分别列示如下：

$$计划成本\ N_1 = A_1 \times B_1 \times C_1$$
$$实际成本指标\ N_2 = A_2 \times B_2 \times C_2$$
$$差异额\ G = N_2 - N_1$$

计算步骤是：计划成本指标 $A_1 \times B_1 \times C_1 = N_1$：

第一次替换 $A_2 \times B_1 \times C_1 = N_3$　　$N_3 - N_1 = $ A 变动的影响；

第二次替换 $A_2 \times B_2 \times C_1 = N_4$　　$N_4 - N_3 = $ B 变动的影响；

第三次替换 $A_2 \times B_2 \times C_2 = N_2$　　$N_2 - N_4 = $ C 变动的影响。

以上三个因素变动影响的总和为

$$(N_3 - N_1) + (N_4 - N_3) + (N_2 - N_4) = G$$

从上式可知，三个因素变动的差异之和与前面计算的实际物流成本指标脱离计划成本指标的总差异是相符的，这就确定了各个因素对成本指标升降的影响程度，并可以确定各个因素所占差异的比重程度，为物流成本决策提供可靠的依据。从上例可以看出因素分析法是在指标对比法的基础上发展起来的，成为对比法的补充。

练一练

（单选题）（　　）是以获取企业物流成本效率指标状况和问题，为企业进行相关物流成本决策，改进物流系统，实现总体物流成本的降低，提高物流效率提供依据的分析。

A. 物流成本构成分析　　　　　　　　B. 物流成本经济性分析

C. 物流成本效益分析　　　　　　　　D. 物流成本效率分析

2.5.2　用于物流成本分析的指标

1. 对各类物流成本纵向比较

在进行物流成本分析时，首先可以对各类物流成本的数值进行分析，这样可以找出各类成本升降的原因，为进行相关物流成本决策、降低物流成本提供依据。

2. 企业物流成本的效益指标

具体而言，物流成本的效益指标包括物流营运能力指标和物流获利能力指标。其中营运能力是利润等财务目标实现的物质基础，而获利能力的提高又有助于推动营运能力的增强，两者相辅相成。对于物流成本效益指标的分析，可以帮助企业掌握物流成本的效益状况与存在的问题，从而为进行相关物流成本决策、提升物流成本的效益提供依据。

（1）物流营运能力指标。

物流经营的基本动机是追求利润的最大化，而企业的物流营运能力，正是获取利润的基础。物流的营运能力可描述为：物流基于外部市场环境的需要，通过内部人力资源和作业资源的配置组合而对实现财务目标产生作用的程度。无疑，营运能力的大小对获利能力的持续增长有着决定性的影响。

①人力资源营运能力指标。物流作业是以人为核心展开的，物流成本中有相当的支出花费在人力资源的获取之上，物流作业人员素质与能力的高低对物流营运能力具有决定性的影响。衡量人力资源营运能力的指标为劳动作业效率指标。公式为：

物流劳动作业效率＝物流营业净额÷从事物流作业的员工人数的平均值

物流营业净额＝物流营业额－物流营业折扣与折让

物流劳动作业效率越高，说明每一个从事物流工作的人员创造的物流营业净额越高，因而人力资源利用得越好，物流人力资源的营运能力越强。

②作业资源营运能力指标。企业物流成本中有很大部分是为了获取完成各项物流作业所需的作业资源而耗费的。作业资源的营运能力包括物流的总资产以及构成物流总资产的各要素的营运能力。

（2）物流获利能力指标。

企业支付物流成本的最终动力与目的是希望通过物流系统获取效益。所谓物流获利能力，实际上就是指投入物流系统的资金（物流成本）的增值能力。通常用来源于物流系统的收益来反映该能力的高低，具体指标如下：

①物流作业利润率。

②物流作业的成本利润率。

③物流作业的资产利润率。

以上三大类指标均为正向指标。

④物流作业的净资产利润率。

由于商品制造企业和商品流通企业的收入与利润的获得来源于多方面，很难分离出由物流作业带来的收入与利润，因此可以采取内部转移价格的形式获取与物流作业相关的收入与利润，并利用以上指标对企业的物流成本的效益进行分析。物流服务供应商的主要业务是向客户提供物流服务，其收入与利润也主要来源于物流作业，因此可以直接使用上述指标。

能力训练

一、单选题

1. 物流成本的核算中，基本的物流成本核算的对象不包括（　　）。

A. 物流成本功能　　　　　　　　B. 营业网点

C. 物流范围　　　　　　　　　　D. 物流成本支付形态

2. 在我国，对物流成本的管理更多地停留在（　　）层次上。

A. 物流成本核算层　　　　　　　B. 物流成本管理层

C. 成本效益评估层　　　　　　　D. 物流成本预算层

3. 在物流成本二级账户(或辅助账户)核算形式中，采购人员的工资等应归入(　　)。

A. 管理费用科目下的供应物流成本二级科目

B. 材料采购科目下的供应物流成本二级科目

C. 制造费用科目下的生产物流成本二级科目

D. 财务费用科目下的生产物流成本二级科目

4. 在物流成本核算账户设置中，下列几种说法正确的是(　　)。

A. 运输成本作为一级账户　　　　　　B. 物流成本作为二级账户

C. 仓储成本作为三级账户　　　　　　D. 材料费作为四级账户

5. 以下哪种情况会降低利润(　　)。

A. 营业量上升　　　　　　　　　　　B. 单价上升

C. 固定成本下降　　　　　　　　　　D. 单位变动成本上升

6. 以下(　　)不是社会物流成本的构成部分。

A. 运输成本　　　　　　　　　　　　B. 存货持有成本

C. 人力成本　　　　　　　　　　　　D. 物流行政管理成本

7. ABC 物流成本计算法，全称为(　　)。

A. 物流成本会计　　　　　　　　　　B. 活动基准成本计算

C. 时间序列计算　　　　　　　　　　D. 物流需求预测

8. 采用科学方法对发生过的各种物流成本进行计算、归集，指的是物流成本管理哪一项内容(　　)。

A. 核算　　　　　　B. 预算　　　　　　C. 决策　　　　　　D. 控制

9. (　　)是指与某一特定的成本对象存在直接关系，是为某一特定的成本对象所耗费的成本，故可以直接计入该成本对象的成本中。

A. 运输成本　　　　B. 管理费　　　　　C. 直接成本　　　　D. 间接成本

10. 现在越来越多的企业推行(　　)，这是一种进行物流成本归集核算的有效方法。

A. 作业成本法　　　B. 经验法　　　　　C. 数量法　　　　　D. 规划论法

二、多选题

1. 会计方式的物流成本核算具体形式为(　　)。

A. 全面的物流成本核算形式

B. 独立的物流成本核算体系

C. 结合财务会计体系的物流成本计算

D. 物流成本二级账户(或辅助账户)核算形式

E. 局部的物流成本核算形式

2. 零售业商品采购计划的编制过程中，制定品种目录的依据是(　　)。

A. 货源情况　　　　　　　　　　　　B. 本企业的销售目标

C. 产品生命周期不同阶段的销售特点　D. 本企业资源要素之间的比例关系

3. 狭义采购成本项目包括(　　)。

A. 取得商品和物料的费用　　　　　　B. 订购业务费用

C. 库存维持成本　　　　　　　　　　D. 缺料成本

4. 物流成本的核算中，其他物流成本计算对象包括( )作为物流成本计算对象。

A. 客户 　　　　 B. 产品 　　　　 C. 部门 　　　　 D. 营业网点

E. 服务项目

5. 按照物流成本表的填写要求，生产企业一般应按( )范围阶段逐一进行填列。

A. 供应物流 　　　 B. 企业内物流 　　　 C. 销售物流 　　　 D. 回收物流

E. 废弃物

6. 一般企业会计核算中有关成本费用核算科目包括( )。

A. 生产成本 　　　　　　　　　　 B. 制造费用

C. 销售(经营)费用 　　　　　　　 D. 管理费用

E. 财务费用

7. 隐性物流成本包括的范围也较广泛，包括( )。

A. 库存积压降价处理 　　　　　　 B. 库存呆滞产品

C. 空程回载 　　　　　　　　　　 D. 产品损耗

E. 退货、缺货损失

8. 物流成本核算步骤包括( )。

A. 设置物流成本辅助账户 　　　　 B. 分析确认物流成本内容

C. 归集物流成本 　　　　　　　　 D. 汇总计算物流成本

E. 减少物资毁损

9. 物流成本管理系统是由物流成本的( )环节构成的。

A. 预测、计划 　　　　　　　　　 B. 成本计算、成本分析

C. 成本信息反馈 　　　　　　　　 D. 成本决策

E. 再预测

10. 物流成本核算层的主要工作包括( )。

A. 物流成本性态分析

B. 明确物流成本的构成内容

C. 对物流总成本按一定标准进行分配与归集核算

D. 明确物流成本核算的目的

E. 盈亏平衡分析

三、理论问答

1. 企业进行物流成本核算的目的？

2. 企业可以选择的物流成本核算的对象有哪些？

3. 在核算物流成本时主要有哪些方法？

4. 简述物流成本分析的方法？

四、实训题

现在全球都在研究沃尔玛是如何成为世界500强第一位的，当然有很多的说法。业内人士有的说沃尔玛的竞争力是天天低价，有的人说是物流配送，有人说是增值服务。

结合所了解的内容，阐明你的观点，并说明理由。

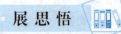 展 思 悟

推动制造业物流变革重大事件——
发改委等15部门发布新政推动物流与制造业高效融合

2019年11月15日，为推动先进制造业和现代服务业深度融合发展，经中央全面深化改革委员会第十次会议审议同意，国家发展改革委、工信部、中央网信办、市场监管总局、知识产权局等15部门联合印发《关于推动先进制造业和现代服务业深度融合发展的实施意见》（以下简称《实施意见》），从3个方面提出25条举措推动先进制造业和现代服务业深度融合发展。

《实施意见》提出要鼓励企业面向社会开放物流配送等资源，优化供应链管理，提升信息、物料、资金、产品等配置流通效率，推动设计、采购、制造、销售、消费信息交互和流程再造，形成高效协同、弹性安全、绿色可持续的智慧供应链网络。

《实施意见》强调，要促进现代物流和制造业高效融合。鼓励物流、快递企业融入制造业采购、生产、仓储、分销、配送等环节，持续推进降本增效。优化节点布局，完善配套设施，加强物流资源配置共享。鼓励物流外包，发展零库存管理、生产线边物流等新型业务。

《实施意见》要求要推进智能化改造和上下游标准衔接，推广标准化装载单元，发展单元化物流。鼓励物流企业和制造企业协同"走出去"，提供安全可靠服务。

事件述评：制造业物流是最重要的产业物流，也是物流服务业提质增效高质量发展的重要领域。随着中国智能制造的快速发展，与制造业对接的智慧物流发展商机无限。

目前，在电商快递物流领域智慧物流发展很快，物流高质量发展取得了很多成就。如何把电商快递物流的先进经验引入制造业物流，让传统的制造业物流快递化、智慧化，是中国物流发展面临的重大问题，也是中国物流企业的巨大商机。目前顺丰等物流企业正在向综合物流转型，传统制造业物流正在向智慧物流转型。

 分析

  疫情时期，我国物流业在与制造业融合过程中所体现的优势

第3章 物流作业成本制度及其实施

🎯 **教学目标**

知识目标：
1. 了解作业成本法的含义；
2. 掌握作业成本制度基本原理和实施步骤。

能力目标：
1. 具备分析作业成本法成本动因和作业动因的能力；
2. 具备利用作业成本法分析企业成本问题的能力。

素质目标：
1. 获得在不同情境下解决实际问题的高效执行、交流沟通等高阶能力；
2. 具有严谨的工匠精神以及团队合作意识和风险防范与管控意识。

📦 **先导案例**

精细化管理在成本管理中的应用

精细化管理对企业最大的贡献就在于成本控制，管理精细化的企业多数能把成本控制好，因为管理的精细化能够优化流程、提高品质、降低不必要的消耗。

专业化是精细化发展的前提

专业化不仅要在产品上"专"，而且要在方向上"专"，围绕"专"字向前后扩展，这样的企业才有发展前途。金刚石公司坚持专业化生产，做精做细金刚石产品，人造金刚石产量从 2001 年的 0.6 亿克拉到 2011 年预计生产 45 亿克拉，产品规格型号由不到 90 个发展到 380 个，市场占有率 65%。在做好超硬材料的同时，不断向前、向后延伸。向前延伸的三大步是：首先，形成以生产金刚石原材料粉体芯柱为中心的深圳中南粉体芯柱生产基地；其次，形成以石墨制品为中心的江西申田碳素制品生产基地；最后，形成了超硬材料设备制造基地。向后延伸的三大步是：首先，初步形成以金刚石镀覆为中心的耐高温钛膜超硬材料生产线；其次，初步形成以 PCD 加工为中心的超硬制品生产线；最后，初步形成以宝石加工为中心的超硬制品生产线。

数据化是精细化管理的标准

公司通过数据化将经营状况直观地展现出来，发现管理中的不足，促进管理层有针对性地改进。公司的数据管理平台在 2005 年前后逐步建成，目前已经形成从员工个人到班组车间再到处室再到公司主要领导的一整套数据处理、观察、分析、报告平台，其主要内容既涵盖了员工的技术水平、生产情况、消耗情况、质量情况和所使用设备故障发生情况，也涵盖了班组与车间、车间与部门领导之间的数据沟通。

信息化是精细化管理的手段

精细化管理要产生大量的信息流、数据流，这就要求企业加强信息化建设。信息化将员工的经验与技术固化为程序，转化成企业内部资源，避免因人员流动和手工递送而带来的工作延误以及人员、时间的浪费，有效监管与评估流程运作情况，杜绝或减少差错。公司已投资数十万元用于信息化建设，把光纤接入每一个生产车间，配备计算机及专门软件，几十个生产车间的所有数据能够及时掌握，上下道工序紧密衔接，半成品的转移一目了然。

通过技术进步降成本

公司通过技术进步、改进设备工装、加快原材料替代步伐，形成以技术性创新为主导的成本控制体系。公司从零部件、合成、后处理等各工序进行材料优化、组件结构改进、合成工艺优化、后处理废品回收技术等降低材料消耗，提高人造金刚石产出率，减少设备损坏率与维修费用。通过改进设备工装，使合金顶锤万克拉锤耗由 1 千克下降到 0.5 千克，节约成本 266 元，仅此一项，每年节约 1.2 亿元。

通过技术改造降成本

公司每年都在进行技术改造，逐步提高设备自动化水平，合成金刚石设备由原来的一人开 1~2 台设备到现在一人开 6~8 台设备，所有合成过程由电脑全程控制。把单柱压机改为四柱旋转压机，一台设备的生产能力比原来四台的还大得多。机器自动化生产保证了产品质量稳定性，大幅降低不合格率，缩短制造周期，实现快速交货。同时还可以降低原材料及在制品数量，大幅降低了公司的制造成本。

通过精益生产降成本

精益生产的核心有两点。其一是强调零库存，公司通过生产流程化使各生产工序紧密衔接，形成流水线作业，提倡在制品和材料物资"零库存"。其二是快速应对市场的变化，公司的产品是"主动反应"，市场需求时高时低、时大时小，但公司规模年年扩大、生产夜以继日，从不间断，开机率必须保证 98% 以上，产品库存基本保持在一个月产量以内。

资料来源：申兴良、丁建林：载《兵工财会》，http：//guba. eastmoney. com/news，000519，56083081. html。

随着企业 IT 技术的运用，MRP（制造资源计划）、ERP（企业资源规划）、FMS（柔性制造系统）、CIM（计算机集成制造系统，）、JIT（准时生产系统）等系统应用范围不断扩大，企业新制造环境逐渐形成。企业使用计算机管理信息系统来管理经营与生产，最大限度地发挥现有设备、资源、人、技术的作用，最大限度地提高企业经济效益，已成为企业的一致选择。

3.1　作业成本法

3.1.1　作业成本管理概述

企业的产品成本是由直接材料、直接人工、制造费用三个部分组成的。直接材料、直接人工统称为直接成本。直接成本以外的所有生产成本都称之为制造费用，如折旧费、水电费、物料消耗费用、间接人工费用等。传统的成本计算对制造费用的分摊是以部门作为成本库，然后再将它分摊到产品中去。在传统的成本计算中，通常暗含一个假定：产量成倍增加，投入的所有资源也随其成倍增加。基于这种无意识的假定，成本计算中普遍采用与产量关联的分摊基础——直接工时、机器小时、材料耗用额等。这就是所谓的"数量基础成本计算"的由来。这种表面上风平浪静的传统成本信息，实际上是暗藏着许多危险礁石的大海。从本质上看，隐藏着浪费，隐藏着不盈利的产品或顾客。这种危机在传统的企业表现尚不明显，然而在先进的现代化企业中，在高科技时代的今天，它却是致命的。

1. 新环境对传统成本管理的冲击

先进制造环境下，采用传统的以数量为基础的成本计算方法分摊制造费用，将使产品成本严重失真。原因是许多制造费用的产生与产品数量关系不大。例如，设备调试费用、物料搬运次数等；制造费用在产品成本中的比重日趋增大，其中最重要的是折旧费用的增加。

产品品种日趋多样化，多品种、少批量的生产方式使过去费用较少的订货作业、设备调试准备、物料搬运等与产量无关的费用大大增加。

这种情况下，把大量的与数量无关的制造费用，用与数量有关的成本动因（如直接人工小时等）去分摊，将使产品成本发生扭曲，其扭曲的严重程度视数量无关的成本占总制造费用的比例而定。因此由传统的以交易或数量为基础的成本计算到现代的以作业为基础的成本计算是成本会计科学发展的必然趋势。

面对新环境的冲击，企业如果继续使用传统的成本会计技术与方法，至少会造成以下两大方面的后果：

（1）产品成本计算不准确。

因为在新的生产环境下，机器和计算机辅助生产系统在某些工作上已经取代了人工，人工成本比重从传统制造环境下的 20%～40%。降到了现在的不足 5%。但同时制造费用剧增并呈多样化，其分摊标准如果只用人工小时已难以正确反映各种产品的成本。

（2）成本控制可能产生负功能行为。

传统成本会计中将预算与实际业绩编成差异报告，即将实际发生的成本与标准成本相比较。但在新的生产环境下，这一控制系统将产生负功能的行为，如为获得有利的效率差异，可能导致企业片面追求大量生产，造成存货的增加。另外，为获得有利的价格差异，采购部门可能购买低质量的原材料，或进行大宗采购，造成质量问题或材料库存积压等。

2. 作业成本管理的产生与发展

为解决新的生产环境下传统成本会计的难题，作业成本管理作为新的成本核算和管理方法应运而生。传统成本管理是一种通用的解决方案，不考虑企业的目标。新兴的作业成本从一开始就考虑企业的实施目标和范围，结合企业的实际情况实施，并把成本核算与成本信息分析和应用结合起来，直至采取改善行动，为企业提供一个整体的解决方案。

作业成本法（Activity Based Costing，ABC）是一种通过对所有作业活动进行追踪的动态反映，计量作业和成本对象的成本，评价作业业绩和资源的利用情况的成本计算和管理方法。它以作业为中心，根据作业对资源耗费的情况，将资源的成本分配到作业中，然后根据产品和服务所耗用的作业量，最终将成本分配到产品与服务中去。

作业成本法的产生，最早可追溯到 20 世纪杰出的会计大师埃里克·科勒。美国会计学家埃里克·科勒（Eric Kohler）教授于 1941 年在《会计论坛》杂志上发表了论文，首次对作业、作业账户设置等问题进行了讨论。随后乔治·斯托布斯（George J. Staubus）教授在具有重大影响的《作业成本计算和投入产出会计》一书中，对"作业""成本""作业成本计算"等概念作了全面阐述，引发了 20 世纪 80 年代之后西方会计学者对传统的成本会计系统的全面反思。

1988 年，哈佛大学的罗宾·库珀（Robin Cooper）连续发表了《一论 ABC 的兴起：什么是 ABC 系统？》《二论 ABC 的兴起：何时需要 ABC 系统？》《三论 ABC 的兴起：需要多少成本动因并如何选择？》和《四论 ABC 的兴起：ABC 系统看起来到底像什么？》的文章。他与罗伯特·卡普兰（Robert S. Kaplan）一起对作业成本管理的现实意义、运作程序、成本动因选择、成本库的建立等重要问题进行了全面深入的分析，奠定了作业成本管理研究的基石。此后在英美等国家 ABC 日益兴起，研究作业成本管理的文章纷纷出现，作业成本理论日趋完善，在冶金、电信、制药、电子设备和 IT 等行业的应用也逐步发展了起来。

作业成本法引入了许多新概念，图 3-1 显示了作业成本计算中各概念之间的关系。资源按资源动因分配到作业或作业中心，作业成本按作业动因分配到产品。分配到作业的资源构成该作业的成本要素，多个成本要素构成作业成本池，多个作业构成作业中心。作业动因包括资源动因和成本动因，分别是将资源和作业成本进行分配的依据。

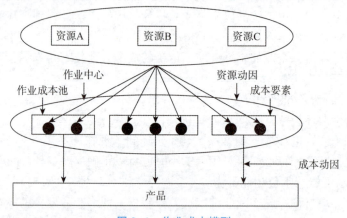

图 3-1　作业成本模型

 练一练

（单选题）作业动因包括（　　）。

A. 成本动因　B. 资源动因

C. 费用动因　D. 项目动因

3.1.2　作业成本管理基础理论

1. 作业的内涵

企业进行作业成本计算，最关键的是要理解作业的各项内涵：

(1)作业是以人为主体的。现代企业中，尽管机械化、自动化程度很高，但仍然不乏人的行为的参与。人仍然是现代企业中各项具体生产经营工作的主体，也是作业的主体。

(2)作业消耗一定资源。作业以人为主体，至少要消耗一定的人力资源；作业是人力作用于物的工作，因而也要消耗一定的物质资源；在用计算机作为作业手段的高度自动化生产条件下，计算机因使用而耗费的价值也应计入作业成本中去等。就一般企业而言，资源消耗包括直接材料、直接人工和各种间接费用。

(3)区分不同作业的标志是作业目的。在一个完备的企业中，其现代化程度越高，生产经营过程的可区分性就越强。这样，可以把生产经营过程按照每一工作的特定目的区分为若干作业，每项作业负责完成该作业职权范围内的每项工作，这些工作互补并且互斥，构成了完整的生产经营过程。作业目的不同于某一项具体工作的目的，如采购作业，负责适时为生产提供材料，但就该作业内部看，仍然包括若干项具体工作，有人负责与供应商建立固定联系，有人处理款项结算与材料交接，有人负责材料运输等。之所以把这些工作确定为一项作业有其深层次的原因，这个原因就是作业动因，因为这些具体工作都可以归属为由该作业动因而发生的。所谓作业动因，是指作业贡献于最终产品或劳务的方式和原因。

(4)对于一个生产经营程序设置欠合理的企业，作业可以区分为增值作业和非增值作业。这里，非增值作业虽然也消耗资源，但并不是合理消耗，其对于企业提供最终产品或劳务并不直接作出贡献。如企业内部产品的搬运作业，以搬运距离作为动因消耗资源，但这种搬运作业可以通过采用缩短搬运距离即紧凑经营过程的方式予以逐步消除，因而一般被确定为非增值作业。

(5)作业的范围可以被限定。从会计角度看，由于作业区分的依据是作业动因，而作业动因对于特定企业是客观的，因而作业范围是能够得到本质上的限定的。

(6)作业成本计算的目的不是将共同成本分配到产品，而是对用于各种作业的资源进行计量和定价。它首先要确认耗用企业资源的所有作业，然后把辅助资源的费用追索到对应的作业中，直到将企业的全部辅助资源费用都对应到相应的作业中为止。最后按照一定方法分配到产品中去。

综上所述，作业是指基于一定目的，以人为主体、消耗了一定资源的特定范围内的工作。这种拓展了内涵的作业观，使作业管理手段可以广泛地与作业成本分析联系起来，从而能够改良成本会计理论与实务。

2. 作业划分

对作业可从不同角度进行分类。杰弗·米勒(Jeff Miller)和汤姆·沃尔曼(Tom Vollman)两位现代制造过程的研究者将作业分为以下四类：

(1)逻辑性作业，是指定购、执行和确保材料移动的作业。忙于逻辑性作业的全体人员包括间接场地巡视工人以及从事接收、运输、数据登记、计算机处理系统和会计工作的人员。

（2）平衡性作业，是将原材料、人工和机器供应与需求配比的作业。采购、材料计划、生产控制、预测和计划的人员执行平衡性作业。

（3）质量作业，是确保生产和规范一致的作业。质量控制、间接工程技术、采购等人员从事质量作业。

（4）变化作业，是生产信息现代化的作业。涉及计划、程序规范标准和材料清单的制造以及质量工程师从事变化作业。

库珀（Robin Cooper）将作业划分为以下四类：

（1）单位作业（Unit Activity），即使单位产品受益的作业，如机器的折旧及动力等。这种作业的成本与产品产量成比例变动。

（2）批别作业（Batch Activity），即使一批产品受益的作业，如对每批产品的检验、机器准备、原材料处理等。这种作业的成本与产品的批数成比例变动。

（3）产品作业（Product Activity），即便某种产品的每个单位都受益的作业，如对每一种产品编制数控规划、材料清单。这种作业的成本与产品产量及批数无关，但与产品项目成比例变动。

（4）过程作业（Process Activity），该类作业是计算加工成本的基础。

彼得·B.B·特尼教授在库珀作业分类的基础上，又提出了顾客作业（Customer Activity），即为特定顾客服务的作业，如为顾客提供技术服务。

3. 成本动因

作业成本管理认为，成本动因是决定成本发生、资源耗费的真正原因。针对传统成本在制造费用分摊上不精确的情况，它采用两阶段成本分摊方法来计算各种成本标的的成本，从而获得更为准确的产品成本信息。为了更准确地衡量产品成本，作业成本管理采用多重动因分摊成本。掌握成本动因是运用作业成本管理的关键，因此，选择适当的成本动因非常重要。

（1）成本动因的分类。

一般而言，成本动因是指导致成本发生的任何因素，亦即成本的诱致因素。出于可操作性考虑，成本动因必须能够量化。可量化的成本动因包括生产准备次数、零部件数、不同的批量规模数、工程小时数等。成本动因主要可分为资源动因和作业动因。

①资源动因。资源动因反映了作业中心对资源的消耗情况，是资源成本分配到作业中心的标准。在分配过程中由于资源是一项一项地分配到作业中去的，于是就产生了作业成本要素。将每个作业成本要素相加就形成了作业成本库。通过对作业成本要素和作业成本库的分析，可以揭示哪些资源需要减少，哪些资源需要重新配置，最终确定如何改进和降低作业成本。

②作业动因。作业动因是将作业中心的成本分配到产品、劳务或顾客中的标准，它也是将资源消耗与最终产出相沟通的中介。通过实际分析，可以揭示哪些作业是多余的，应该减少，整体成本应该如何改善，应该如何降低。

布林逊在《成本会计》一书中将成本动因分为两类：一是积极性成本动因，是指能够产生产品、收入或利润的作业，如销售订单、生产通知单等；二是消极性成本动因，是指引起不必要的工作和利润减少的作业，如重复运送产品等。

（2）确定成本动因的个数要考虑的因素。

①成本动因与实际制造费用的相关程度。在既定的精确度下，运用相关程度较高的成本动因时，则成本动因的数目就较少；反之，如果缺少与实际制造费用相关程度较高的成本动因，则为达到一定的精确度水准，必须增加成本动因的数量。

②产品成本的精确度和产品组合的复杂程度。倘若对产品成本的精确度要求比较高，则成本动因的数目必增加；反之，则会减少。产品复杂程度低，则多个作业成本可汇集在同一作业成本库中；反之，则汇集比较困难，所要求的成本动因数目也相应增加。

（3）选择成本动因要考虑的因素。

①成本与效益的关系，即要考虑成本动因的资料是否易于获得，若在现有的成本系统内即可获得，则成本不会太高；反之，需要另设新的系统收集资料，则成本会大增，此时，必须做成本效益分析。

②成本动因与实耗资源成本的相关程度。相关程度越高，产品成本被歪曲的可能性就越小。

③会计的行为面。在选择成本动因时，必须考虑组织中心的行为。成本动因相关程度的确定可运用经验法和数量法。经验法指依据各相关作业经理的经验，对一项作业中可能的成本动因作出评估。例如，最有可能成为成本动因的，权数为 6；可能程度属于中等的，权数为 3；可能程度较小者，权数为 1。然后各成本动因的权数依各经理给定的权数加权平均，取较高者进行数量法测试。所谓数量法是指利用回归分析，比较各成本动因与成本间的相关程度。

3.1.3　物流作业成本法的基本原理

目前，作业成本法是被认为确定和控制物流成本最有前途的方法。作业成本法应用于物流成本核算的理论基础是，产品消耗作业，作业消耗资源并导致成本的发生。作业成本法把成本核算深入作业层次，它以作业为单位收集成本，并把"作业"或"作业成本池"的成本按作业动因分配到产品。因此，应用作业成本法核算企业物流成本并进行管理的基本思路如下：

1. 界定企业物流系统中涉及的各个作业

作业是工作的各个单位（Units of Work），作业的类型和数量会随着企业的不同而不同。例如，在客户服务部门，作业可以包括处理客户订单、解决产品问题、提供客户报告 3 项作业。

2. 确认企业物流系统中涉及的资源

资源是成本的源泉，一个企业的资源包括直接人工、直接材料、生产维持成本（如采购人员的工资成本）、间接制造费用、生产过程以外的成本（如广告费用）。资源的界定是在作业界定的基础上进行的，每项作业必定涉及相关的资源，与作业无关的资源应从物流成本核算中剔除。

3. 确认资源动因，将资源分配到作业

作业决定着资源的耗用量，这种关系被称作资源动因。资源动因联系着资源和作业，它把总分类账上的资源成本分配到作业中。

4. 确认成本动因，将作业成本分配到产品或服务中

作业动因反映了成本对象对作业消耗的逻辑关系，例如，问题最多的产品会产生最多客户服务的电话，故按照电话数的多少（此处的作业动因）把解决客户问题的作业成本分配到相应的产品中。

作业成本法计算物流成本的逻辑如图3-2所示。

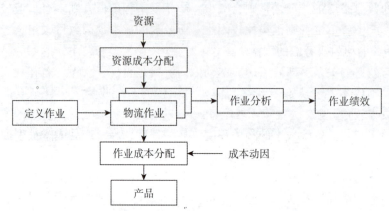

图3-2　作业成本法计算物流成本的逻辑

3.1.4　物流作业成本管理计算程序

1. 确认和计量耗用企业资源的成本

将能够直观地确定为某特定产品或服务的资源划为直接成本，直接计入该特定产品或服务成本，其余部分则列为作业成本。

2. 确认和计量耗用资源的作业

作业是指为提供服务或产品而耗用企业资源的相关经营管理活动。如订单处理、产品设计、员工培训、材料处理、机器调试、质量检查、包装、销售、一般管理等。

（1）计量作业成本。根据资源耗用方式的不同将间接资源成本分配给相关作业，计算出各项作业的成本，即作业成本。

（2）选择作业动因，即选择驱动成本发生的因素。一项作业的成本动因往往不止一个，应选择与实耗资源相关程度较高且易于量化的成本动因作为分配作业成本、计算产品成本的依据，如人工小时、机器小时、机器准备次数、产品批数、收料次数、物料搬运量、订单份数、检验次数、流程改变次数等。

（3）汇集成本库，即将相同成本动因的有关作业成本合并汇入"同质成本库"，如动力与维护费用可归入一个成本库。

（4）作业成本分配。其计算公式为：

$$分摊成本 = 某作业成本（库）分配率 \times 被某产品耗用成本动因数量$$

（5）计算产品成本。将分配某产品的各作业成本（库）分摊成本和直接成本（直接人工及直接材料）合并汇总，计算该产品的总成本，再将总成本与产品数量相比，计算该产品的单位成本。

3.2　物流作业成本管理实施

作业成本法的核心思想是在资源和成本计算对象之间插入作业，通过对间接物流成本使用多元分配标准，使其分配更为准确。

作业成本法的核心要素有五个，具体包括资源、资源动因、作业、作业动因、成本计算对象。在企业的运营中，上述五个核心要素又都是多元的，即以多元的资源动因和作业动因作为分配标准，使多元的资源、作业和成本计算对象产生关联，将多元的资源分配至多元的作业，再将多元的作业分配至多元的成本计算对象。它们之间的关系如图3-3所示。

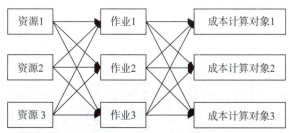

图3-3　资源、作业和成本计算对象关系图

根据作业成本法的核心思想以及关键要素之间的关系，应用作业成本法分配和计算企业间接物流成本时，应首先明确资源、作业和成本计算对象，然后根据资源和作业之间的关系选择资源动因，根据作业和成本计算对象之间的关系选择作业动因，来分配和计算间接物流成本。事实上，企业物流成本计算的过程也是从会计成本费用明细账中分离物流成本的过程，所以在确定资源耗费时，应首先根据其与物流成本的相关性，确定哪些是物流作业的资源耗费，在此基础上，将非物流作业资源耗费分离出去，然后将物流作业的资源耗费依次分配至各物流作业和最终的成本计算对象。

3.2.1　计算物流成本时资源的选取

资源是价值耗费。无论是生产制造企业、流通企业还是物流企业，也不管企业采用的是传统成本核算制度还是作业成本制度，资源都是明确的，是客观发生的耗费。因此，计算物流成本选取资源时，仍要从成本费用类科目入手，包括管理费用、销售费用、财务费用、生产成本、制造费用、其他业务成本、营业外支出以及材料采购等科目，遁会计科目找到最原始的费用支付形态，例如人工费、材料费、折旧费、维修费、办公费、通信费等，这些最原始的费用支付就是资源及其耗费。

3.2.2　计算物流成本时作业的确定

作业是资源耗费的活动。对不同类型企业以及同一类型的不同企业而言，作业可以有不同的定义。作业的确定可粗可细，企业应根据实际情况和管理需求，在考虑成本收益原则的前提下加以确定。

为了计算方便，同时也为了与前面所阐述的物流成本计算对象中物流功能成本的构成内容相符，在这里，我们首先把企业所有的作业活动划分为物流作业和非物流作业，然后将物流作业进一步细分为运输作业、仓储作业、包装作业、装卸搬运作业、流通加工作业、物流信息作业、物流管理作业。这样，企业的所有作业活动可划分为运输、仓储、包装、装卸搬运、流通加工、物流信息、物流管理和非物流作业。

当然，作业的确定也可采用其他方式。另外，在上面定义的作业中还可以进一步定义更细化的作业。

3.2.3 确定资源动因，将资源耗费分配至作业

如前所述，对于可直接计入成本计算对象以及可直接计入作业的资源耗费，相对于作业而言，都属于直接成本，无须确定资源动因进行分配，只有那些相对于作业而言，资源耗费呈现混合状态，由若干项作业同时耗费的间接成本，才需确定资源动因进行分配。例如，人工费支出中的工资耗费，由于可以直接对应到从事某项作业的人，所以可直接计入各物流作业以及非物流作业中，但人工费支出中的人员保险费、职工教育培训基金等，由于没有直接对应到从事某项作业的人，其最初的提取和支付呈混合状态，所以需要按确定的资源动因在各作业中进行分配。

【例3-1】假定企业某月提取的职工教育经费为7 500元，选择的资源动因为职工人数，作业包括运输作业、仓储作业、包装作业、装卸搬运作业、流通加工作业、物流信息作业、物流管理作业和非物流作业，从事各项作业的人数分别为5人、5人、4人、6人、5人、3人、2人、20人，各项作业按职工人数分配的职工教育经费的计算如下：

例中资源耗费为7 500元，资源动因为作业人数，则

职工教育经费分配率 = 7 500/(5+5+4+6+5+3+2+20) = 150(元)

运输作业分配的职工教育经费 = 5×150 = 750(元)

仓储作业分配的职工教育经费 = 5×150 = 750(元)

包装作业分配的职工教育经费 = 4×150 = 600(元)

装卸搬运作业分配的职工教育经费 = 6×150 = 900(元)

流通加工作业分配的职工教育经费 = 5×150 = 750(元)

物流信息作业分配的职工教育经费 = 3×150 = 450(元)

物流管理作业分配的职工教育经费 = 2×150 = 300(元)

非物流作业分配的职工教育经费 = 20×150 = 3 000(元)

各项作业耗费的职工教育经费之和 = 750+750+600+900+750+450+300+3 000 = 7 500(元) = 人工费支出总额

【例3-2】再假定企业某月支付的电费为5 600元，选择的资源动因为消耗电力度数，消耗电力资源的作业包括仓储作业、包装作业、装卸搬运作业、流通加工作业、物流信息作业、物流管理作业和非物流作业，上述作业消耗的电力度数分别为800度、400度、400度、700度、400度、100度、2 800度，则各项作业按电力度数分配的电费的计算如下：

例中资源耗费为5 600元，资源动因为消耗电力度数，则

电费消耗分配率 = 5 600/(800+400+400+700+400+100+2 800) = 1(元)

仓储作业分配的电费 = 800×1 = 800(元)

包装作业分配的电费 = 400×1 = 400(元)

装卸搬运作业分配的电费 = 400×1 = 400(元)

流通加工作业分配的电费＝700×1＝700(元)

物流信息作业分配的电费＝400×1＝400(元)

物流管理作业分配的电费＝100×1＝100(元)

非物流作业分配的电费＝2 800×1＝2 800(元)

各项作业消耗的电费之和＝800+400+400+700+400+100+2 800＝5 600(元)＝电费消耗总额

【例3-1】【例3-2】的计算结果如表3-1所示：

表3-1 资源耗费分配一览表　　　　　　　　　　单位：元

作业＼资源耗费	职工教育经费	电费	合计
运输	750	—	750
仓储	750	800	1 550
包装	600	400	1 000
装卸搬运	900	400	1 300
流通加工	750	700	1 450
物流信息	450	400	850
物流管理	300	100	400
物流作业合计	4 500	2 800	7 300
非物流作业	3 000	2 800	5 800
总计	7 500	5 600	13 100

3.2.4 确定作业动因，将物流作业成本分配至成本计算对象

确定成本动因，应考虑其与成本计算对象之间的相关性、可计量性并考虑成本收益原则，在此前提下，选择适合企业实际运作情况的成本动因，将各作业成本分配至最终成本计算对象。由于分配和计算的最终目的是要获取物流成本的相关信息，因此在将作业成本分配至成本计算对象这一过程中，只需计算分配各物流作业，至于与物流作业不相关的非物流作业不再做进一步的分配。

实践中，成本计算对象的选择可以有很多种，可以是产品，可以是客户，还可以是物流范围等。企业可以根据物流成本管理需要选择物流成本计算对象。

为了计算方便，也为了与前面所阐述的物流成本计算对象中物流范围阶段的构成内容相符，在这里，我们将成本计算对象设定为不同的物流范围，即供应物流、企业内物流、销售物流、回收物流和废弃物物流。

【例3-3】从【例3-1】中得知，企业某月运输作业、仓储作业、包装作业、装卸搬运作业、流通加工作业、物流信息作业、物流管理作业按作业人数所分配的职工教育经费分别为750元、750元、600元、900元、750元、450元、300元。下面分别根据各作业对应的成本动因，计算各作业不同物流范围应分配的职工教育经费。

1. 运输作业

运输作业分配的职工教育经费为750元，作业动因为里程数，其在供应物流、企业内

物流、销售物流、回收物流和废弃物物流阶段所发生的里程数分别为 1 000 千米、200 千米、800 千米、400 千米、100 千米，下面分别计算运输作业在不同物流范围阶段分配的职工教育经费。

作业动因分配率 = 750/（1 000+200+800+400+100）= 0.3（元）
运输作业在供应物流阶段应分配的职工教育经费 = 0.3×1 000 = 300（元）
运输作业在企业内物流阶段应分配的职工教育经费 = 0.3×200 = 60（元）
运输作业在销售物流阶段应分配的职工教育经费 = 0.3×800 = 240（元）
运输作业在回收物流阶段应分配的职工教育经费 = 0.3×400 = 120（元）
运输作业在废弃物物流阶段应分配的职工教育经费 = 0.3×100 = 30（元）
运输作业在各物流阶段分配的职工教育经费总和 = 300+60+240+120+30 = 750（元）

2. 仓储作业

仓储作业分配的职工教育经费为 750 元，因其对应的物流范围阶段仅为企业内物流阶段，所以，仓储作业在企业内物流阶段分配的职工教育经费为 750 元，在供应物流、销售物流、回收物流和废弃物物流阶段分配的职工教育经费均为 0 元。

3. 包装作业

包装作业分配的职工教育经费为 600 元，因其对应的物流范围阶段同样仅为企业内物流阶段，所以，包装作业在企业内物流阶段分配的职工教育经费为 600 元，在供应物流、销售物流、回收物流和废弃物物流阶段分配的职工教育经费均为 0 元。

4. 装卸搬运作业

装卸搬运作业分配的职工教育经费为 900 元，成本动因为装卸搬运次数，其在供应物流、企业内物流、销售物流、回收物流和废弃物物流阶段所发生的装卸搬运次数分别为 240 次、100 次、180 次、50 次、30 次。下面分别计算装卸搬运作业在不同物流范围阶段分配的职工教育经费。

作业动因分配率 = 900/（240+100+180+50+30）= 1.5（元）
装卸搬运作业在供应物流阶段应分配的职工教育经费 = 1.5×240 = 360（元）
装卸搬运作业在企业内物流阶段应分配的职工教育经费 = 1.5×100 = 150（元）
装卸搬运作业在销售物流阶段应分配的职工教育经费 = 1.5×180 = 270（元）
装卸搬运作业在回收物流阶段应分配的职工教育经费 = 1.5×50 = 75（元）
装卸搬运作业在废弃物物流阶段应分配的职工教育经费 = 1.5×30 = 45（元）
装卸搬运作毕业在各物流阶段分配的职工教育经费总和 = 360+150+270+75+45 = 900（元）

5. 流通加工作业

流通加工作业分配的职工教育经费为 750 元，因其对应的物流范围阶段仅为销售物流阶段，所以流通加工作业在销售物流阶段分配的职工教育经费为 750 元，在供应物流、企业内物流、回收物流和废弃物物流阶段分配的职工教育经费均为 0 元。

6. 物流信息作业

物流信息作业分配的职工教育经费为 450 元，作业动因是工作小时数，其在供应物流、企业内物流、销售物流、回收物流和废弃物物流阶段所使用的工作小时数分别为 55

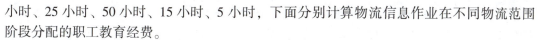

小时、25 小时、50 小时、15 小时、5 小时，下面分别计算物流信息作业在不同物流范围阶段分配的职工教育经费。

作业动因分配率 = 450/（55+25+50+15+5）= 3（元）

物流信息作业在供应物流阶段应分配的职工教育经费 = 3×55 = 165（元）

物流信息作业在企业内物流阶段应分配的职工教育经费 = 3×25 = 75（元）

物流信息作业在销售物流阶段应分配的职工教育经费 = 3×50 = 150（元）

物流信息作业在回收物流阶段应分配的职工教育经费 = 3×15 = 45（元）

物流信息作业在废弃物物流阶段应分配的职工教育经费 = 3×5 = 15（元）

物流信息作业在各物流阶段分配的职工教育经费总和 = 165+75+150+45+15 = 450（元）

7. 物流管理作业

物流管理作业分配的职工教育经费为 300 元，作业动因是工作小时数，其在供应物流、企业内物流、销售物流、回收物流和废弃物物流阶段所使用的工作小时数分别为 50 小时、32 小时、52 小时、8 小时、8 小时。下面分别计算物流管理作业在不同物流范围阶段分配的职工教育经费。

作业动因分配率 = 300/（50+32+52+8+8）= 2（元）

物流管理作业在供应物流阶段应分配的职工教育经费 = 2×50 = 100（元）

物流管理作业在企业内物流阶段应分配的职工教育经费 = 2×32 = 64（元）

物流管理作业在销售物流阶段应分配的职工教育经费 = 2×52 = 104（元）

物流管理作业在回收物流阶段应分配的职工教育经费 = 2×8 = 16（元）

物流管理作业在废弃物物流阶段应分配的职工教育经费 = 2×8 = 16（元）

物流管理作业在各物流阶段分配的职工教育经费总和 = 100+64+104+16+16 = 300（元）

将上述计算结果以表格的形式表示，如表 3-2 所示。

表 3-2　各物流作业所耗用的职工教育经费在不同物流范围阶段分配一览表　单位：元

物流范围作业成本	供应物流	企业内物流	销售物流	回收物流	废弃物物流	合计
运输作业	300	60	240	120	30	750
仓储作业		750				750
包装作业		600				600
装卸搬运作业	360	150	270	75	45	900
流通加工作业		750				750
物流信息作业	165	75	150	45	15	450
物流管理作业	100	64	104	16	16	300
合计	925	1 699	1 514	256	106	4 500

【例 3-4】从【例 3-2】中得知，企业某月仓储、包装、装卸搬运、流通加工、物流信息、物流管理作业按消耗电力度数分配的电费分别为 800 元、400 元、400 元、700 元、400 元、100 元。下面分别根据各作业对应的成本动因，计算各作业不同物流范围应分配的电费。

1. 仓储作业

仓储作业分配的电费为 800 元，因其对应的物流范围阶段仅为企业内物流阶段，所以仓储作业在企业内物流阶段分配的电费为 800 元，在供应物流、销售物流、回收物流和废弃物物流阶段分配的电费均为 0 元。

2. 包装作业

包装作业分配的电费为 400 元，因其对应的物流范围阶段仅为企业内物流阶段，所以包装作业在企业内物流阶段分配的电费为 400 元，在供应物流、销售物流、回收物流和废弃物物流阶段分配的电费均为 0 元。

3. 装卸搬运作业

装卸搬运作业分配的电费为 400 元，作业动因为装卸搬运工作小时数，其在供应物流、企业内物流、销售物流、回收物流和废弃物物流阶段所发生的装卸搬运工作小时数分别为 160、65、120、30、25，下面分别计算装卸搬运作业在不同物流范围阶段分配的电费。

作业动因分配率 $= 400/(160+65+120+30+25) = 1$（元）
装卸搬运作业在供应物流阶段应分配的电费 $= 1×160 = 160$（元）
装卸搬运作业在企业内物流阶段应分配的电费 $= 1×65 = 65$（元）
装卸搬运作业在销售物流阶段应分配的电费 $= 1×120 = 120$（元）
装卸搬运作业在回收物流阶段应分配的电费 $= 1×30 = 30$（元）
装卸搬运作业在废弃物物流阶段应分配的电费 $= 1×25 = 25$（元）
装卸搬运作业在各物流阶段分配的电费总和 $= 160+65+120+30+25 = 400$（元）

4. 流通加工作业

流通加工作业分配的电费为 700 元，因其对应的物流范围阶段仅为销售物流阶段，所以流通加工作业在销售物流阶段分配的电费为 700 元，在供应物流、企业内物流、回收物流和废弃物物流阶段分配的电费均为 0 元。

5. 物流信息作业

物流信息作业分配的电费为 400 元，作业动因为物流信息工作小时数，其在供应物流、企业内物流、销售物流、回收物流和废弃物物流阶段所发生的物流信息工作小时数分别为 70、45、65、12、8，下面分别计算物流信息作业在不同物流范围阶段分配的电费：

作业动因分配率 $= 400/(70+45+65+12+8) = 2$（元）
物流信息作业在供应物流阶段应分配的电费 $= 2×70 = 140$（元）
物流信息作业在企业内物流阶段应分配的电费 $= 2×45 = 90$（元）
物流信息作业在销售物流阶段应分配的电费 $= 2×65 = 130$（元）
物流信息作业在回收物流阶段应分配的电费 $= 2×12 = 24$（元）
物流信息作业在废弃物物流阶段应分配的电费 $= 2×8 = 16$（元）
物流信息作业在各物流阶段分配的电费总和 $= 140+90+130+24+16 = 400$（元）

6. 物流管理作业

物流管理作业分配的电费为 100 元，作业动因为物流管理工作小时数，其在供应物流、企业内物流、销售物流、回收物流和废弃物物流阶段所发生的物流管理工作小时数分别为 60、40、80、14、6，下面分别计算物流管理作业在不同物流范围阶段分配的电费。

作业动因分配率 $= 100/(60+40+80+14+6) = 0.5$（元）

物流管理作业在供应物流阶段应分配的电费=0.5×60=30(元)
物流管理作业在企业内物流阶段应分配的电费=0.5×40=20(元)
物流管理作业在销售物流阶段应分配的电费=0.5×80=40(元)
物流管理作业在回收物流阶段应分配的电费=0.5×14=7(元)
物流管理作业在废弃物物流阶段应分配的电费=0.5×6=3(元)
物流管理作业在各物流阶段分配的电费总和=30+20+40+7+3=100(元)

将上述计算结果以表格的形式表示,如表3-3所示。

表3-3 各物流作业所耗用的电费在不同物流范围阶段分配一览表   单位:元

物流范围作业成本	供应物流	企业内物流	销售物流	回收物流	废弃物物流	合计
运输作业						
仓储作业		800				800
包装作业		400				400
装卸搬运作业	160	65	120	30	25	400
流通加工作业			700			700
物流信息作业	140	90	130	24	16	400
物流管理作业	30	20	40	7	3	100
合计	330	1 375	990	61	44	2 800

3.2.5 应用作业成本法计算企业物流成本应注意的问题

作业成本法在企业物流成本计算中的应用,主要是针对间接物流成本而言的。对于直接物流成本,可直接计入最终的物流成本计算对象,不涉及成本分配和计算问题。一般来说,应用作业成本法分配和计算企业物流成本应注意以下几个问题。

1. 掌握作业成本法的核心思想

企业应用作业成本法计算物流成本,首先必须了解和掌握作业成本法的核心思想,即资源、作业和成本计算对象之间的路径关联关系必须明确,这是使用作业成本法的前提。

2. 确保非财务性资料的易获取性和准确性

作业成本法中,间接成本的分配需要使用资源动因和作业动因,而资源动因和作业动因绝大多数是数量指标,很难从会计核算资料中取得。因此,为了推进作业成本法的实施,企业必须通过建立制度、明确职责等方式,确保资源动因和作业动因的易获取性和准确性。为保证有关数量信息的可得性和可靠性,在全面推行作业成本法时,企业应根据管理需求,确定作业及成本计算对象。在此前提下,详细分析所需要的资源动因和作业动因,然后通过设置表格或下达工作任务的形式,将资源动因和作业动因的统计工作落到实处。

3. 剔除非物流作业所消耗的资源

无论使用哪种方式计算物流成本,首先都应明确哪些是物流作业发生的资源耗费。对于可直接计入物流成本计算对象的资源耗费,必然是独立地、一对一地为成本计算对象所耗费；对于间接为物流成本计算对象所发生的资源耗费，在将资源分配至作业过程中，首先应剔除非物流作业所消耗的资源。具体做法是，在确定作业时，对于属于物流业务的作业，根据管理目标和计算需要，将其细分为不同的作业；对于非物流业务的耗费，将其作为一项作业即非物流作业，与其他细分的物流作业并列，通过相应的资源动因，共同参与资源耗费分配。通过这种方式，可计算出各细分的物流作业成本和单独的非物流作业成本。在后续将作业成本向成本计算对象分配的过程中，仅有物流作业成本参与分配，非物流作业将不再参加分配，这样，在计算过程中就剔除了非物流成本及其所消耗的资源。

能力训练

一、单选题

1. 结合会计体系的物流成本核算的"物流成本"科目建立在(　　)的基础上。

A. 产品成本计划　　　　　　　　　B. 产品标准成本

C. 产品成本计算　　　　　　　　　D. 产品成本改变

2. ABC 中，将资源分配到作业或作业中心的依据是(　　)

A. 资源动因　　　　B. 作业动因　　　　C. 成本动因　　　　D. 作业的资源总需求

3. 作业的成本要素是分配到作业的(　　)

A. 成本　　　　　　B. 资源　　　　　　C. 作业动因　　　　D. 资源动因

4. 作业成本按作业动因分配到(　　)

A. 产品　　　　　　B. 作业　　　　　　C. 作业池　　　　　D. 成本项目

5. 作业动因反映了(　　)对作业消耗的逻辑关系。

A. 成本　　　　　　B. 资源　　　　　　C. 资源动因　　　　D. 成本对象

二、理论问答

1. 简述作业成本管理的基本原理？

2. 简述计算物流作业成本的流程？

3. 作业的确定要考虑哪些因素？

4. 成本动因的确定要考虑哪些因素？

三、实训题

华夏公司生产甲、乙两种产品，其生产工艺过程基本相同。该公司采用作业成本法计算物流成本。所涉及的作业主要有：订单处理、挑选包装、装卸搬运、运输和一般管理。

(1)本月共处理甲产品订单 10 份，乙产品订单 2 050 份。

(2)包装机 3 台，全月总共可用 650 机器工时。包装甲产品 160 工时，包装乙产品 490 工时。

(3)装卸搬运全月总共提供 940 小时的生产能力，其中甲产品耗用 120 小时，乙产品耗用 820 小时。

(4)本月甲产品耗用一般管理工时为 130 小时，乙产品耗用一般管理工时为 446 小时。该企业本月所耗用的各类资源价值如下表所示。

各类资源价值表　　　　　　　　　　　　　　　　　单位：元

资源项目	工资	电力	折旧	办公费	运输费
资源价值	30 000	5 200	45 000	8 500	156 500

上述费用中，订单处理人员工资6 000元，包装人员工资8 500元，搬运人员工资12 000元，一般管理人员工资3 500元；包装机械消耗电力费用4 500元，其他电力费用主要为一般管理消耗(其他活动不分配电力费用)；折旧费用中，包装机械折旧费为30 000元，其他为一般管理消耗；办公费中订单处理消耗2 500元，其他为一般管理消耗；运输费用中，甲产品运输费为54 000元，乙产品运输费为102 500元。

要求：请用作业成本法对成本进行分配。

 展 思 悟

加强网络化、标准化、信息化建设
发展生鲜农产品配送
家家悦集团股份有限公司

一、企业基本情况

(一)企业简介

家家悦集团股份有限公司(以下简称家家悦)成立于1981年，注册资本6.08亿元，是一家以连锁超市为主业，以区域物流一体化为支撑，以现代农业生产基地和食品加工产业链为保障，以生鲜农产品为特色的多业态综合性零售商。目前直营连锁门店760多个，经营面积160多万平方米，覆盖山东省内11个地级市的40多个市县，以及河北省张家口地区，形成了大卖场、百货店、购物中心、精品超市、社区店、农村店、便利店等多业态并举的发展格局。公司于2016年12月在上交所主板上市(股票代码：603708)，正式登陆资本市场。2018年实现营业收入127.3亿元，同比增长12.4%。在中国经营连锁协会公布的2018年(超市/便利店)连锁百强中排名第11位。曾获"中国快速消费品连锁百强企业""农业产业化国家重点龙头企业""农产品冷链流通示范企业""全国公益性农产品示范市场""中国商业服务名牌""中国零售业最佳雇主""山东省省长质量奖"等荣誉称号。

(二)企业优势

70多年来，家家悦积极采用现代营销方式，大力发展现代物流，整合利用优势资源，不断提升农产品经营水平。一是发展物流链。加强与农副产品基地或农业合作社合作，打造"基地+超市"的农超对接模式，引导订单农业生产，发展生产基地→配送中心→超市的高标准物流链，减少农产品损耗，保证农产品新鲜品质。二是延伸产业链。投资建设家家悦食品工业园、植物油厂、大米厂等项目，加强与优质供应商的合作，引进国内名牌企业入园从事食品加工生产，建立更加紧密的"零供战略"合作关系，降低生产成本，为消费者提供优质实惠的商品。三是提升价值链。投资建设农产品初加工中心，对采收的农产品进行挑选、洗涤、沥干、加工、包装，将净菜加工业务由各门店前置到农产品初加工中心。建成规模化中央厨房，将单店厨师现场制作升级为集中研发、统一配方、批量生产、统一配送于一体的现代化高效中央厨房体系，为消费者提供具有特色的标准化产品。

二、主要做法与成效

家家悦按照"发展连锁、物流先行"的战略，构建以网络化、标准化、信息化为支撑的农产品配送体系，服务城乡居民消费，扩大农产品采购规模，促进农民稳产增收。

（一）构建物流配送网络

以配送中心为支点，建立布局合理、区域一体化的高效生鲜农产品配送网络。现已建成威海、烟台、济南莱芜、青岛、张家口5个常温配送中心，仓储总面积约25万平方米，日均吞吐量约22万件；威海、烟台、青岛、济南莱芜、文登宋村、张家口6个生鲜配送中心，仓储总面积约5万平方米，日均吞吐量约1734吨。各配送中心配送车辆总计约600部，其中冷链运输车辆约480部。通过物流配送网络建设，配送效率和快速反应能力大幅提升，能够确保300公里以内配送范围4小时内到货，300公里以外配送范围5小时内到货，有效保障了生鲜农产品供应。

（二）推广物流标准化

家家悦大力推进托盘、周转筐、货架、叉车、车辆等物流器具装备的标准化建设。配备规格为1.2米×1米×0.15米的标准化塑料托盘（自有）与木质托盘（租赁）；使用600毫米×400毫米可插式周转箱（筐）；建设高位立体货架（标准库位规格为2.3米×1.0米×1.4米，可放置两个标准托盘），并从欧洲进口国际物流行业标准的前移式高位叉车，配合高位立体货架进行存储拣选。配送时，使用7.65米货车（宽2.4米，高2.4米），可装载标准托盘12个或标准笼车30个。通过标准化建设，实现农产品从基地采摘、装筐、装车、仓储、运输、配送到卸货、门店销售整个流程的"一筐到底"，减少人员直接接触生鲜农产品的次数，保证农产品的新鲜度，减少农产品损耗约23%。

（三）建设仓配信息系统

家家悦自主研发生鲜仓储配送系统，提升生鲜农产品综合管理水平。一是生鲜农产品全程标准化管理。由BI系统分析销售数据，制定最小订货量标准；在门店订货、采购订货、物流收货、物流加工、物流分拣、门店收货及上架销售全程按标准件管理；源头按标准重量装筐，后续各工序不倒筐，门店直接按标准筐上架销售。二是实现全程无纸化作业。生鲜农产品采购员通过手机APP接收订货及处理发货单；配送中心通过无线平板电脑进行分拣与装车发货，门店收货员使用无线触摸屏电脑进行收货。三是农产品追溯与仓配系统无缝融合。在农产品收货时形成追溯码，在分拣、集货、装车及发货过程中，农产品追溯码与农产品数量、金额同步记录，并自动传送到门店电子秤；销售时，在电子秤签上打印商品追溯二维码，顾客扫码即可查看农产品生产者、配送者、销售门店及相关日期和食品检验合格等信息。通过信息系统建设，实现信息传输自动化和物流运作高效化，门店订单响应速度大幅提升；通过标准载具和信息技术的有效结合，在物流一体化运作中实现生鲜农产品信息逆向可追溯。家家悦通过建立农产品基地，引导订单农业生产，推进农业产业化升级，有效架起农民与市场的桥梁。公司已与全国200多个合作社及养殖场建立合作关系，与100多处基地签订了5年以上长期合同，农产品年采购规模约60亿元，带动10万农户受益，人均增收2000多元。家家悦先后采购内蒙古土豆、海南瓜果、新疆大枣和威海苹果、无花果、育黎镇葡萄等滞销农产品2万多吨，帮助农户解决农产品"卖难"问题，既保护了农民的利益，也为消费者提供了实惠的商品，最终实现农民增收、企业发展、社会受益多方共赢。

三、未来规划

下一步，家家悦将大力推进烟台临港综合物流园、济南莱芜生鲜加工物流中心、张家口综合产业园建设，完善仓储配送网络。进一步强化家家悦在山东省中西部地区的配送能力，为家家悦配送经验向全国推广打下坚实的基础。

（资料来源：商务部网站（www. mofcom. gov. cn）

http：//ltfzs. mofcom. gov. cn/article/af/202001/20200102928404. shtml）

第4章 物流成本的预测与决策

知识目标：
1. 了解物流成本预测的基本原理；
2. 初步掌握物流成本预测的步骤和方法；
3. 掌握物流成本的决策方法。

能力目标：
能根据相关资料进行物流成本管理预测和决策。

素质目标：
培养团队合作、爱岗敬业、全局意识。

◈ 先导案例

欧洲迪斯尼

欧洲迪斯尼(Euro Disney)是位于巴黎郊外的大型主题公园。在开业后的早期几年中，该公园有持续不断的财务问题。到1994年，情况更严重到需要考虑正式关闭这个问题了。在这个时候，其所有者，61家银行和其他投资人就一个耗资达130亿法郎的一揽子拯救计划达成协议。

其面临的问题是欧洲迪斯尼的收入不足以补偿其成本。公园的容量、雇员的人数、各种座位数以及所有营业的其他方面几乎都是根据游客的人数预测而确定其规模的。在欧洲的其他地方没有迪斯尼公园，所以，当时的预测是根据美国迪斯尼的情况做出的。令人遗憾的是，后来的结果证明美国和欧洲的业务有着显著差别。

在1993年，欧洲迪斯尼吸引了近1 000万名游客，这比预测数字低13%。与此同时，每一游客的平均花费也比预测数字至少低10%。其结果是导致该年度53.4%亿法郎的巨额亏损。而其后的1994年，情况更糟，游客人数进一步下降到不足900人。

　　所以，所有的有关欧洲迪斯尼的决策都是依据并不正确的预测做出的。一旦实际情况成为已知，该主题公园就不得不对其业务做重大调整。他们通过各种各样的方法力图吸引更多的游客，包括降低公园门票价格，降低附设旅馆的收费标准，为改变秋、冬季客流量只有正常客流量的 30% 的情况，在秋、冬季实行季节性价格。对老年旅游团、学校组织的旅游活动实行特殊优惠。另外，还采取了如"小孩免费"等各种各样的促销措施，在英国的促销活动更是引人注目。另外，就一些其他措施与拥有欧洲迪斯尼 49% 股份的沃特·迪斯尼（Walt Disney）达成协议。这些措施包括追加数额为 11 亿法郎的贷款，出售 14 亿法郎的资产给沃特·迪斯尼，并按优惠的条款再将这些资产租借回来，免除对欧洲迪斯尼收取的特许经营费用、食品及旅游商品经营的费用，取消管理收费。其他的计划还包括更为严格的成本控制、一个新的购物中心、多功能影院、新餐厅、更符合欧洲习俗的设施、用高速大车联结各景点以改进从一个景点到另一个景点的不便。这些措施的目标是到 1997 年使公园的财务状况得以恢复。

 思考
　　1. 为什么说预测对一个组织来说很重要？
　　2. 物流成本预测的方法有哪些？

4.1　物流成本预测

　　企业物流成本管理中，物流成本预测具有十分重要的意义。中国有句古话："凡事预则立，不预则废"，企业要在激烈的竞争中立于不败之地，就必须对未来的状况做出正确的估计，并以这种估计为决策和计划提供科学的依据，减少物流成本决策的主观性和盲目性。

4.1.1　物流成本预测的含义

　　物流成本预测是指依据物流成本与各种技术经济因素的依存关系，结合发展前景及采取的各种措施，并利用一定的科学方法，对未来期间物流成本水平及其变化趋势做出科学的推测和估计。物流成本之所以能预测，是因为事物的发展变化总呈现出一定的规律或表现出一定的特征；这些规律或特征就是预测的理论依据，即预测原理。主要有：惯性原理、类推原理、相关原理、概率原理等。在进行物流成本预测时，根据预测原理对不同的对象选择不同的预测模型进行预测。

1. 惯性原理

　　事物的发展变化过程常常表现出它的延续性，通常称这种表现为"惯性现象"。客观事物运动的惯性大小，取决于本身的动力和外界因素制约的程度。研究对象的惯性越大，说明延续性越强，越不易受外界因素的干扰而改变本身的运动倾向。例如，社会物流成本的惯性就比某企业的物流成本大，因为它不易受到外界因素的影响。惯性原理是时间序列分析预测方法的理论依据。

2. 类推原理

许多特性相近的客观事物，它们的变化有相似之处，通过分析类似事物相互联系的规律，根据已知的某事物的变化特征，推断具有近似特性的预测对象的未来状态，这就是所谓的类推预测。基于类推原理的预测方法，适合于两种事物的发展规律或发展特征具有明显的相似性，且两事物在发展时间上存在先后差别的场合。例如，一个拟建的配送中心与另一地区的配送中心在物流需求及运行环境大体相当的情况下，就可以利用类推预测的方法，预测新建配送中心的物流成本。

3. 相关原理

任何事物的变化都不是孤立的，而是在与其他事物的相互影响下发展的。事物之间的相互影响常常表现为因果关系。深入分析研究对象与相关事物的依存关系和影响程度，是揭示它的变化特征和规律的有效途径，并可用以预测其未来状态。相关原理是回归预测或统计预测方法的理论依据。基于相关原理的预测方法适合于事物之间存在明确的因果关系或存在统计学上明显的相关性的预测场合。例如，企业物流成本往往与其物流业务量有关，我们可以利用物流业务量来预测物流成本。

4. 概率原理

由于预测对象受到社会、经济、科技等各类因素的影响，使其未来状态带有不肯定性（或称为随机性）。影响的因素越多，关系越复杂，预测对象的未来状态就越难估计。预测对象的未来状态如何，实际上是一个随机事件。因此，可以用概率来表示这一事件发生可能性的大小。在预测中，常采用概率论和数理统计方法求出随机事件出现各种状态的概率，然后根据概率判断准则去推测预测对象的未来状态如何。

4.1.2　物流成本预测的步骤和方法

1. 物流成本预测的步骤

为了保证预测结果的客观性，企业在进行物流成本预测时，通常分为以下几个具体步骤。

（1）确定预测目标。

进行物流成本预测，首先要有一个明确的目标。物流成本预测的目标又取决于企业对未来的生产经营活动所欲达成的总目标。物流成本预测目标确定之后，便可明确物流成本预测的具体内容，据以搜集必要的统计资料和采用合适的预测方法。

（2）搜集和审核预测资料。

物流成本指标是一项综合性指标，涉及企业的生产技术、生产组织和经营管理等各个方面。在进行物流成本预测前，必须掌握大量的、全面的、有用的数据和情况，并对原始资料进行加工整理和审核推算，以便去伪存真、去粗取精。对审核调整后的数据要进行初步分析，画出统计图形，以观察统计数据的性质和分布，作为选择适当预测模型的依据。

（3）选择预测模型并进行预测。

在进行预测时，必须对已收集到的有关资料进行分析研究，了解预测对象的特性，同时根据预测的目标和各种预测方法的适用条件及性能，选择出合适的预测模型，借以揭示有关变量之间的规律性联系。预测方法是否选用得当，将直接影响预测的精确度和可靠性。

(4)分析评价。

分析评价就是对预测结果的准确性和可靠性进行验证。预测结果受到资料的质量、预测人员的分析判断能力、预测方法本身的局限性等因素的影响，未必能确切地估计预测对象的未来状态。此外，各种影响预测对象的外部因素在预测期限内也可能出现新的变化。因而要分析各种影响预测精确度的因素，研究这些因素的影响程度和范围，进而估计预测误差的大小，评价预测的结果。预测误差虽然不可避免，但若超出了允许范围，就要分析产生误差的原因，以决定是否需要对预测模型加以修正。在分析评价的基础上，通常还要对原来的预测值进行修正，得到最终的预测结果。

(5)提交预测报告。

将预测的最终结果编制成文件和报告，提交上级有关部门，作为编制计划、制定决策和拟定策略的依据。预测报告应概括预测研究的主要活动过程，列出预测的目标、预测对象及有关因素的分析结论、主要资料和数据、预测方法的选择和模型的建立，以及模型预测值的评价和修正等内容。

 练一练

(多选题)物流成本预测的步骤包括(　　)。

A. 确定预测目标　　　　　　　　　　B. 搜集和审核预测资料

C. 选择预测模型并进行预测　　　　　D. 分析评价

E. 提交预测报告

2. 物流成本预测的方法

物流成本预测的方法主要有时间序列分析预测法、回归分析法和集合意见法。时间序列分析预测法，即利用物流成本时间序列资料来预测未来状态；回归分析法，即依据所掌握的历史资料，找出所要预测的变量和与它相关的变量之间的关系，从而达到预测未来的状态；集合意见法，即主要依靠管理人员的过去经验和综合分析能力来预测未来状态。上述前两种方法属于定量分析法，第三种方法属于定性分析法。这两类方法必须结合起来使用，才能取得较客观的预测效果。以下，我们主要介绍前两种定量预测方法。

(1)物流成本预测的时间序列分析预测法。

把被预测的量按照时间顺序排列起来，构成一个所谓的时间序列，从所构成的这一组时间序列过去的变化规律，来推断今后变化的可能性及其变化趋势、变化规律，这就是时间序列分析预测法。时间序列分析预测法是基于预测的惯性原理，运用过去时间序列的数据进行统计分析，推测事物的发展趋势，同时又充分考虑到事物发展偶然因素的影响而产生的随机性，用加权平均等方法对数据加以适当的处理，进行趋势预测。时间序列分析预测法结构简单，便于掌握和计算，且能够充分利用原时间序列的各项数据，但准确程度不高，且不能够向外延伸进行外推预测，只适用于进行短期的物流成本预测。下面介绍时间序列分析预测法中最常用的两种方法：趋势平均法和指数平滑法。

①趋势平均法。

趋势平均法是建立在移动平均值计算基础之上的物流成本预测方法。

移动平均值的计算是对原时间序列按一定的时间跨度逐项移动，计算一系列的时间序列平均值，形成一个新的时间序列，以消除短期的、偶然的因素引起的变动，显现出长期趋势。在移动平均值的计算中包括的过去观察值的实际个数，必须从一开始就明确规定。每出现一个新观察值，就要从移动平均中减去一个最早观察值，再加上一个最新的观察值，计算移动平均值。因而，移动平均值从数列中所取数据点数一直不变，只是包括最新的观察值。趋势平均法预测公式为：

某期预测值=最后一期移动平均数+推后期数×最后一期趋势移动平均数　式(4-1)

【例4-1】某配送中心2020年1—12月各月的实际物流成本如表4-1所示，试利用趋势平均法预测该配送中心2021年第一季度各月的物流成本(设移动周期数为5)。

表4-1　某配送中心2020年1—12月各月的实际物流成本

月份	实际物流成本	5期移动平均数	变动趋势	5期趋势移动平均数
1	72			
2	80			
3	80	77		
4	82	79	2.0	
5	71	81	2.0	
6	82	82	1.0	2.2
7	90	85	3.0	2.0
8	85	88	3.0	1.4
9	97	89	1.0	
10	86	88.2	-0.8	
11	87			
12	86			

根据表4-1的有关数据，代入式(4-1)进行预测：

2021年1月份物流成本=88.2+3×1.4=92.4(万元)

2021年2月份物流成本=88.2+4×1.4=93.8(万元)

2021年3月份物流成本=88.2+5×1.4=95.2(万元)

趋势平均法计算简单，但它把各期数据对将要发生的数据的影响视为同等的，预测精度较低，只适合数据变化趋势明显的近期预测。

②指数平滑法。

指数平滑预测法是一种特殊的加权移动平均预测法，它给过去的观测值不一样的权重，赋予近期数据更大的权值。该方法操作简单，只需要本期的实际值和本期的预测值便可预测下一期的数据，当预测数据发生根本性变化时还可以进行自我调整。适用于数据量较少的近短期预测。

设以 F_n 表示下期预测值，F_{n-1} 表示本期预测值，D_{n-1} 表示本期实际值，a 为平滑系数(取值范围为 $0 < a < 1$)，则 F_n 的计算公式为：

$$F_n = F_{n-1} + a(D_{n-1} - F_{n-1}) = aD_{n-1} + (1 - a)F_{n-1} \qquad 式(4-2)$$

由式(4-2)类推下去，可得展开式(4-3)：

$$F_n = aD_{n-1} + a(1-a)D_{n-2} + a(1-a)^2 D_{n-3} + \cdots + a(a-1)^{t-1} D_{n-t} + (1-a)F_{n-t} \qquad 式（4-3）$$

可见，指数平滑法在预测时分别以 a、$a(1-a)$、$a(1-a)^2$ 等系数对过去各期的实际数进行了加权。远期的实际值影响较小，因而其权数也较小；近期的实际值影响较大，因而其权数也较大。显然，这种预测方法更符合客观实际，但 α 的确定具有较大的主观因素。

（2）物流成本预测的回归分析法。

回归分析法是通过对观察值的统计分析来确定它们之间的联系形式的一种有效的预测方法。从量的方面来说，事物变化的因果关系可以用一组变量来描述，因为因果关系可以表述为变量之间的依存关系，即自变量与因变量的关系。运用变量之间这种客观存在着的因果关系，可以使人们对未来状况的预测达到更加准确的程度。我们主要介绍一元线性回归预测法。

用线性回归分析法时，首先要确定自变量 x 与因变量 y 之间是否线性相关及其相关程度，判别的方法主要有"散布图法"与"相关系数法"。所谓散布图法，就是将有关的数据绘制成散布图，然后依据散布图的分布情况判断 x 与 y 之间是否存在线性关系；所谓相关系数法，就是通过计算相关系数 r 来判别 x 与 y 之间的关系。相关系数可按下列公式进行计算：

$$r = \frac{\sum x_i y_i - n\bar{x}\bar{y}}{\sqrt{\left(\sum x_i^2 - n\bar{x}^2\right)\left(\sum y_i^2 - n\bar{y}^2\right)}}$$

判断标准如表 4-2 所示：

表 4-2　判断标准

r 的绝对值	>0.7	0.3~0.7	<0.3	0
x 与 y 的关系	强相关	显著相关	弱相关	不相关

在确认因变量与自变量之间存在线性关系之后，便可建立回归直线方程：

$$y = a + bx$$

式中，y 为因变量；x 为自变量；a、b 为回归系数。

根据最小二乘数原理，可求得 a、b

$$a = \frac{\sum x_i^2 - \bar{x} n x_i y_i}{\sqrt{\sum x_i^2 - n\bar{x}^2}}$$

$$b = \frac{\sum x_i y_i - n\bar{xy}}{\sqrt{\sum x_i^2 - n\bar{x}^2}}$$

然后，便可以根据回归直线方程进行预测了。

练一练

（计算题）A 公司 2020 年上半年的汽车维修费用（混合成本）如下：

月份	1	2	3	4	5	6
运输量/吨公里	28	20	38	45	57	52
维修费/元	1 400	1 000	1 900	2 250	2 850	2 600

请用回归分析法判断维修费是否与运输量存在线性关系，如果存在求出预测直线方程。

4.2　物流成本决策

物流成本预测本身并不是目的，它是为物流成本决策服务的，管理的关键在于决策，可见物流成本决策在物流成本管理中的重要性。

4.2.1　物流成本决策的含义与原则

决策是指决策者为了达到某种特定的目标，根据客观的可能性，在调查、预测和对现象规律性认识的基础上，运用科学的方法，从若干个可供选择的方案中，选出一个令人满意的方案作为未来行动的指南。

物流成本决策是指针对物流成本，在调查研究的基础上确定行动的目标，拟订多个可行方案，然后运用统一的标准，选定适合本企业的最佳方案的全过程。

在物流成本决策中，要强调科学的决策，杜绝非科学的决策，才能减少决策失误。因此决策必须遵从一些基本的原则，包括最优化原则、系统原则、信息准全原则、可行性原则和集团决策原则。最优化原则要求以最小的物质消耗获取最大的利润等；系统原则要求决策时要应用系统工程的理论与方法，以系统的总体目标为核心，以满足系统优化为准绳，强调系统配套、系统完整和系统平衡，从整个经营管理系统出发来权衡利弊；信息准全原则要求不仅决策前要使用信息，就是决策后也要使用信息，通过信息反馈，了解决策环境的变化与决策实施后果同目标的偏离情况，以便进行反馈调节，根据反馈信号适当修改原来的决策；可行性原则要求决策必须可行，决策前必须从技术上、经济上以及社会效益上等方面全面考虑；集团决策原则要求决策不能靠少数领导"拍脑袋"，也不是找某几个专家简单地讨论一下，或靠少数服从多数进行决策，而是依靠和充分运用智囊团，对要决策问题进行系统的调查研究，弄清历史和现状，掌握第一手信息，然后通过方案论证和综合评估以及对比择优，提出切实可行的方案供决策者参考。

4.2.2　物流成本决策的内容与分类

1. 物流成本决策的内容

物流成本决策与物流活动的内容相关，包括：运输成本决策、仓储成本决策、配送成本决策、包装成本决策、流通加工成本决策、装卸搬运成本决策和物流信息成本决策等。

2. 物流成本决策分类

物流成本决策所要解决的以及所面临的问题是多方面的，因此有不同类型的决策。根据决策学理论，物流成本决策可以归纳为以下几种类型。

（1）战略决策与战术决策。

战略决策是一类关系到全局性的、带方向性和根本性的决策，这种决策产生的影响是深远的，在较长时间范围内会对企业物流成本产生影响。例如，物流企业配送中心的选址决策、仓库是租赁或自建决策等就对企业物流成本产生基础性影响。战术决策是为了保证战略决策的实施对一些带有局部性、暂时性的或其他执行性质的问题所作的决策。例如运输决策、库存控制决策等就是战术决策。

（2）规范性决策和非规范性决策。

规范性决策是指在管理工作中，经常遇到的一些重复出现的问题，这些问题的决策一般说来有章可循，有法可依，凭借已有的规章制度就可以解决。例如，物流成本的预算与控制决策就属于规范性决策。非规范性决策是指偶然发生的或初次出现的非例行活动所作出的决策，这种决策依赖于决策者的经验智慧和判断能力。

（3）单目标决策和多目标决策。

决策目标仅有一个，称此类决策为单目标决策；若决策目标不止一个，就称为多目标决策。

（4）个人决策和集体决策。

个人决策效率高，但决策有局限性，风险也较大，适合于物流成本战术性决策或非规范性决策问题。集体决策能充分发挥集体智慧，信息比较全面，可以避免局限性，但决策过程较长，涉及的领导人较多，对一些紧急的决策问题，常常不能当机立断。

（5）确定型决策与非确定型决策。

确定型决策是指所决策的问题的未来发展只有一种确定的结果，决策者的任务就是分析各种可行方案所得的结果，从中选择一个最佳方案。例如企业常常用到的量本利分析决策就是确定型的物流成本决策。非确定型决策是指决策所处理的未来事件的各种自然状态的发生具有不确定性，这种不确定性又分为两种情况，一种是可判明其各种自然状态发生的概率，这种类型的决策，不论选取何种方案，都要冒一定的风险，故称为风险型决策；另一种是指对未来的自然状态虽有一定程度的了解，但又无法确定其各种自然状态发生的概率，故称为不确定型决策。

4.2.3　物流成本决策的方法

物流成本决策的方法很多，最常用的有量本利分析法、期望值决策法、线性规划法、重心法等。在此我们主要介绍量本利分析法和期望值决策法。

1. 量本利分析法

量本利分析，又称本量利分析，是成本—业务量—利润关系分析的简称。作为一种定量分析方法，量本利分析能在变动成本计算模式的基础上，以数学模型与图形来揭示固定成本、变动成本、营业量、单价、营业额、利润等变量之间内在的规律性联系，从而为预测和决策规划提供必需的财务信息。

量本利分析所考虑的因素主要包括固定成本 a、单位变动成本 b、营业量 x、单价 p、营业额 px 和营业利润 P 等。这些变量之间的关系表示为：

$$利润 = 总收益 - 总成本 = 总收益 - 变动成本 - 固定成本$$

$$P = px - (a + bx) = (p - b)x - a$$

其是建立量本利分析的数学模型的基础，是量本利分析的基本公式。当利润等于零的点称为盈亏平衡点，则由 $(p - b)x - a = 0$ 得：

$$盈亏临界点营业量 = a/(p - b)$$

利润大于零，称为盈利，故盈利的营业量 x 必须满足 $x > a/(p - b)$；

利润小于零，称为亏本，故亏本的营业量为 $x < a/(p - b)$。

练一练

（计算分析）某快餐企业拟建一个快餐配送中心，该项目投产以后每月固定成本为 60 万元。假设每份快餐的售价为 12 元，变动成本 8 元。则该中心每个月需要配送 = 600 000/（12−8）= 200 000 份可以实现盈亏平衡。

假设该中心每月计划盈利 20 万元，该中心至少应该配送多少份快餐？

2. 期望值决策法

期望值决策法适用于风险型决策问题。所谓风险型决策是指决策者对未来的情况无法做出肯定的判断，但可判明其各种情况发生的概率。例如，某种商品的未来市场状态可能有畅销、平销和滞销三种，到底属于何种，没有十分的把握，但可确定未来市场状态出现的概率。期望值决策法的步骤如下：

（1）通过调查、研究，掌握决策所需的有关资料和信息。

（2）列出决策条件表格。

（3）根据决策条件表格给出的决策条件，计算各种策略下的期望收益值。

（4）根据决策准则进行决策，期望收益最大者为最优策略。

【例 4-2】华宇超市要拟订 1、2、3 月份某食品的日进货计划，该商品进货成本为每箱 60 元，销售价格为 110 元，即当天能卖出去每箱可获利 50 元，如果当天卖不出去，剩余一箱就要由于降价处理等原因亏损 20 元。现市场需求情况不清楚，但有前两年同期 180 天的日销售资料，见表 4-3。问应怎样拟订日进货计划才使利润最大。

表 4-3　华宇超市日销售情况表

日销售量/箱	完成日销售量天数/天	概率
50	36	36/180 = 0.2
60	72	72/180 = 0.4
70	54	54/180 = 0.3
80	18	18/180 = 0.1
合计	180	1.0

解：（1）根据前两年同期日销售量资料，进行统计分析，确定不同日销售量的概率。

（2）根据每天可能的销售量，编制不同进货方案的条件收益表，见表 4-4：

表 4-4　华宇超市收益表

销货量/箱	50	60	70	80	期望利润/元
进货量/箱	（0.2）	（0.4）	（0.3）	（0.1）	
50	2 500	2 500	2 500	2 500	2 500
60	2 300	3 000	3 000	3 000	2 860
70	2 100	2 800	3 500	3 500	2 940
80	1 900	2 600	3 500	4 000	2 810

日进货量 50 箱，售出 50 箱，则条件利润为 50×50 = 2 500 元；若需求量大于 50 箱，

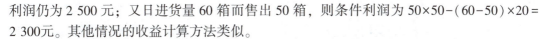

利润仍为 2 500 元；又日进货量 60 箱而售出 50 箱，则条件利润为 50×50−（60−50）×20＝2 300元。其他情况的收益计算方法类似。

（3）计算各个进货方案的期望利润值。各个方案的期望利润值是在收益表的基础上，将每个方案在不同自然状态下的利润值乘以该自然状态发生的概率值之和。例如日进货量60 箱方案的期望利润值为：

$$2\ 300×0.2+3\ 000×0.4+3\ 000×0.3+3\ 000×0.1＝2\ 860\ 元$$

（4）决策。从期望利润值可以看出：日进货量 70 箱的计划方案的期望利润值为最大。因此，最佳方案为日进货量 70 箱。

4.3　物流功能成本决策

如前面章节物流成本按经济用途分类分为运输成本、仓储成本、配送成本等其他成本，本章节主要对运输成本、仓储成本、配送成本进行决策。

4.3.1　物流运输成本的决策

1. 物流运输成本的概念

物流运输成本是运输企业为完成特定客货位移而消耗的物化劳动和活劳动的总和，其货币表现就是各种费用的支出，包括运费、燃料费、设备维护费用、人员工资、保险费、装卸费等。

2. 运输物流成本的构成

（1）变动成本。

变动成本是指在一定时间内随着运输作业量的变动而呈线性变动的成本。一般来说，运输作业量越多，变动成本就越高。

（2）固定成本。

固定成本是指与运输作业量和运输里程没有直接关系的成本，一般在短期内不发生变化。

（3）联合成本。

联合成本是指由于提供某种特定的运输服务而产生的不可避免的费用。

（4）公共成本。

公共成本是承运人代表所有委托人或某个分市场的托运人支付的费用。

3. 影响运输成本的因素

（1）产品特征。

①产品密度。

货物的密度越高，相应地就可以把固定成本分摊到增加的重量上去，使这些货物所承担的每单位重量的运输成本相对较低。

②产品的易损性。

对容易损坏或者被盗的、单位价值较高的货物（如计算机、珠宝及家用娱乐产品等）而言，产品的易损性是衡量其运输成本的一个重要指标。

③货物的装载能力。

装载能力是指货物的具体尺寸及其对运输工具（如铁路列车、拖车或集装箱等）空间利用程度的影响。

（2）运输特征。

①运输距离。

运输距离是影响运输成本的主要因素，因为它直接对燃料费和维修保养费用等变动成本发生作用。

②载货量。

载货量之所以会影响运输成本，是因为大多数运输活动中都存在规模经济，即每单位载货量的运输成本随着载货量的增加而逐渐减少。

③装卸搬运。

使用卡车、铁路列车或船舶等运输货物时，可能需要特殊的装卸搬运设备，运输成本通常较高。

（3）市场因素。

①竞争性。

不同运输方式之间的竞争、同一运输方式的不同线路之间的竞争都会造成运输成本的波动。

②货物运输的季节性。

季节性商品（秋季的水果、夏季的空调等）的运输也具有很强的季节性，承运人应对此具有较强的敏感性。

③流通的平衡性。

运输通道（指起运地与目的地之间的线路）流量的均衡性也会影响运输成本。

4. 降低运输成本的途径

（1）从企业方面降低运输成本。

①构建合理的运输系统。

②从企业生产经营全过程的视角控制运输成本。

③减少运输事故损失。

（2）从社会方面降低运输成本。

①鼓励发展新的运输成本。

②通过物流标准化进行运输管理。

③建设现代化运输信息系统。

5. 运输成本决策

（1）运输工具选择。

在各种运输中，如何选择适当的运输工具是物流运输决策的重要内容。一般来讲，应根据物流系统要求的服务水平和允许的物流成本来决定，可以使用一种运输工具也可以使用联运方式。对于货主来讲，关注的重点要素有运输的安全性、运输的准确性、运输的费用以及运输实践等。具体来说，在进行运输工具的选择时，一般考虑的基本要素包括品种、时间距离、数量和费用，具体说明如表4-5所示。

表 4-5　运输工具应考虑因素

序号	基本要素	要素描述
1	品种	物品的形状、重量、容积、危险性、变质性等都成为运输工具选择的制约因素。一般来说，价格低、体积大的货物，尤其是散装货物，比较适合铁路运输或水路运输；重量轻、价值高以及对时间要求较高的鲜活易腐货物适合航空运输；石油、天然气、碎煤机浆等适宜选择管道运输
2	时间	运输期限与交货日期相联系，要保证运输期限，必须要调查各种运输方式所需要的运输时间，根据运输时间来选择，运输时间的快慢顺序一般情况下依次为航空运输、汽车运输、铁路运输、船舶运输。可以按照运输工具速度来安排日程，加上运输工具两端及中转的作业时间、就可以计算出所需要的运输时间
3	距离	从运输距离来看，一般情况下可以依照以下原则：300 公里以内，用汽车运输；300~500 公里的区间，用铁路运输；500 公里以上，用铁路、水路(有条件的地方)运输；这样的选择是比较经济合理的
4	数量	因为大批量运输成本低，应尽可能使货物集中，选择合适运输批量进行运输是降低成本的良策，一般来说，15~20 吨以下的货物用汽车运输；20 吨以上的货物用铁路运输；数百吨以上的原材料之类的货物，应选用铁路、水路运输
5	费用	虽然货物运输费用的高低是选择运输工具时要重点考虑的要素，但在考虑运输费用时，不能仅从运输费用本身出发，而要从物流总成本考虑，在选择最适宜的运输工具时，应保证在相同的服务水平下或客户满意水平下，实现总成本最低

（2）成本比较决策。

运输成本比较法实际上是运输工具选择的量化分析，运输的速度、可靠性会影响托运人和买方的库存水平(订货库存和安全库存，以及他们之间的在途库存水平)。如果选择速度慢、可靠性差的运输服务，物流渠道中就会需要有更多的库存。这样就需要考虑库存持有成本可能升高，以此来抵消运输服务成本减低的情况。因此，各种备选方案中最合理的应该是既能满足客户需求，又能使总成本最低的方案。

【例 4-3】某企业欲将其产品从坐落位置 A 的工厂运往坐落位置 B 的公司的自有仓库，年运量 D 为 700 000 件，每件产品的价格 C 为 30 元，每年的存货成本 I 为产品价格的 30%。运送时间每减少一天，平均库存水平减少 1%，Q 为年存货量，企业希望选择总成本最小的运输方式。各种运输方式的有关参数见表 4-6 所示：

表 4-6　各种运输方式有关参数

运输方式	费率/(元·件$^{-1}$)R	运达时间/天 T	平均存货量/件 $Q/2$
铁路	0.1	21	100 000
驼背运输	0.15	14	50 000
公路	0.2	14	50 000
航空	1.4	2	25 000

解：在途运输的年库存成本为 $ICDT/365$，两端储存点的存货成本各为 $ICQ/2$，但其中的 C 有差别：工厂端的 C 为产品价格，购买者端的 C 为产品价格和运输费率之和。

D：年运输量；

C：产品单价；

I：年存货成本率；

T：运达时间（天）；

R：运输费率（元/件）；

Q：每个储存点存货量（件）。

运输服务方案对比如表4-7所示

表4-7　运输服务方案对比

成本类型	计算方法	运输方式			
		铁路	驼背运输	公路	航空
运输	$R×D$	0.1×700 000=70 000	0.15×700 000=105 000	0.2×700 000=140 000	1.4×700 000=980 000
在途存货	$ICDT/365$	(0.3×30×700 000×21)/365=362 465	0.30×30×700 000×14/365=241 644	(0.3×30×700 000×5)/365=86 301	(0.3×30×700 000×2)/365=34 521
工厂存货	$ICQ/2$	0.3×30×100 000=900 000	0.30×30×50 000×0.93/365=418 500	0.3×30×500 000×0.84=378 000	0.3×30×250 000×0.81=182 250
仓库存货	$ICQ/2$	0.3×30.1×100 000=903 000	0.30×30.15×50 000×0.93=420 592	0.3×30.2×500 000×0.84=380 520	0.3×31.4×250 000×0.81=190 755
总成本		2 235 465	1 080 736	984 821	1 387 526

在表4-7中，在四种运输方式中，公路运输的成本最低，因此选择公路运输。

（3）竞争因素的衡量。

运输方式的选择如直接涉及竞争优势，则应考虑竞争因素法。当买方通过供应渠道从若干个供应商处购买商品时，物流服务和价格就会影响买方对供应商的选择。反之，供应商也可以通过对供应渠道运输方式的选择来控制物流服务的要素，从而影响买方。

对买方来讲，良好的运输服务（较短的运达时间和较少的运达时间变动）意味着可保持较低的存货水平和较确定的运作时间表。为了能获得所期望的运输服务，从而降低成本，买方可对供应商提供的唯一鼓励就是给该供应商更多的惠顾。

买方的行为将更大的购买份额转向能提供较好的运输服务的供应商，供应商可以用从交易额扩大得到的更多利润去支付由于特价的运输服务而增加的运输成本，从而鼓励供应商去寻求更适合于买方需要的运输服务方式，而不是单纯追求低成本。这样，运输服务方式的选择成了供应商和买方共同的决策。当然，当一个供应商为了争取买方而选择特价的运输方式时，参与竞争的其他供应商作出怎样的竞争反应就很难估计了。

【例4-4】某制造商分别从两个供应商处购买了共3 000个零件，每个零件单价100元。目前这3 000个零件由两个供应商提供，如供应商缩短运输时间，则可以多得到交易份额，每缩短一天，便可以从总交易中多得5%的份额，即150个零件。供应商从每个零件可赚得占零件价格（不包括运输费用）20%的利润。于是供应商A考虑，如将运输方式从铁路转为公路或航空运输是否有利可图。各种运输方式的运输费率和运输时间见表4-8：

表4-8 运输费率及时间表

运输方式	费率/(元·件⁻¹)	运输时间/天
铁路	2.50	7
公路	6.00	4
航空	10.35	2

根据净利润多少来决策，解答见表4-9：

表4-9 净利润计算表

运输方式	零件销售量/个	毛利/元	运输成本/元	净利润/元
铁路	1 500	1 500×100×0.2 = 30 000	3 750	26 250
公路	1 200+150×3 = 1 950	1 950×100×0.2 = 39 000	11 700	27 300
航空	1 500+150×5 = 2 250	2 250×100×0.2 = 45 000	23 287.5	21 712.5

由上表可知，如果制造商对能提供更好运输服务多得供应商给予更多的交易份额的承诺兑现，则供应商A应当选择公路运输。

 练一练

（分析题）某运输企业在业务选择上面临运输哪一种产品的决策。运输甲产品的单位变动成本为80元，预计业务量为1 000件，预计单价收入为110元；运输乙产品的单位变动成本为220元，预计业务量为500件，预计单价收入为260元。运输甲乙产品的固定成本相同。试分析该企业应选择运输何种产品。

4.3.2 物流仓储成本的决策

企业仓储成本是物流总成本的重要组成部分，物流总成本的高低常常取决于仓储管理成本的大小。仓储成本是因为储存或持有存货而产生的，是由投入仓储保管活动中的各种要素的费用构成的，它与所持有的平均库存量大致成正向关系。

物流仓储成本决策是指根据物流成本分析与物流成本预测所得的相关数据、结论及其他资料运用定性与定量的方法，选择最佳成本方案的过程。原则就是物流仓储总成本最低。

1. 量本利决策法

这是根据对产量、成本、利润三者之间相互制约关系的综合分析，来进行成本、利润决策的一种数学方法，核心是盈亏平衡点的分析。根据备选方案的成本、业务量、利润三者之间的依存关系，可以推导出盈亏平衡点。

【例4-5】某仓储企业储存某产品的总固定成本为60 000元，单位变动成本为每件1.8元，储存价格为每件3元。假设某方案带来的保管量为100 000件，问该方案是否可取？

解：固定成本 $F = 60\ 000$ 元，单位变动成本 $V = 1.8$ 元，单价 $P = 3$ 元

已知 $Q = 100\ 000$ 件

利润 $I = P×Q-(F+V×Q)$

$\qquad = 3×100\ 000-(60\ 000+1.8×100\ 000)$

$\qquad = 60\ 000$（元）

利润大于零，该方案可取。

练一练

（分析题）仓储方案有两种：自建仓库，每年仓库的固定维护成本（包括仓库折旧）60 000元，同时单位储存量的成本1.8元；若租赁仓库，则单位产品的仓储租赁价格为3元，问企业该如何决策？

2. 决策树法

决策树法是利用一种树枝状的图形，列出各种可供选择的方案、可能出现的状态、各种可能状态出现的概率及其损益值；然后计算在不同状态下的期望值，比较期望值的大小，进而作出抉择。决策树图形，由决策点、方案点、方案枝、概率枝和结果点等组成。按决策的次数和阶段多少的不同，可将决策树分析分为单阶段决策和多阶段决策。

【例4-6】某物流企业为扩大业务量，拟建设新的仓库，据市场预测未来服务需求紧俏概率为0.7，仓储服务需求低弥概率为0.3，有三种方案可供企业选择：

方案1，新建大仓库，需投资300万元。据初步估计，需求紧俏时，每年可获利100万元；需求低弥时，每年亏损20万元，服务期为10年。

方案2，新建小仓库，需投资140万元。需求紧俏时，每年可获利40万元；需求低弥时，每年仍可获利30万元。服务期为10年。

方案3，先建小仓库，3年后需求紧俏时再扩建，需追加投资200万元，服务期为7年，估计每年获利95万元。

试选择方案。

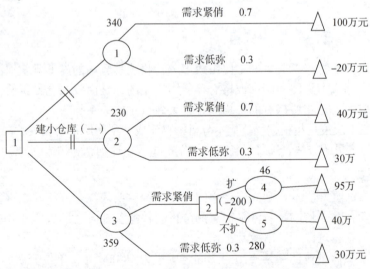

计算方案点的期望投益值：

$E1 = [0.7 \times 100 + 0.3 \times (-20)] \times 10 - 300 = 340$ 万元

$E2 = [0.7 \times 40 + 0.3 \times 30] 10 - 140 = 230$ 万元

$E4 = 95 \times 7 - 200 = 465$

$E5 = 40 \times 7 = 280$

$E4 > E5$

所以决策点2选方案4

$E3 = (0.7 \times 40 \times 3 + 0.7 \times 465 + 0.3 \times 30 \times 10) - 140 = 359.5（万元）$

$E3 > E1 > E2$，选择方案 3 为最好。

4.3.3 物流配送成本的决策

所谓配送成本决策，是指企业管理者为了达到预期的配送成本目标，而在两个以上的可行性方案中选择最满意的方案的这样一个过程。

在物流配送成本的决策中，常用的决策分析方法主要有：

1. 差量成本决策法

差量成本决策法，是通过对几个可行性方案的预测的总成本或者变动成本的计算和比较，通过计算和比较求得的成本差额的性质和大小，来衡量有关方案优劣程度的一种成本决策分析方法。

当有关备选方案既有固定成本，又有变动成本，而且固定成本是不相等的时候，衡量每个方案优劣程度的标准就是总成本，通常以预期总成本最小的方案作为最优方案。

当有关备选方案既有固定成本，又有变动成本，但是固定成本是相等的时候，或者是有关的备选方案没有固定成本，只有变动成本的时候，衡量每个方案优劣程度的标准就是变动成本，通常以预期变动成本总额最小的方案为最优方案。

【例 4-7】某企业有一批货物从甲地运往乙地销售，该批货物的重量为 60 吨，可以采用火车运输，也可以采用汽车运输，火车的运输距离是 1 100 公里，汽车的运输距离是 1 200 公里。该批货物的市场价值为 90 万元，火车和汽车运输的在途、装卸、转运所需时间分别是 8 天和 2 天，运输单价分别为 0.45 元/（吨·公里）和 0.82 元/（吨·公里）。资金占用成本为 12%。若每提前一天运到就可以得到 0.5% 的销售价格优势，且使用火车运输时，在甲地和乙地各需要付 6 000 元的运输衔接费，该批货物采用什么运输方式更合理？

（资金占用成本：企业占用他人资金应支付的成本，当火车多占用了这批货物 6 天的时间，这 6 天的时间相对于汽车运输来讲，就是付出了但是收不回来的成本，我们称之为沉没成本。所以我们就要对这段时间的沉没资金计算资金占用成本。如果我们占用了这些货物一年的时间，它的资金占用成本是 900 000×12%，不过我们只占用了其中的 6 天时间，所以资金占用成本就是 900 000×12%×6/360）

解：该问题可以看作差量成本决策法的一种，是进行两种运输方式的总成本的比较。

汽车运输的总成本是：60 吨×1 200 公里×0.82 元/（吨·公里）= 59 040 元

火车运输的总成本是：火车运输成本 60 吨×1 100 公里×0.45 元/（吨·公里）+衔接费用 6 000×2+资金占用成本 90 000 元+(8-2)天×12%/360+失销损失费用 900 000 元×(8-2)×0.5%=29 700 元+12 000 元+1 800 元+27 000 元=70 500 元。

根据以上的计算可以看出，虽然火车运输的运输成本较低，但其他费用较高，总成本仍然比汽车运输成本高。所以在本例中企业选择汽车运输是合理的。

2. 临界成本决策分析法

临界成本决策分析法是通过对两个或者两个以上可行性方案的固定成本和变动成本的计量和比较，确定每个方案预期总成本临界的时候（也就是总成本相等的时候）的业务量，并以这个临界业务量作为标准，来衡量有关方案优劣程度的一种决策分析方法。

【例 4-8】某企业为了更好地满足市场的多样化需求，增加商品的附加值，在商品配送过程中，对所配送的甲商品进行流通加工，市场上有两种配送加工设备可供企业选择，即：全自动化设备和半自动化设备，其年使用固定成本分别为 310 000 元和 260 000 元，经技术部门和财务部门测算，两种设备由于加工的效率不同，且加工精度及材料消耗等也不同，其单位加工变动成本分别每件为 4 元和 6 元，则：该企业应选择哪种设备？

解：因为本例题中，两种设备的固定成本和单位业务量变动成本都不一样，所以我们没有办法从固定成本总额或单位变动成本上看出哪种设备好、哪种设备差。全自动化设备虽然它的年固定成本高，但是单位变动成本却比较低，而半自动化设备虽然年固定成本低，但是单位变动成本却又比较高。

所以，我们只能找到让这两种设备总成本相等的业务量，然后，根据企业每年的流通加工量，来判断企业选择哪种设备有利。假设这两种设备年使用总成本相等时的业务量是 x。那么，要使两种设备年使用总成本相等，全自动化设备年使用总成本＝半自动化设备年使用总成本，即：310 000 元（全自动化设备年固定成本总额）+$4x$（全自动化设备年变动成本总额）＝260 000 元（半自动化设备年固定成本总额）+$6x$（半自动化设备年变动成本总额），解得 $x = 25\,000$（件）。

这就是说，当企业每年的流通加工量为 25 000 件时，选择全自动化设备还是半自动化设备，它们的流通加工效益是没有差别的，若企业每年的流通加工量大于 25 000 件时，全自动化设备年使用总成本＜半自动化设备年使用总成本，选择全自动化设备更有利，反之，选择半自动化设备更经济。

练一练

某物流服务产品固定成本 250 000 元/年，变动成本 45 元/件，当单价分别是 100 元、120 元、150 元、200 元时，销售量分别是 9 000 件、7 000 件、4 000 件、2 000 件，请做出决策，以何种价格可使该物流服务产品的利润最大？

4.4　物流成本决策综合

通过以上章节分析，企业可以发现哪些物流功能成本过高、存在问题，并可以采取相应的手段与措施来降低该成本。但是，由于各类物流功能成本之间存在悖反关系，一类物流功能成本的下降往往以其他物流功能成本的上升为代价。因此，在进行物流成本决策时，绝不能只关注某一类物流成本，而是必须要在物流成本预测的基础上，将各类物流功能成本综合在一起加以考虑，以物流总成本最低作为方案取舍的标准。

同样，当企业为了适应市场需要，要在物流运作方面进行某些改变时，由于各类物流成本之间存在着悖反关系，也应当以物流总成本最低来作为方案取舍的标准。本节主要介绍运输成本与仓储成本、包装成本与其他物流成本的关系。

4.4.1　运输成本与仓储成本之间的关系

企业对运输的要求是：运费最低、运输时间最短、运输速度最快；对仓储的要求是：使仓库的建设和运营成本最低、降低库存水平、加快库存周转，最理想的目标是实现"零库存"。

从运输和仓储本身来看，这些要求都是最希望达到的目标。但是，从物流的角度来看，任何一个企业，它的仓储系统和运输系统不可能同时达到各自的上述要求，即运输成本和仓储成本不可能同时达到最低。

从实际运作情况看，仓储和运输是互相影响的，它们的目标甚至是矛盾的，以一个企业为例，假设某种产品一年的销售量是固定的，那么从生产地运往销售点的年总发货量也是固定的。如果要使运输成本最低，就要使每次的发运量达到经济规模，如果用火车发运，能够装满整车车皮的发运规模才是经济规模，用其他发运工具也如此。也就是说，只有通过整车发运才能达到发运的经济规模，才能不浪费运力，并能最大限度地提高运输工具的使用效率，减少运输次数，达到运输成本最低的效果。如果想使与仓储有关的成本最低，仓库里存的货物应越少越好，最好是没有仓库或者实现"零存货"，这就必须做到随要随送，但会增加运输次数，降低每次发运的批量，相当于将一整车运输变成多次零担运输。整车的运价低于零担运价，零担凑整需要更多的集结时间，待运期较长，最后的结果是，要完成全年的总发运量，实现即时送达，全年的总运输成本会比整车发运时大幅度增加，这就是它们互相矛盾的地方。

随着每次运量的增加，运输成本逐渐降低，和仓储活动相关的成本逐渐上升，当总成本达到最小值时，是整个物流系统的最佳方案。单考虑运输成本或单考虑仓储是不可能得出这个方案的。

4.4.2　包装与各类物流活动的关系

1. 包装与运输的关系

运输的主要功能是使产品生产空间位置转移，具有流动性。物料、产品运输的基本要求是安全、迅速、准确、方便。包装直接关系着运输过程中产品的安全、运输载体的容积利用的充分程度。所以，不同的运输方式对包装有不同的要求。包装的设计必须考虑产品特征、运输方式、运输工具、运输距离等因素，才能提高运输率，并避免产品损失。

2. 包装与装卸搬运的关系

装卸搬运是产品运输和仓储过程中必不可少的作业环节，产品的装上和卸下，以及水平移动都会受到包装的影响。因此，包装的设计要适应装卸搬运工作中的装上卸下、搬运的需要，以提高装卸搬运效率，防止产品的损坏。

3. 包装与仓储活动的关系

仓储可以解决产品流通中时间要求不一致的矛盾。它是维持并扩大社会再生产必不可少的条件，可以说，没有产品的仓储，就没有产品的流通。产品的任何仓储方式都与包装有着密切的关系，例如，在潮湿的环境下，需要对产品进行防潮包装；户外堆放，需要采用"茧式封存包装"；一般产品储存，为了适应高层堆码，需考虑采用耐堆码负荷（又称堆压）的耐压包装。各类仓储作业也都与包装关系密切；库存货品盘存控制依赖人工或自动化识别系统的准确性，而识别系统与产品包装密切相关；备货的速度、准确性和效率都要受到包装标识、形状和操作的简便程度的影响。

包装成本与其他各类物流成本呈悖反关系。高质量的包装会带来包装成本的提升，但是会带来其他物流成本的下降。这种下降来源于两个方面：一方面是好的包装可以提高其他物流作业(如运输、仓储)的效率，降低对这些作业的要求；另一方面是好的包装可以降低这些物流作业中可能产生的损耗(被盗、丢失、毁损等)。同样，降低包装成本也会带来其他物流成本的提升。因此，在进行物流决策时，必须将包装成本与其他物流成本进行权衡，以寻求总成本最低的物流运作方案。

4.5 TF 企业决策与沉没成本的案例分析

4.5.1 案例概况

20 世纪 90 年代初，摩托罗拉公司的工程师想到了一种铱星解决方案——利用由 66 颗近地卫星组成的星群，让用户从世界上任何地方都可以打电话。

自从 20 世纪 60 年代投入使用以来，通信卫星大都是在 22 000 英里①高度的轨道上运行的地球同步卫星。依靠这一高度的卫星通信意味着电话机要大，还伴有 1/4 秒的声音滞后。例如，美国通信卫星公司的 Planet1 电话机重 4.5 磅，和电脑差不多大。铱星的创意就在于使用一批近地卫星(400~500 英里高度)，因其离地球更近，电话机的体型可大大缩小，声音的滞后也会近乎觉察不到。

对于摩托罗拉的工程师们来说，建立铱星群的挑战是一次经典的"技术拉锯战"——50 多亿美元的代价终于让他们在 1998 年将铱星首次投入使用。

这一项目是在 1991 年正式启动的。当时，摩托罗拉投资 4 亿美元建立了铱星公司。这是一个单独的公司，摩托罗拉拥有 25% 的股份和董事会上 28 席中的 6 席。另外，摩托罗拉还作出了 7.5 亿美元的贷款承诺，并给予铱星要求再增加 3.5 亿的期权。就铱星来说，它最终与摩托罗拉签定了 66 亿美元的合约，其中 34 亿用于卫星的开发，29 亿用于维持公司正常运行。铱星则要为摩托罗拉建立卫星通信系统提供技术。

在铱星即将发射其首批卫星之时，爱德华·斯坦阿诺加入了董事会并担任首席执行官。在加入铱星以前，斯坦阿诺已为摩托罗拉工作了 23 年，其本人精明且刻薄。对他来说，舍摩托罗拉而选择铱星意味着放弃与前者每年 130 万美元的合约，而选择每年 50 万底薪外加 5 年期 7.5 万股铱星的股份。一旦铱星赚钱，斯坦阿诺就会财源广进。

1998 年 11 月 1 日，在进行了耗资 1.8 亿美元的广告宣传之后，铱星公司展开了它的通信卫星电话服务。开幕式上，副总统阿尔·戈尔用铱星打了第一通电话。电话机的价格是每部 3 000 美元，每分钟话费 3~8 美元。结果却令人不无沮丧。到 1999 年 4 月，公司还只有 1 万个用户。面对着微乎其微的收入和每月 4 千万美元的贷款利息，公司陷入了巨大的压力之中。就在公司宣布其季度财务报告的前两天，首席执行官斯坦阿诺辞职，宣称他与董事会在战略问题上产生了分歧。公司内部一位资深人员约翰·理查德森迅速接替斯坦阿诺成为临时首席执行官，但毁灭的阴影却已经笼罩了上来。

1999 年 6 月，铱星解雇了 15% 的员工，甚至包括几位参与了公司营销战略规划的经理。8 月，它的用户只上升到 2 万个，离贷款合同要求的 5.2 万个相去甚远。1999 年 8 月 13 日，星期五，在拖欠了 15 亿美元贷款的两天之后，铱星提出了破产保护的申请。

---

① 1 英里 = 1.609 千米。

4.5.2　案例分析以及结论

摩托罗拉所处的行业是资本密集型产业，其超额回报可谓诱人，但其却需要惊人的初始投入和高退出成本。摩托罗拉的铱星计划则是一种卫星通信系统的新技术，耗费了 34 亿美元来开发卫星，资金巨大。一旦铱星成功，便会有高额回报。但是最后的结局却让人大失所望，铱星最终以破产告终。

摩托罗拉为这个项目投入了大量的成本，后来发现这个项目并不像当初想象的那样乐观。但公司的决策者认为已经在这个项目上投入了很多，不能半途而废，所以苦苦支撑着，后来事实证明这个项目是错误的，没有前景的，最后摩托罗拉公司忍痛彻底结束了铱星项目，为此损失了大量的人力、财力和物力。摩托罗拉在开始发现是错的时候就应该及时悬崖勒马，尽早回头。

由此可见，企业的决策者应该正确认识沉没成本，做出合理的决策减少无谓的沉没成本以及损失。

能力训练

一、理论问答

1. 物流成本预测的步骤是怎样的？

2. 各类物流成本之间的悖反关系是怎样的？

3. 如何通过量本利分析进行物流成本决策？

二、实训题

1. 某企业每年需用包装箱 36 000 件，外购每件单价为 25 元，现该企业辅助车间有剩余生产能力可以生产这种包装箱，经测算自制时固定制造费用 10 万元，每件需支付直接材料 11 元，直接人工 4 元，变动性制造费用 2 元。要求：

(1) 作出该包装箱是自制还是外购的决策。

(2) 假定全年包装箱的需用量不知道，自制包装箱时辅助车间每年需追加固定成本 320 000 元。要求作出该包装箱是自制还是外购的决策分析。

2. 某商店要拟订 1、2、3 月份某食品的日进货计划，该商品进货成本为每箱 60 元，销售价格为 110 元，即当天能卖出去每箱可获利 50 元，如果当天卖不出去，剩余一箱就要由于降价处理等原因亏损 20 元。现市场需求情况不清楚，但有前两年同期 180 天的日销售资料，见下表。问应怎样拟订日进货计划才会使利润最大。

日销售量/箱	完成日销售量天数/天	概率
50	36	36/180 = 0.2
60	72	72/180 = 0.4
70	54	54/180 = 0.3
80	18	18/180 = 0.1
合计	180	1.0

展 思 悟

细节决定成败——决策对企业发展的重要性

赫布·凯莱赫（Herb Kelleher）是西南航空公司（Southwest Airlines）的总裁，他决定将公司飞机机舱前部的壁橱去掉。他这样做不是为了增加更多的座位，而是为了缩短乘客上下飞机的时间。由于西南航空公司的所有飞机都实行不对号入座，所以第一个登机的乘客会径直走向机舱前部的壁橱，放好自己的行李并选择最近的座位坐下。当飞机着陆时，下飞机的乘客不得不等着前排乘客在壁橱里翻找自己的行李。正如凯莱赫所言，改变壁橱的位置只不过是"1 000 项简化设计小决策"之一，其他一些为达到简化目标的决策还有：不提供餐点，不预定座位和不设头等舱座位，不采用计算机化订票系统，不在航班间转运行李，飞机标准化（全部是波音737），以及可重复使用的登机牌。另外，当其他小航空公司决定开通欧洲航线或与大航空公司面对面竞争时，凯莱赫仍坚持他的细分市场战略。他说："你必须对大量的能做什么和不能做什么的选择做出判断。"他很早就决定以极大的强度占领少数市场。西南航空公司以大量航班"轰炸"一个城市，"我们不会以1个或2个航班进入一个城市市场，要进就是10个至12个航班。"

凯莱赫看来很清楚他应当做什么。自从1971年西南航空公司作为上下班性质的小航空公司诞生以来，凯莱赫已将它发展成为美国第八大航空公司，年收入为12亿美元。顾客喜欢西南航空公司的低票价和准时，该公司将近85%的航班每15分钟或不到15分钟就有一班（其他主要的航空公司平均要间隔1个小时）。西南航空公司是美国极少数获利的航空公司之一。通常，西南航空公司的飞机每天在空中的飞行时间达11个小时，而该行业的平均飞行时间是8小时。同时，西南航空公司每有效座位里程的成本为6.5美分，将美国航空公司和联合航空公司等竞争对手抛在了后面，它们的成本分别为9美分和15美分。

思 考

阅读资料，分析正确的决策对企业发展的重要意义。

第 5 章　物流成本的预算与控制

教学目标

知识目标：
1. 了解物流成本的预算和物流成本的控制；
2. 初步掌握物流成本预算的计算过程、物流成本控制的方法。

能力目标：
能运用控制方法对物流仓储成本进行分析，提出控制措施。

素质目标：
树立团队合作意识。

先导案例

　　风神汽车有限公司(以下简称"风神公司")是东风汽车公司、台湾裕隆汽车制造股份有限公司(裕隆集团为台湾省内第一大汽车制造厂，其市场占有率高达51%，年销量20万辆)、广州京安云豹汽车有限公司等共同合资组建的，由东风汽车公司控股的三资企业。在竞争日益激烈的大环境下，风神公司采用供应链管理思想和模式及其支持技术方法，取得了当年组建、当年获利的好成绩。通过供应链系统，风神公司建立了自己的竞争优势：通过与供应商、花都工厂、襄樊工厂等企业建立战略合作伙伴关系，优化了链上成员间的协同运作管理模式，实现了合作伙伴企业之间的信息共享，促进了物流通畅，提高了客户反应速度，创造了竞争中的时间和空间优势；通过设立中间仓库，实现了准时化采购，从而减少了各个环节上的库存量，避免了许多不必要的库存成本消耗；通过在全球范围内优化合作，各个节点企业将资源集中于业务，充分发挥其专业优势和能力，最大限度地减少了产品开发、生产、分销、服务的时间和空间距离，实现了对客户需求的快速有效反应，大幅度缩短订货的提前期；通过战略合作充分发挥链上企业的竞争力，实现优势互补和资源共享，共生出更强的整体竞争能力与竞争优势。风神公司目前的管理模式无疑是成功有效的，值得深入研究和学习借鉴。

　　(资料来源：根据百度文库资料修改)

思考

风神汽车有限公司如何通过成本控制实现有效管理。

5.1　物流成本预算概述

5.1.1　物流成本预算的定义

物流成本预算是根据物流成本决策所确定的方案、预算期的物流任务、降低物流成本的要求以及有关资料，通过一定的程序，运用一定的方法，以货币形式规定预算期物流各环节耗费水平和成本水平，并提出保证成本预算顺利实现所采取的措施。

物流预算管理不仅仅是预算活动本身，而是在活动信息和评估商业流程中增值活动内容的基础上，制定前瞻性的战略和运作决策，即基于活动的管理（ABM）。所以，它既基于企业经营之上，同时又进一步推动了企业物流管理和战略的发展。

5.1.2　物流成本预算的作用

物流成本预算作为物流系统成本计划的数量反映，是控制物流活动的重要依据和考核物流的绩效标准。它有如下作用：

1. 预测成本未来

物流成本计划是以物流成本预算为基础的，而物流成本预算是根据对未来期间的物流成本进行预测而编制的。在确定物流成本预算之前，需要根据历史数据，并通过各种调查或运用恰当的统计和数学方法，预测物流活动各个环节所发生的各项成本。做好物流成本预算可以在掌握物流成本现状、预计物流成本未来上有充分的主动性，从而便于物流计划的准确可靠、物流成本的绩效考核和物流成本的降低。

2. 建立成本目标

物流成本预算是物流成本计划的定量反映，明确建立和显示物流系统所要实现的近期成本目标。通过总的物流成本预算，以及按照一定的对象进行分解后的物流成本预算，各级物流运营主体可对自身的成本管理和控制目标非常明确，从而能够在此基础上不断控制成本，同心协力完成物流系统的总体成本目标。

3. 绩效评估与成本控制

经确定的各项成本预算数据，可以作为评估物流工作完成任务情况的一种尺度。对各物流部门及其主管的成本控制绩效，一般都以成本预算为标准进行衡量、评估。若发现成本差异，就要采取适当措施进行控制，使之尽量符合预算。总之，通过物流成本预算可以比较及时和准确地预测物流成本的未来信息，从而使物流成本管理工作能够有明确的方向；通过物流成本预算又可以明确各种物流成本控制目标，使每个物流部门、物流运营者为各自的成本控制目标而努力，有利于发挥各部门和个人的积极性、主动性和创造性；通过物流成本预算来为评估物流成本、控制绩效提供标准，只有通过评估和比较才能发现差异、修正方案，进而使物流部门和物流运营者能够按科学的计划去开展物流业务，降低物流成本。

思考

　物流成本预算有什么意义？如何确定目标成本？

5.2　物流成本预算方法

成本费用预算是企业预算的重要组成部分，其制订方法不尽相同。本节重点介绍常用的两种成本费用预算方法，即弹性预算法和零基预算法。

5.2.1　弹性预算法

弹性预算法也称为变动预算法或滑动预算法，它是相对固定预算而言的一种预算方法。编制预算的传统方法是固定预算法，即根据固定业务量水平（如产量、运输量、销售量）编制出的预算。这种预算的主要缺陷是：当实际发生的业务量与预期的业务量发生较大偏差时，各项变动费用的实际发生数与预算数之间就失去了可比基础。在市场形势多变的情况下，这种偏差出现的可能性极大，因而将导致固定预算失去应有的作用。为了弥补按传统方法编制预算所造成的缺憾，保证实际数同预算数的可比性，就必须根据实际业务量的变动对原预算数进行调整，于是就产生了"弹性预算"。

所谓"弹性预算"，是指在编制费用预算时，预先估计到计划期内业务量可能发生的变动，编制出一套能适应多种业务量的费用预算，以便分别反映各种业务量情况下所应开支的费用水平。由于这种预算随着业务量的变化而变化，本身具有弹性，因此称为弹性预算。

1. 弹性预算的基本原理

弹性预算的基本原理是：把成本费用按成本习性分为变动费用与固定费用两大部分，由于固定费用在其相关范围内，其总额一般不随业务量的增减而变动，所以在按照实际业务量对预算进行调整时，只需调整变动费用即可。

设费用预算总额为：

$$Y = a + bx$$

式中，Y——费用预算总额；

　　　a——固定费用总额；

　　　b——单位变动成本；

　　　x——计划业务量。

如果实际业务量为 x'，按实际业务量调整后的费用预算总额为 Y'，则：

$$Y' = a + bx'$$

2. 弹性预算的特点

弹性预算具有下述特点：

（1）弹性预算可根据各种不同的业务量水平进行编制，也可随时按实际业务量进行调整，具有伸缩性。

（2）弹性预算的编制是以成本可划分为变动费用与固定费用为前提的。

弹性预算由于可根据不同业务量进行事先编制，或根据实际业务量进行事后调整，所以具有适用范围广的优点，增强了预算对生产经营变动情况的适应性。只要各项消耗标准、价格标准等编制预算的依据不变，弹性预算就可以连续地使用下去。

3. 弹性预算的编制

弹性预算在成本控制中可用于编制各种费用预算。

下面以企业装卸部门费用预算为例，说明弹性预算的编制方法。编制装卸部门的费用预算，首先要选择合适的业务量计量对象，确定适当的业务量变动范围，然后根据各项费用与业务量之间的数量关系，区分出变动费用与固定费用，并在此基础上分析确定各项目的预算总额或单位预算，并用一定的形式表达出来。其编制步骤如下：

（1）业务量计量单位的选取。

业务量计量单位的选取，应以代表性强、直观性好为原则。就装卸部门来讲，其装卸费用预算的业务量计量单位通常为操作吨，选取业务量计量单位时要代表性与直观性较强。

（2）确定业务量变动范围。

确定业务量变动范围应满足其业务量实际变动的需要。确定的方法有以下几种：

①把业务量范围确定在正常业务量的80%~120%之间。

②把历史上的最低业务量和最高业务量分别作为业务量范围的下限和上限。

③对预算期的业务量做出悲观预测和乐观预测，分别作为业务量的上限和下限。

弹性预算的表达方式主要有列表法和公式法。

①列表法。

【例5-1】冶炼公司装卸部门在正常情况下，全年装卸作业量预计为860万吨，要求在80%~120%之间按间隔10%的装卸作业量，以及按表5-1中的各项成本费用的标准编制其弹性预算。

表5-1　成本费用标准（列表法）

项目	成本费用与装卸作业量关系	
	费用总额固定不变/万元	费用总额成正比变动
固定成本	3 521	—
1. 基本工资	175	—
2. 提取的福利基金	76	—
3. 基本折旧	1 800	—
4. 大修理基金	1 170	—
5. 管理费用（固定部分）	300	—

项目	成本费用与装卸作业量关系	
	费用总额固定不变/万元	费用总额成正比变动
二、单位变动成本	—	2 552.9
1. 计件工资	—	546.0
2. 燃料	—	23.3
3. 动力及照明费	—	34.9
4. 材料	—	1 395.3
5. 劳动保护费	—	174.4
6. 工具费	—	139.5
7. 修理费	—	53.5
8. 外付装卸费	—	116.3
9. 管理费用(变动部分)	—	69.7

根据表 5-1 列示资料编制装卸部门的装卸费用弹性预算(表 5-2):

表 5-2　编制弹性预算

项目	装卸量/万吨				
	688	774	860	946	1 032
一、固定成本	3 521	3 521	3 521	3 521	3 521
1. 基本工资	175	175	175	175	175
2. 提取的福利基金	76	76	76	76	76
3. 基本折旧	1 800	1 800	1 800	1 800	1 800
4. 大修理基金	1 170	1 170	1 170	1 170	1 170
5. 管理费用(固定部分)	300	300	300	300	300
二、单位变动成本	1 757	1 976	2 196	2 416	2 634
1. 计件工资	376	423	470	517	563
2. 燃料	16	18	20	22	24
3. 动力及照明费	24	27	30	33	36
4. 材料	960	1 080	1 200	1 320	1 440
5. 劳动保护费	120	135	150	165	180
6. 工具费	96	108	120	132	144
7. 修理费	37	41	46	51	55
8. 外付装卸费	80	90	100	110	120
9. 管理费用(变动部分)	48	54	60	66	72
三、装卸成本总额	5 278	5 497	5 717	5 937	6 155
四、单位成本/(元/万吨)	7 671.51	7 102.07	6 647.67	6 275.9	5 964.15

②公式法。

由于装卸部门的费用,按其与装卸作业量的依存关系(即成本习性)可分解为固定费用与变动费用,所以其费用预算总额 Y 可用下式表示与计算。

$$Y = a + bx$$

式中,a——固定费用总额;

b——单位变动费用；

x——计划装卸作业量。

当确定了 a 与 b 的数值后，在相关范围内的装卸作业量为 x 的费用预算即可用上式计算出来。

【例 5-2】以例 5-1 为例，求出 a 与 b 的数值（表 5-3）。

表 5-3　成本费用标准（公式法）

项目	成本费用与装卸作业量关系	
	费用总额固定不变/万元	费用总额成正比变动
一、固定成本	3 521	—
1. 基本工资	175	—
2. 提取的福利基金	76	—
3. 基本折旧	1 800	—
4. 大修理基金	1 170	—
5. 管理费用（固定部分）	300	—
二、单位变动成本	—	2 552.9
1. 计件工资	—	546.0
2. 燃料	—	23.3
3. 动力及照明费	—	34.9
4. 材料	—	1 395.3
5. 劳动保护费	—	174.4
6. 工具费	—	139.5
7. 修理费	—	53.5
8. 外付装卸费	—	116.3
9. 管理费用（变动部分）	—	69.7

通过表 5-3 可计算出 a 与 b 的数值，分别为 35 210 000 元和 25 529 元/万吨。当装卸作业量 X 在 688 万~1 032 万吨之间变动时，均可用下式计算出相应的费用预算总额。

$$Y = 35\ 210\ 000 + 25\ 529X$$

如果，太行冶炼公司装卸部门当年实际装卸作业量为 872 万吨，则相应的费用预算总额为：

$$35\ 210\ 000 + 25\ 529 \times 872 = 57\ 471\ 288（元）$$

平均每万吨费用预算额为 5 747 128/872 = 65 907.4（元/万吨）

5.2.2　零基预算法

零基预算也称为"以零为基础编制计划和预算"。在编制间接费用或固定费用预算时，传统的方法是以以往的各种费用项目的实际开支数为基础，考虑到预算期业务变化，对以往的开支数做适当的增减调整后加以确定。这种方法的不足之处在于，以往的开支中势必有不合理的费用支出，如果仅仅笼统地在此基数上加以增减，很有可能使这些不合理的费用开支继续存在下去，无法使预算发挥其应有的作用。为解决这个问题，人们提出了零基预算的预算编制方法。零基预算不同于传统的预算编制方法，它对于任何一项预算支出，不是以过去或现有费用水平为基础，而是一切都以零为起点，从根本上考虑它们的必要性

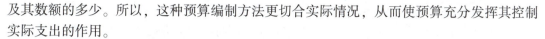

及其数额的多少。所以，这种预算编制方法更切合实际情况，从而使预算充分发挥其控制实际支出的作用。

零基预算的编制步骤与方法如下：

（1）明确企业或本部门计划期的目标和任务，列出在计划期内需要发生哪些费用项目，并说明费用开支的目的性，以及需要开支的具体数额。

（2）将每项费用项目的所得与所费进行对比，权衡利害得失，并区分轻重缓急，按先后顺序排列，并把其分出等级。一般以必不可少的业务及其发生的费用为第一层次，必须保证；然后依据业务内容和费用多少，依次列为第二层次、第三层次等，作为领导人决策的依据。

（3）按照上一步骤所定的层次和顺序，结合可动用的资金来源，分配资金，落实预算。由于零基预算对每一项费用都是从零开始考虑的，所以带来的效益和效果也是十分可观的。

> **思考**
>
> 某企业生产丙产品，预计固定物流费用总额为45 000元。其发生的物流变动成本有关资料如下所示，预算业务量适用范围为800台、900台和1 000台的物流总成本。根据上述资料按弹性预算法可编制不同业务量水平下的物流成本预算。
>
> | 费用明细项目 | 变动费用分配率（元/件） |
> | --- | --- |
> | 包装费用 | 25 |
> | 运输费用 | 21 |
> | 搬运费用 | 18 |
> | 流通加工费用 | 13 |

5.3 物流成本控制概述

5.3.1 物流成本控制概述

物流成本控制是根据预定的物流成本目标，对企业物流活动过程中形成的各种耗费进行约束和调节，发现偏差，纠正偏差，实现乃至超过预定的物流成本目标，促使物流成本不断降低。物流成本控制直接控制物流成本发生的原因，而不是物流成本本身，也就是说，物流成本控制是通过控制引起物流成本发生的驱动因素来进行的，通过控制物流成本动因可以使物流成本得到长期管理。

物流成本控制有广义和狭义之分。广义的物流成本控制贯穿于企业经营活动全过程，包括事前控制、事中控制和事后控制；狭义的物流成本控制仅指事中控制，是对物流活动过程的控制。从实践看，现代物流成本控制是广义的物流成本控制，是与企业的战略目标和财务管理目标等密切结合的物流成本控制。

物流成本控制又分为绝对成本控制和相对成本控制。绝对成本控制是通过单纯的精打细算、节约开支等方式，降低物流成本支出的绝对额；相对成本控制是开源与节流并举，在降低物流成本耗费的同时，想方设法增加收入，同时统筹考虑物流成本耗费与实现收入之间的关系，以求收入的增长超过成本的增长，实现物流成本的相对节约。从这一角度看，现代物流成本控制又是相对成本控制。

5.3.2　物流成本控制的原则

物流成本控制要遵循一定的原则，概括起来主要包括以下几条：

1. 经济原则

经济原则也叫成本效益原则，是指因推行物流成本控制而发生的成本，不应超过因缺少控制而丧失的收益。经济原则要求物流成本控制能起到降低物流成本、纠正偏差的作用，具有实用性。经济原则在很大程度上决定了物流成本控制只在重要领域中选择关键因素加以控制，而不是对所有的成本项目都进行同样周密的控制；同时，经济原则还要求物流成本控制应具有灵活性，根据变化的条件，适时地调整控制方式和手段等。

2. 全面原则

物流成本控制中的全面原则主要包括三个层面的含义：一是全过程控制，指物流成本控制不限于企业的物流活动过程，而是包括企业经营活动的全程；二是全方位控制，指物流成本控制不仅对成本发生的数额进行控制，还对物流成本发生的原因、时间等进行控制，确保物流成本支出的合理性；三是全员控制，指物流成本控制不仅要有专门的物流成本管理人员参与，而且要发动全体员工积极参与物流成本控制。

3. 重点控制原则

重点控制原则实际上是贯彻管理学上的"二八"原则，即80%的物流成本支出是由其中20%的成本项目造成的，所以物流成本管理者应把物流成本控制的关注点聚集在这关键的20%的成本项目上，对其重点进行控制，而对其他数额较小或无关大局的成本项目则可以从略。重点控制原则还要求企业对正常物流成本支出可以从简控制，但要格外关注各种例外情况。

4. 领导推动原则

由于物流成本控制涉及企业生产经营全程，同时要求全员参与，所以必须由企业最高领导层予以推动。这里，企业领导层首先要重视并全力支持物流成本控制，为物流成本控制提供制度和文化方面的支撑；其次，在要求各部门完成物流成本控制的同时，必须赋予其在规定范围内决定某项费用是否可以开支的权利，确保物流成本控制部门和人员的责、权、利的一致。

5.3.3　物流成本控制的程序

物流成本控制贯穿于企业生产经营的全程。一般来说，物流成本控制的基本程序主要包括：制定物流成本标准，监督物流成本的形成，及时纠正偏差。

1. 制定物流成本标准

物流成本标准是物流成本控制的依据，是对各项物流成本开支和资源耗费所规定的数量限度。确定物流成本标准的方法有很多，实践中，企业可采用预算法和定额法等方法来确定物流成本标准。

①预算法：即通过制定物流成本预算的方法来确定物流成本标准。在编制物流成本预算时，通常是按照物流成本项目和物流范围进行编制的，但实施物流成本控制通常是由部门、人员等完成的，所以，为了更好地实施物流成本控制，确定控制标准，企业有必要按部门或物流环节来编制物流成本预算，并以此作为各部门或环节物流成本控制的标准。

②定额法：即通过建立物流成本开支定额包括材料、人工、管理费用定额等，并将这些定额或限额作为物流成本标准实施物流成本控制。实行定额控制的办法有利于物流成本控制的制度化和经常化。

制定物流成本标准，一定要遵循实事求是的原则，从企业和部门实际出发，确保物流成本标准合理、可行，同时要借鉴弹性物流成本预算的思路，制定多种方案供选择使用。

2. 监督物流成本的形成

制定物流成本标准后，在物流活动过程中，就要对物流成本标准的执行情况进行检查、监督。对于按预算法确定物流成本标准的，要着重监督、检查各部门或环节物流成本预算的执行情况。对于按定额法确定物流成本标准的，要着重检查材料、人工等各项定额或限额的执行情况。另外，除了监督、检查物流成本指标本身的执行情况，还要对影响指标的有关因素和条件进行检查，通过监督物流成本的形成，确保物流成本标准得到有效执行。

3. 及时纠正偏差

对于物流成本实际支出超过标准的，应及时分析原因，分清轻重缓急，针对不同情况分别采取措施，将差异控制在允许的范围内。一般来说，差异的产生有两方面原因：一是物流成本标准的制定不够科学合理，与实际相差较远。这时，要在充分调研分析的基础上，按照规定的程序，对物流成本标准进行相应的调整；同时，要总结经验，为下年做修订物流成本标准提供可靠参数；二是物流成本标准执行方面出现问题，导致成本失控。这时，要深入分析影响物流成本支出的各个动因，区分客观和主观、可控和不可控，明确相应的责任部门，提出相应的解决方案，应坚决予以执行。

　思考

1. 物流成本控制的原则有哪些？
2. 会计学中的重要性原则与物流成本控制中的重点控制原则有什么区别和联系？

5.4　物流成本控制方法

物流成本控制的方法多种多样，包括标准成本控制法、预算成本控制法、目标成本控制法、责任成本控制法和定额成本控制法等。标准成本控制法是以标准成本作为成本控制的依据；预算成本控制法是以预算成本作为成本控制的依据；目标成本控制法是以目标成本作为成本控制的依据；责任成本控制法是以责任成本作为成本控制的依据；定额成本控制法是以定额成本作为成本控制的依据。这里重点介绍标准成本控制法、目标成本控制法、责任成本控制法和定额成本控制法。

5.4.1 标准成本控制法

1. 标准成本

标准成本是通过精确调查、分析与技术测定的，用于评价实际成本的一种预计成本。标准成本一般有以下几种：

（1）基本标准成本。基本标准成本是指一经确定，只要有关的基本条件没有重大变化，就不予变动的一种标准成本，这种标准成本将不同时期的实际成本与同一标准进行比较，以反映成本的变化和差异。但由于未来的情况总是变化的，所以以基本标准成本来衡量未来的成本水平难免有失偏颇，所以实际中较少采用。

（2）现行标准成本。现行标准成本是在现有条件下进行有效物流活动的基础上，根据下一期可能发生的有关物流要素的消耗量、预计价格和预计物流经营能力利用量等制定的标准成本。这种标准成本可以包括管理层认为短期还不能完全避免的某些不应有的低效、失误和超量消耗，最适合在经济形势变化多端的情况下使用。

（3）理想标准成本。理想标准成本是以现有经营条件处于最优状态为基础制定的最低成本水平。它通常是根据理论上的有关要素用量、最理想的要素价格和可能实现的最高物流经营能力利用程度来制定的。采用这种标准不允许有任何失误、浪费和损失。由于这种标准未考虑客观实际，提出的要求过高，很难实现，故实际工作中很少采用。

（4）正常标准成本。正常标准成本是根据正常的耗用水平、正常的价格和正常物流经营能力利用程度制定的标准成本。在制定时，将企业物流经营活动一般难以避免的损耗和低效率等情况也计算在内，这种标准成本由于具有客观性、科学性、现实性、激励性和稳定性等特点，所以在实际中广泛应用。

2. 标准成本控制法的实施步骤

标准成本控制法是以标准成本为基础，将物流成本的实际发生额区分为标准成本和成本差异两部分，对成本差异及其产生的原因进行分析研究，明确责任，并及时采取有效措施消除不利差异，实现对物流成本的有效控制。实施标准成本法一般有以下几个步骤：

（1）制定单位物流服务标准成本。单位物流服务标准成本是单位物流服务标准消耗量与标准单位的乘积。

（2）根据实际业务量和成本标准计算物流服务的标准成本。物流服务的标准成本是实际业务量与单位物流服务标准成本的乘积。

（3）汇总计算实际物流成本。

（4）计算物流标准成本与物流实际成本的差异。

（5）分析物流成本差异产生的原因。

（6）做出物流成本控制报告，评价物流成本的执行情况。

3. 物流标准成本的制定

物流标准成本主要包括物流直接材料标准成本、物流直接人工标准成本和物流相关费用标准成本。

（1）物流直接材料标准成本的制定。物流直接材料标准成本是材料的用量标准和价格标准的乘积。直接材料标准成本常见于物流活动中的包装成本和流通加工成本。直接材料用量标准应根据企业物流作业情况和管理要求制定，包括有效材料用量和物流运作过程中的废料及损失；直接材料价格标准应能反映目前材料市价，包括买价、运费、采购费等，一般由财会部门会同采购部门确定。

（2）物流直接人工标准成本。物流直接人工标准成本是直接人工工时标准和标准工资率的乘积。直接人工标准成本涉及企业物流活动中的各个成本项目，包括运输成本、仓储成本、包装成本、装卸搬运成本、流通加工成本、物流信息成本和物流管理成本等。直接人工工时标准需要根据历史资料或技术测定，来确定提供某项物流服务所需的时间，包括直接物流运作或服务时间、设备调整时间以及必要的间歇和停工时间等；对于标准工资率，如果是计件工资，标准工资率就是计件工资单价，如果是计时工资，标准工资率就是单位工时工资，它可由标准工资总额除以标准总工时得到。

（3）物流相关费用标准成本的制定。物流相关费用标准成本分为变动物流服务费用标准成本和固定物流服务费用标准成本，无论变动还是固定费用，其物流相关费用标准成本都是相关费用数量标准和价格标准的乘积。数量标准可采用单位物流作业直接人工工时标准、机械设备工时标准或其他标准等；价格标准即每小时变动（固定）物流相关费用的分配率，可用变动（固定）物物流相关费用预算总额除以物流直接人工标准总工时（机械设备标准总工时等）取得。

4. 标准成本差异的计算和分析

物流标准成本制定出来以后，在实际物流运作过程中就要按照标准成本实施控制。物流实际成本与标准成本之间的差异称为物流成本差异。实际成本超过标准成本所形成的差异叫作不利差异（或逆差），实际成本低于标准成本所形成的差异叫作有利差异（或顺差）。采用标准成本法实施成本控制就是要努力扩大有利差异，缩小不利差异，降低物流成本。

标准成本差异的计算和分析一般通过因素分析法进行。所谓因素分析法，是确定引起某个指标变动的各个因素的影响程度的一种计算方法。它在计算某一因素对一个指标的影响时，假定只有这个因素在变动，而其他因素不变；同时确定各个因素替代顺序，然后按照这一顺序替代计算，把这个指标与该因素替代前的指标相比较，确定该因素变动所造成的影响。

按照标准成本法的思想，物流成本受数量和价格两个因素的影响，因此，对于物流标准成本差异的计算和分析就针对这两个因素进行。在确定替代顺序时，一般是假定数量因素优先，数量差异按标准价格计算，价格差异按实际数量计算。物流标准成本差异的通用计量模型为：

数量差异＝（实际数量−标准数量）×标准价格
价格差异＝实际数量×（实际价格−标准价格）

我们可以按照上述通用计量模型，分别计算物流直接材料成本差异、物流直接人工成本差异和物流相关费用成本差异。这里不再赘述。对于不利差异，要分别从数量差异和价格差异两个层面寻找原因，明确责任部门，及时加以改进；对于有利差异，也可以在分析数量差异和价格差异的基础上，明确有利差异产生的原因，为今后制定成本标准和实施成本控制提供依据和经验。

5.4.2　目标成本控制法

1. 目标成本控制法的基本思想

目标成本控制是以实现目标利润为目的，以物流目标成本为依据，运用价值工程等方法，对企业物流活动过程中所发生的各种支出进行全面管理，以不断降低物流成本、增强竞争能力的一种成本管理和控制方法。与传统成本法相比，目标成本法具有以下几个鲜明的特点：一是具有战略性的成本管理理念，追求的是在不损害企业竞争地位前提下降低物流成本的途径；二是以市场为导向，目标成本法所确定的各个层次的目标成本都直接或间接地来源于激烈竞争的市场；三是注重全过程管理，目标成本法将企业的全部物流经营活动作为一个系统，从事前的物流成本预测到事中物流成本的形成，再到事后的物流成本分析，将其全部纳入物流成本管理的控制范畴，尤其注重事前物流成本的管理和控制；四是实行分解归口管理，目标成本法将物流成本指标按不同的要求进行责任分解，有利于明确各责任部门的责任。

2. 物流目标成本控制的程序和方法

物流目标成本控制的程序和方法因企业物流活动内容的不同而不同。概括起来，核心环节主要有三个：目标成本的设定，目标成本的分解，目标成本的实施、考核和修订。

（1）物流目标成本的设定。目标成本设定往往要求确定一个在目标售价前提下能达成目标利润的目标成本额，所以物流目标成本可以根据预计物流业务收入减去物流目标利润后的差额来确定。其中对于物流目标利润，可以采用目标利润率法、上年利润基数法等方法确定。物流目标成本初步确定后，可以通过调研、分析等方法，对影响物流目标成本的相关因素包括预计物流业务收入、物流目标利润等进行可行性分析，以提高物流目标成本的科学性和合理性。

（2）物流目标成本的分解。物流目标成本分解是将物流目标成本按照管理要求或一定方式逐级进行分解，以明确责任和促成目标物流成本的形成。物流目标成本的分解通常不是一次完成的，需要重复进行，不断修订，有时甚至需要修改原来设定的目标。物流目标成本的分解方式有很多种：一是对于多品种作业的企业，应首先将物流目标成本分解为各产品的目标成本；二是按不同部门进行分解，直至落实到个人；三是按物流成本项目进行分解，将其分为运输成本、仓储成本、包装成本、装卸搬运成本、流通加工成本、物流信息成本、物流管理成本以及存货相关成本等；四是按物流成本支付形态进行分解，将其分为材料费、人工费、维护费、一般经费和特别经费等；五是按物流范围进行分解，将其分为供应物流成本、企业内物流成本、销售物流成本、回收物流成本和废弃物物流成本等。

（3）物流目标成本的实施、考核和修订。物流目标成本分解后，在具体的实施过程中，首先要计算企业物流实际成本与目标成本之间的差异，对于出现不利差异即实际成本超过目标成本的，应运用价值工程、成本分析等方法寻求最佳的物流设计，以期不断降低物流成本。另外，还要对目标成本的执行情况进行检查考核，调动企业各方面降低物流成本的积极性，特别是对那些占物流成本比重较大、经常发生波动且控制比较困难的目标成本更要进行经常性的检查，在检查的基础上进行分析，对比差异，揭露矛盾，充分挖掘企业内部潜力，为今后修订目标成本提供依据。

5.4.3 责任成本控制法

1. 责任成本和责任成本控制

责任成本是指责任单位能对其进行预测、计量和控制的各项可控成本之和。确定责任成本的前提是划分成本责任单位，责任单位的划分不在于单位大小，凡在物流成本管理上需要、责任可以分清、物流成本管理业绩可以单独考核的单位都可划分为责任单位，例如可以将企业内设部门作为责任单位，包括供应部门、生产部门、设计部门、销售部门、质量管理部门等，也可以将各部门内部下属的平行职能单位作为责任单位，如供应部门内部的采购部门、仓储部门等，还可以将具有隶属关系的部门或单位作为责任单位，包括公司总部、分公司、车队等。

2. 物流责任成本控制的基本程序

运用责任成本法控制物流成本的基本程序主要包括：一是划分责任层次，建立责任中心，明确各责任中心的成本责任和权限；二是根据可控性原则将物流责任成本目标分解到各成本中心；三是建立一套完整的物流责任成本的计量、记录和报告体系。计算各责任中心的责任成本时，应在该责任中心发生的全部成本的基础上，扣除该责任中心不可控成本，加上其他责任中心转来的责任成本，在计量、记录的基础上，定期编制物流业绩报告，通过责任成本实际发生数和控制标准的对比和报告，检查和考核各责任层次和责任中心的业绩。

5.4.4　定额成本控制法

1. 定额成本控制法的基本思想

定额成本控制法是根据制定的定额成本来控制实际成本的发生，以降低物流成本的一种控制方法。在实施过程中，首先确定物流定额成本；其次，当物流成本实际发生时，将其分为定额成本与定额差异两部分来归集，同时分析产生差异的原因，及时反馈至物流管理部门。实行物流定额成本控制制度，能在有关耗费发生的当时，随时揭示实际成本脱离定额的各种差异，有利于考核物流活动各个环节成本控制的成效。

2. 物流定额成本的制定

物流定额成本是以现行消耗定额为依据计算出来的，是企业在现有物流经营条件和技术水平下应达到的成本水平。和物流标准成本一样，物流定额成本主要包括物流直接材料定额成本、物流直接人工定额成本和物流相关费用定额成本。

(1)物流直接材料定额成本的制定。物流直接材料定额成本是材料的用量定额和计划价格的乘积。直接材料定额成本常见于物流活动中的包装成本和流通加工成本。

(2)物流直接人工定额成本的制定。物流直接人工定额成本是直接人工定额工时和计划资率或计件工资单价的乘积。直接人工定额成本涉及企业物流活动中的各个成本项目，包括运输成本、仓储成本、包装成本、装卸搬运成本、流通加工成本、物流信息成本和物流管理成本等。

(3)物流相关费用定额成本的制定。物流相关费用定额成本分为变动物流费用定额成本和固定物流费用定额成本，无论变动还是固定费用，其物流相关费用定额成本都是相关费用数量定额和有关计划价格的乘积。为计算简便，通常将物流相关费用预算数按一定比例直接分摊到相关物流成本项目，作为相关成本项目的物流间接定额成本。

3. 脱离定额差异的计算和分析

计算和分析脱离定额差异是物流定额成本控制法的核心内容，具体包括直接材料脱离定额差异的计算和分析，直接人工脱离定额差异的计算和分析，以及物流相关费用脱离定额差异的计算和分析。对于不利差异即实际成本超过定额成本，应深入分析原因，明确责任部门，及时予以纠偏。

能力训练

一、单选题

1. 下列各项中，属于零基预算法优点的是（　　）。

A. 编制工作量小　　　　　　　　B. 不受现有预算的约束

C. 不受现有费用项目的限制　　　D. 能够调动各方节约费用的积极性

2. 相对于固定预算而言，弹性预算的优点是（　　）。

A. 预算成本低　　B. 预算工作量小　　C. 预算可比性强　　D. 预算范围宽

3. 预算编制单位在预算编制中应遵循（　　）的原则。

A. 上下结合　　　B. 分级编制　　　C. 逐级汇总　　　　D. 财务部门负总责

4. （　　）是指企业在不能准确预测业务量的情况下，根据本量利之间有规律的数量关系，按照一系列业务量水平编制的有伸缩性的预算。

A. 弹性预算　　　B. 零基预算　　　C. 归纳预算　　　　D. 滚动预算

5. （　　）指所有以货币形式及其他数量形式反映的有关企业未来一定期间内全部物流活动的行动计划与相应措施的数量说明。

A. 物流成本预测　B. 物流成本决策　C. 物流成本核算　　D. 物流成本预算

6. 物流成本控制系统主要是通过物流技术的改善（　　）来实现物流过程的优化和物流成本的降低。

A. 增加投入　　　　　　　　　　B. 增加人力

C. 提高物流管理水平　　　　　　D. 物流成本的预测

7. 物流成本控制应以降低（　　）作为目标。

A. 物流局部成本　B. 物流总成本　　C. 物流重点成本　　D. 物流分成本

二、多选题

1. 采购预算编制的影响因素包括（　　）。

A. 物料标准成本的设定　　　　　B. 生产效率

C. 预期价格　　　　　　　　　　D. 商品质量

2. 编制物流成本预算的作用为（　　）。

A. 边际贡献率分析　　　　　　　B. 预测成本未来

C. 建立成本目标　　　　　　　　D. 业绩评价与成本控制

E. 量本利计算

3. 编制物流成本预算的方法有（　　）。

A. 弹性预算　　　B. 零基预算　　　C. 归纳预算　　　　D. 滚动预算

E. 流动预算

4. 物流成本由（　　）构成。

A. 固定成本　　　B. 边际成本　　　C. 变动成本　　　　D. 联合成本

E. 混合成本

5. 物流成本弹性预算的编制步骤包括(　　)。

A. 收集和整理有关资料

B. 分析上年度物流成本预算执行情况

C. 测算相关因素变动对实现物流成本目标的影响

D. 编制正式的物流成本预算

E. 业务量计量单位的选取

6. 物流成本弹性预算系统包括(　　)。

A. 预算编制　　　　　B. 预算执行　　　　　C. 预算调整　　　　　D. 预算评估

E. 预算决策

7. 物流成本的弹性预算通常的表达方法有(　　)。

A. 图形法　　　　　B. 公式法　　　　　C. 曲线法　　　　　D. 列表法

E. 滚动法

 展 思 悟

18 个铁路局 12 个亏损，但盈亏之外社会效益巨大

日前，高铁盈亏话题成为外界关注的一个焦点。

在京沪高速铁路股份有限公司(下称"京沪高铁")最新披露的招股书中，中国国家铁路集团有限公司(下称"国铁集团")下属公司的盈利情况首次公布，其中包括 18 个铁路局、中铁特货、中铁快运等专业运输公司，以及国铁吉讯、铁科院、中国铁路设计集团等非运输企业。

12 个铁路局亏损

这 18 个铁路局分别是：太原、武汉、郑州、上海、西安、南昌、济南、呼和浩特、青藏、广州、南宁、乌鲁木齐、昆明、兰州、北京、沈阳、哈尔滨、成都。

其中沈阳铁路局、哈尔滨铁路局、成都铁路局亏损额度最大，2018 年亏损均在百亿元以上，2019 上半年也都在 50 亿元以上。2018 年，上述三家子公司净利润分别为 -113.56 亿元、-125.87 亿元、-126.75 亿元；2019 年上半年，上述三家子公司的净利润分别为 -66.95 亿元、-65.17 亿元、-50.56 亿元。2018 年只有太原铁路局、武汉铁路局、郑州铁路局、上海铁路局、西安铁路局、南昌铁路局盈利。

铁路局的盈亏与多种因素有关，包括区域经济的发展状况、铁路货运、客流量大小、高铁建设投入等。

比如在高铁建设方面，一公里高铁建设成本在 1 亿~2 亿元，一些山地多、地质环境复杂的地方，造价更高。以发改委发布的新建重庆至昆明高速铁路可行性研究报告的批复为例，新建正线 681 公里，项目总投资约 1 416.2 亿元，其中工程投资 1 339.1 亿元，动车组购置费 77.1 亿元。也就是说，平均每公里费用接近 2 亿元。当然这是设计时速为 350 公里的高铁，如果是设计时速为 200 或 250 公里的，造价要低一些。

国家统计局的数据显示，2008 年京津高铁的开通运营，标志着我国铁路开始迈入高铁时代。经过十余年的快速建设，"四纵四横"高铁网建成运营，我国成为世界上唯一高铁成

网运行的国家。到 2018 年年末，高铁营业总里程 3.0 万公里，是 2008 年的 44.5 倍，年均增长 46.2%，高铁营业里程超过世界高铁总里程的三分之二，居世界第一位。

不仅如此，未来我国的高铁里程还将不断增加。按照规划，力争到 2025 年，我国铁路网规模达到 17.5 万公里左右，其中高铁 3.8 万公里左右；到 2035 年，率先建成发达完善的现代化铁路网，基本实现内外互联互通、区际多路畅通、省会高铁连通、地市快速通达、县域基本覆盖。

不仅前期的投入耗资巨大，后期的运营和维护成本也很高。此外，虽然有京沪高铁、沪杭、广深以及大秦铁路(运煤线路)等赚钱的线路，但更多的线路并不赚钱。尤其是中西部地区的高铁，上座率并不高。以武广高铁为例，虽然春节、国庆节一票难求，但平时空位就很多。

在各种因素之下，可以预见的是，未来高铁大面积亏损的局面仍将持续。

盈亏之外：社会经济效益巨大

不过，我国高铁建设不能简单地用盈亏来衡量，因为我国高铁、铁路发挥的社会效益超过了盈亏本身。高铁的快速发展，不仅显著改善了人们的出行条件，而且带动了沿线经济增长和相关产业结构优化升级，推动了区域、城乡协调发展和生态文明建设，产生了巨大的溢出效应。

以西南地区的贵州为例，近年来随着贵广、沪昆高铁等线路的开通，贵州的铁路旅客运输量和旅游业均快速增长。数据显示，2018 年贵州旅客周转量 478.94 亿人公里，比 2017 年增长 1.3%，其中铁路旅客周转量增长 32.3%。

在高铁的带动下，2018 年贵州旅游业持续"井喷"。全省旅游总人数 9.69 亿人次，比上年增长 30.2%；实现旅游总收入 9 471.03 亿元，增长 33.1%。

在西北地区，宝(鸡)兰(州)高铁开通后，也带动了当地旅游业快速发展。陕西省城市经济文化研究会会长张宝通对第一财经分析，高铁最大的优势就是带动人流，西北地区有丰富的旅游资源，高铁的开通使得这些旅游资源得到充分的开发，进而带动人流、物流、信息流和资金流等的汇聚，带动大西北地区的开发和丝绸之路经济带的建设。

宝兰高铁的开通不但满足了民众出行需求，还拓宽了沿线城市瓜果蔬菜、药材、农作物等的运输通道和销路，对天水"花牛苹果"、大樱桃，秦安"蜜桃"，陇西药材、定西马铃薯等的"走出去"创造了空前的发展机遇，使资源优势快速转化为经济优势。

除了带动沿线地区旅游业、区域经济的增长，高铁、城际铁路的建设还加速了都市圈、城市群的形成和发展，尤其是当前中心城市、城市群是一个国家竞争力的重要平台。

华南城市研究会会长、暨南大学教授胡刚认为，高铁、城际轨道对城市群、都市圈的构建至关重要。尤其是相比公路运输，高铁、城际轨道交通具有运量大、准点和安全性高等特征，是城市群、都市圈发展的基础。高铁的发展，极大地提升了区域间资源要素流动的效率与水平，对于促进产业的分工和协作、加速都市圈和城市群的发展起到至关重要的作用。

除了这些经济效益外，高铁、铁路的大规模建设，还潜藏着巨大的社会效益。尤其是高铁的开通不仅可以极大地带动沿线旅游业的发展，还可以很大程度地释放平行的铁路通道货运能力，这对于降低货物运输成本、加强环境保护都具有重要的推动作用。

此外，高铁本身也具有公益属性，目前我国的高铁票价总体是比较"亲民"的，相对便宜的价格，降低的是整个社会的出行成本和经济运行成本，可谓起到四两拨千斤的作用。

比如，随着高铁开通运营，更多的人可以乘坐高铁出行，进而减少了公路的拥堵，降低了能源消耗。

不过，强调高铁的公益性，并不意味着高铁建设就不追求收益属性。尤其是从区域来看，东部沿海发达地区与西部地广人稀地区就应该有所区别。总体上，东部沿海发达地区人口基数大、密度高、人口流动量大，经济发达，高铁发展需求迫切和需求量大。所以，东部地区可以增加高铁网络覆盖密度和提高列车运行频率。

比如，2018 年，福建已成为全国首个"市市通高铁"的省份。江苏计划尽早实现 13 市"市市通高铁"。此外广东、浙江等省份也将陆续实现"市市通高铁"。

不过，相比之下，一些西部省份尤其是地广人稀的省份，地级市与地级市之间距离较远，很多地级市人口并不多，人流量小，如果也"市市通高铁"的话，那么整体效益就较为有限。对这些地区来说，修中小机场显然更为划算。

民航资深专家李晓津教授分析，西部很多中小城市以及边远地区经济欠发达，财政基础薄弱，但是这些地方旅游业资源丰富，再加上距离东部又十分遥远，地面交通不方便，具有一定的航空需求。而相比高铁昂贵的造价，中小机场的造价便宜，一般只有 10 多亿元。通过规模不大的投资，却可以极大拉动当地的旅游业乃至区域经济的发展。

第6章 物流成本管理绩效评价

🎯 教学目标

知识目标：
1. 了解物流成本绩效评价的含义及原则；
2. 了解物流责任中心的成本管理；
3. 掌握物流成本绩效评价的指标选取和计算。

能力目标：
能根据物流成本绩效评价的理念进行绩效评价操作。

素质目标：
树立成本节约与系统思维意识。

先导案例

案例1 "大众包餐"的第三方物流

随着经济进步和人们生活的快节奏，"大众包餐"成为企业、学校的用餐方式。大众包餐公司是一家提供全方位包餐服务的公司，服务分为递送盒饭和套餐服务。通常每天都有顾客打电话来订购盒饭，但由于设施等原因，"大众包餐"要求顾客只能在上午10点前电话预订，以便确保当天递送到位。

在套餐服务方面，该公司的核心能力是为企事业单位提供冷餐大型聚会，以及一般家庭的家宴和喜庆会宴会。客户所需的各种菜肴和服务可以事先预约，但由于这项服务的季节性很强，又与各种社会节日和法定假日相关，需求易忽高忽低，有旺季和淡季之分，因此要求顾客提前几周甚至一个月前来预定。

大众包餐公司的设施布局类似于一个加工间，主要有五个工作区域：热食品工作区、冷菜工作区、卤菜工作区、汤菜与水果准备区，以及一个配餐工作区，专为装盒饭和预订的套菜装盒共享。此外，还有三间小冷库储存冷冻食品，一间大型干货间储藏不易变质的物料。由于设施设备的限制和食品变质的风险制约了大众包餐公司的发展规模。虽然饮料和水果可以外购，有些店家愿意送货上门，但总体上限制了大众包餐公司提供柔性化服务。

公司聘请了 10 名员工：2 名厨师和 8 名食品准备工，旺季时另外雇佣一些兼职服务员。运营等都是这一行业求生存谋发展的根本。近来，大众包餐公司已经开始感觉到来自越来越挑剔的顾客和几位新来的专业包餐商的竞争压力。顾客们愈来愈需要菜单的多样化、服务的柔性化，以及响应的及时化。

公司老板最近参加了现代物流知识培训班，对准时化运作和第三方物流服务的印象很深，深思着这些理念正是大众包餐公司要保持其竞争能力所需要的东西。

💡思考

　　请你为大众包餐公司完成下列工作：
　　1. 大众包餐公司实施准时化服务的方案设计（意向）。
　　2. 大众包餐公司的经营活动引进第三方物流服务的可行性分析。

案例2　丰田公司是如何控制物流成本的

同方环球（天津）物流有限公司（以下简称 TFGL）作为丰田在华汽车企业的物流业务总包，全面管理丰田系统供应链所涉及的生产零部件、整车和售后零件等厂外物流。作为第三方物流公司，TFGL 在确保物流品质、帮助丰田有效控制物流成本方面拥有一套完善的管理机制。

丰田物流模式的特点

整车物流和零部件物流虽然在操作上有很多不同，但从丰田的管理模式上来看，二者具有以下共同特点：

1. 月度内的物流量平准。
2. 设置区域中心，尽可能采用主辅路线结合的物流模式。
3. 月度内物流点和物流线路稳定。
4. 物流准时率要求非常高。

物流承运商管理原则

TFGL 是第三方物流公司，主要负责物流企划、物流计划的制定、物流运行监控和物流成本控制，具体的物流操作由外包的物流承运商执行。TFGL 对物流承运商的管理原则如下：

1. 为避免由于物流原因影响企业生产、销售的情况发生，要求物流承运商理解丰田生产方式，并具有较高的运行管理能力和服务水平。为此，TFGL 采取了一些必要的措施：

（1）TPS 评价。

TFGL 把理解生产方式作为物流承运的首要条件，并按照丰田生产方式的要求，制作了详细的评价表。TPS（Toyota Production System）评价是丰田生产方式对承运商最基本的要求，包括对承运商的运输安全、运输品质、环保、人才培养和运输风险控制等过程管理的全面评价。通过评价，不仅淘汰了不合格的承运商，也使达到要求的承运商明确掌握自己的不足之处。

（2）必要的风险控制。

在同一类型的物流区域内，使用两家物流商，尽可能降低风险。

2. 对物流承运商进行循序渐进的培养。

在实际的物流运行中，承运商会遇到很多问题，如车辆漏雨、品质受损、频繁的碰撞事故、物流延迟等。出现问题并不是坏事，需要找到引发问题的主要原因。在 TFGL 的监督和指导下制定具体措施，同时，在逐步改善过程中，承运商的运行管理能力得到了提高。

3. 建立长期合作的伙伴关系。

对入围的物流承运商，TFGL 秉承丰田体系一贯的友好合作思想，不会因为运输事故多或物流价格高就更换承运商，而是采取长期合作的方式，共同改善。

(1)承运商的物流车辆初期投入大，需要较长的回收期。

(2)TFGL 视承运商的问题为自己的问题，更换承运商并不能从根本上解决问题。

(3)长期合作的承运商能更好地配合 TFGL 推进改善活动，如导入 GPS、节能驾驶等。

丰田的物流成本控制

在维持良好合作关系的基础上，TFGL 通过以下方法科学系统地控制物流成本。

1. 成本企划。

每当出现新类型的物流线路或进行物流战略调整时，前期的企划往往是今后物流成本控制的关键。企划方案需要全面了解企业物流量、物流模式、包装形态、供应商分布、物流大致成本等各方面的信息。

此外，还要考虑到企业和供应商的稼动差、企业的装卸货和场内面积等物流限制条件。TFGL 在前期企划中遵守以下原则：

(1)自始至终采用详实可信的数据。

(2)在综合分析评价后，分别制定一种或几种可行方案，并推荐最优的方案。

(3)各方案最终都归结反映为成本数据。

(4)向企业说明各方案的优劣，并尊重企业的选择。

从以上 4 点可以看出。方案中的数据大多涉及丰田的企业战略，所以 TFGL 和企业之间必须充分互信，而且要有良好的日常沟通渠道。

2. 原单位管理。

原单位管理是丰田物流管理的一大特色，也是丰田物流成本控制的基础。

丰田把构成物流的成本因素进行分解，并把这些因素分为两类，一类是固定不变(如车辆投资、人工)或相对稳定(如燃油价格)的项目，丰田称之为原单位；另一类是随着月度线路调整而发生变动(如行驶距离、车头投入数量、司机数量等)的项目，丰田称之为月度变动信息。

为了使原单位保持合理性及竞争优势，原单位的管理遵循以下原则：

(1)所有的原单位一律通过招标产生。

在企划方案的基础上，TFGL 向 TPS 合格的物流承运商进行招标。把物流稳定期的物流量、车辆投入、行驶距离等月度基本信息告知承运商，并提供标准版的报价书进行原单位询价。

由于招标是非常耗时费力的工作，所以只是在新类型的物流需求出现时才会进行原单位招标，如果是同一区域因为物流点增加导致的线路调整，原则上沿用既有的物流原单位。

（2）定期调整。

考虑到原单位因素中燃油费用受市场影响波动较大，而且在运行总费用中的比重较大，TFGL会定期(4次/年)根据官方公布的燃油价格对变动金额予以反映。对于车船税、养路费等"其他固定费"项目，承运商每年有两次机会提出调整。

（3）合理的利润空间。

原单位项目中的"管理费"是承运商的利润来源。合理的管理费是运输品质的基本保障，TFGL会确保该费用的合理性，但同时要求承运商要通过运营及管理的改善来增加盈利并消化人工等成本的上升。

3. 月度调整路线至最优状态。

随着各物流点的月度间物流量的变动，区域内物流路线的最优组合也会发生变动。TFGL会根据企业提供的物流计划、上月的积载率状况以及成本KPI分析得出的改善点，调整月度变动信息，以维持最低的物流成本。

4. 成本KPI导向改善。

对于安全、品质、成本、环保、准时率等物流指标，TFGL建立了KPI体系进行监控，并向丰田进行月次报告，同时也向承运商公开成本以外的数据。其中成本KPI主要包括：RMB/台(台：指丰田生产的汽车/发动机台数)、RMB/趟等项目。通过成本KPI管理，不仅便于进行纵向、横向比较，也为物流的改善提供了最直观的依据。

5. 协同效应降低物流费用。

TFGL作为一个平台，管理着丰田在华各企业的物流资源，在与各企业协调的基础上，通过整合资源，充分利用协同效应，大大降低了物流费用。例如，统一购买运输保险，降低保险费用；通过共同物流，提高车辆的积载率，减少运行车辆的投入，从而达到降低费用的目的。

在共同物流的费用分担上，各企业按照物流量的比率支付物流费。在具体物流操作中，TFGL主要从两个方面实现共同物流：不同企业在同一区域内共同集货、配送；互为起点和终点的对流物流。

以上措施表明，丰田汽车物流成本控制的基本思想是使物流成本构成明细化、数据化，通过管理和调整各明细项目的变动来控制整体物流费用。

虽然TFGL管理下的丰田物流成本水平在行业未做比较，但其通过成本企划、精细的原单位管理、成本KPI导向的改善以及协同效应等方法系统化、科学化的物流成本控制，对即将或正在进行物流外包的企业具有一定的借鉴意义。

物流成本绩效评价是物流企业绩效评价的重要内容，其实质是对物流成本的效益进行分析，通过对物流财务指标的分析，力求比较全面地反映物流成本效益水平，为物流成本管理和决策提供依据。企业经营的目标是效益最大化，因此必须对企业物流经营的各个方面进行详细的了解和掌握，及时发现问题，挖掘潜力，为企业持续降低成本、不断提高效益奠定坚实的基础。

6.1 物流成本绩效评价概述

6.1.1 物流成本绩效评价的含义

物流成本绩效评价是以物流活动分权管理为基础，将企业物流过程划分为各种不同形式的责任中心，对每个责任中心明确其权力、责任及其绩效计量和评价方式，建立起一种以责任为中心、为主体，责、权、利相统一的机制，通过信息的积累、加工、反馈，从而形成的物流系统内部的一种控制系统。

6.1.2 物流成本绩效评价的程序

物流成本绩效评价可以按以下程序进行（图6-1）。

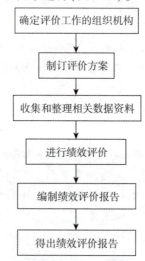

图 6-1　物流成本绩效评价的程序

1. 确定评价工作的组织机构

评价工作的组织机构直接组织实施评价活动。该机构成员要具备丰富的物流管理经验和财务会计专业知识，熟悉物流成本绩效评价业务，能够坚持原则，秉公办事，并具有较强的综合分析判断能力。

2. 制订评价方案

评价工作机构在制订评价方案时，应当明确评价对象。物流成本绩效评价的对象是整个物流企业。其次是建立评价目标，选择评价标准、评价方法和报告形式，评价目标是整个评价工作的指南；评价标准由年度预算标准和物流行业标准确定，标准的选择取决于评价目标；物流成本绩效评价主要采取定量评价的方法；根据评价目标，形成绩效报告形式。

3. 收集和整理相关数据资料

需要收集的相关数据资料包括：物流企业以前年度的物流成本绩效评价报告；同行业

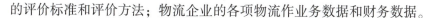

的评价标准和评价方法；物流企业的各项物流作业业务数据和财务数据。

4. 进行绩效评价

根据既定的评估方案和确定的评估方法，利用收集的数据资料加以整理，计算评价指标的数值。

5. 编制绩效评价报告

根据评价方案中的评价报告形式，将绩效评价的实际指标值填列到报告中，并对相关指标进行分析。

6. 得出绩效评价报告

对评价过程中形成的各种书面材料进行分析，并结合相关材料，得出绩效评价结果，形成绩效评价报告，建立绩效评价档案。

6.1.3 物流成本绩效评价的原则

在物流成本绩效评价时要坚持以下原则。

1. 整体性原则

绩效评价要反映整个物流系统的运营情况，不仅仅是某一个环节的运营情况，在设计评价指标和标准时，要着眼于整体的优化，不因为局部利益而损害整体利益。

2. 动态性原则

绩效评价要反映未来物流系统的运营情况，对未来的趋势进行预测，这就要求通过成本绩效评价，预见未来趋势并做出正确的判断。

3. 例外性原则

物流活动涉及面广，内容较多。通过评价，要找到例外情况的存在，使管理人员将注意力集中到少数严重脱离预算的因素和项目，并对其进行深度的分析。

物流成本绩效评价的意义在于可以正确评价物流企业过去的业绩状况，指出企业取得的成绩，找出存在的问题以及产生的原因；可以全面反映和评价物流企业的现状；可以准确评价物流企业的潜力，满足投资者的需求；还可以充分揭示物流企业存在的风险。

德国大众汽车公司通过与供应商的计算机联网，快速及时沟通信息，使 JIT 生产模式与信息网络一体化，大大提高 JIT 的功能。德国大众汽车公司把所需采购的零配件在使用的频率上分为高、中、低三个部分，把所需采购零配件的价值量也分为高、中、低三个部分，使用频率高和价值量高的重合部分为需要即时供应的零配件，其数量占总量的 20%。针对需要即时供应的配件，提前 12 个月，零配件供应商就通过联网的计算机得到大众汽车的需要量，准确率误差为上下各 30%；提前三个月又从计算机得到较准确的需求量，准确率误差为上下 10%；提前一个月供应商得到更近似的需求量，准确率误差为上下 1%；前一个星期获得精确的需求量，这批配件在供货的前两天开始生产，成品直接运到大众汽车公司的生产线上。

💡 **思考**

你认为信息网络如何提升 JIT 生产模式的功能。

6.2　物流责任中心

拓展案例

中小物流企业遭遇集体道德危机

"在鱼龙混杂的中小物流企业体内找不见道德的血液。"中国物流协会会员、专注研究物流业政策改革的业内专家徐志辉告诉记者，许多中小物流企业为了最大限度争夺市场份额纷纷降低运价，常年靠超载谋取利益。加之，各地对减轻物流企业税负的政策不同，企业注册地址不对称，跨区域进行逃税漏税，也成为他们年利惯用的伎俩。

当然，对于消费者来说，最为关心的仍是诚信缺失问题。而延时送达、送错地址、货物损毁、货物调包、故意遗失等每一项都能构成中小物流企业长期不被社会接受的理由。而对于如何规范物流业发展，徐志辉也有自己的看法。他表示，要想改变目前整个行业的现状，提高行业的服务水平，要做到以下五点。

其一，必须完善行业的制度，这对提高行业的水平、促进行业的发展起到核心作用。

其二，完善行业体系，目前的行业之所以散、乱、差，缺乏的就是管理和监督，合理的行业体系有利于整个行业的管理和监督，起着良好的作用。

其三，发挥和提高行业协会的作用，以行业标准和行业制度为核心，对整个行业严格管理并监督，从而引领整个行业和谐发展。

其四，清理和整顿行业秩序，以行业标准为基础，对整个行业的经营企业细分及资格认证，提高行业经营的责任及从业人员的行业素质，避免重大责任事故的发生。

其五，从传统中小物流向现代中小物流企业发展。这一转变是一个非常漫长的过程。对于中小物流企业的发展来说，主要靠自身更新观念，采用先进管理技术，培养人才使自身具备强大的竞争力，再加以政府、社会的大力支持，相信中小物流企业会迎来明日的曙光。

资料来源：半岛晨报，2013-07-18

6.2.1　物流责任中心的含义和特征

为了对企业物流活动实施有效的绩效评价，按照统一领导、分级管理的原则，通常将企业的物流经营过程划分为若干责任单位，明确各责任单位应承担的经济责任、具有的权力和享受的经济利益，促使各责任单位各负其责，相互协调配合。物流责任中心就是承担一定经济责任，并具有一定的权力和享有经济利益的各级物流组织和各个物流管理层次。

1. 物流责任中心的含义

物流责任中心是指由一个主管人员负责，承担着规定责任并具有相应权利的内部物流单位。作为物流活动中心，必须有十分明确的、由其控制的物流活动范围。

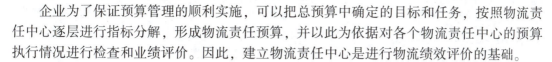

企业为了保证预算管理的顺利实施，可以把总预算中确定的目标和任务，按照物流责任中心逐层进行指标分解，形成物流责任预算，并以此为依据对各个物流责任中心的预算执行情况进行检查和业绩评价。因此，建立物流责任中心是进行物流绩效评价的基础。

2. 物流责任中心的特征

物流责任中心通常具有以下特征。

（1）物流责任中心是一个责权利相结合的实体。

这意味着每个物流责任中心都要对一定指标的完成承担责任；与此同时，每个物流责任中心也被赋予与其所承担责任的范围和大小相适应的权利；另外，有关的物流业绩。考核标准和利益分配标准也应提前予以明确。

（2）物流责任中心具有承担经济责任的条件。

它有两方面含义：一是物流责任中心具有履行经济责任中各条款的行为能力；二是物流责任中心一旦不能履行其经济责任，能对其后果承担责任。

（3）物流责任中心所承担的责任和行使的权利都应是可控的。

每个物流责任中心只能对其责权范围内可控的成本、收入、利润和投资负责，在物流责任预算和业务考核评价中也只应包括它们能控制的项目。可控是相对于不可控而言的，不同的责任层次，其可控的范围并不一样。一般而言，责任层次越高，其可控范围越大。

（4）物流责任中心具有相对独立的物流业务和财务收支活动。

它是确定物流经济责任的客观对象，是物流责任中心得以存在的前提条件。

（5）物流责任中心便于进行单独核算。

物流责任中心不仅要划清责任，而且要能单独核算。只有既划清责任又能单独核算的物流内部单位，才能作为一个物流责任中心。

6.2.2　物流责任中心的分类

根据企业内部各物流责任中心的权责范围及业务特点的不同，可以分为物流成本中心、物流利润中心和物流投资中心三大类，如图 6-2 所示。

图 6-2　物流责任中心图

1. 物流成本中心

物流成本中心也称物流费用中心，是指对物流成本进行归集、分配，对物流成本能加以控制、考核的责任单位，亦即对物流成本具有可控性的责任单位。这里的"可控性"是与具体的责任中心相联系的，而不是某个成本项目所固有的性质。物流成本的成本项目一般可分为直接成本和间接成本两种。前者是可以直接计入物流成本的成本项目，后者则是需要通过一定的方法、根据一定的标准分配后才能计入物流成本。一般来说，直接成本是变动的、可控制的，间接成本是固定的、不可控制的。但并非所有直接成本都是变动的、可控制的。例如，运输队各车组的折旧费是车组的直接成本和固定成本（在直线折旧法下），却不是可控制成本，因为该车组及其上属运输队无权决定购入或出售车辆，无法控制车辆折旧的发生。再如，仓库保管人员的工资是直接的、可控制的，却不是变动的。

此外，应予以注意的是，可控制成本与不可控制成本在一定条件下是可以互相转化的，二者的划分并不是绝对的。例如，材料仓库若将材料仓储费按比例分配给其他责任中心，那么对被分摊责任中心来说是一种不可控制成本，因为它们无法控制仓储费的多少。如果按各责任中心领用材料，按价值多少收取仓储费，那么对各责任中心来说则是可控制成本，因为多领材料、领用高档材料要多负担仓储费，反之则少负担仓储费，与此同时，也促使各责任中心努力降低材料消耗，在保证物流质量的前提下，降低物流成本。

由此可见，物流成本按可控性所进行的分类，对于控制成本中心的物流成本、考核成本中心的工作绩效是十分重要的。可控成本对成本中心来说是相关成本，进行成本决策时必须予以考虑，不可控成本则是无关成本，可以忽略不计，这也是编制成本中心责任预算时必须注意的。

2. 物流利润中心

物流利润中心是指既负责物流收入，又负责物流支出，并负责管理一定数量资产的物流责任单位，亦即对物流收入、成本的发生都能加以控制的责任单位。作为物流利润中心，其领导者必须拥有控制物流服务价格、物流业务和所有相关费用的权力。

物流利润中心可分为两类：一是实际物流利润中心；二是内部人为物流利润中心。前者是能直接对外发生经济往来，在银行独立开户的相对独立的责任单位，其成本和收入都是实实在在的。后者是在企业内部各部门之间提供物流服务，其收入按内部转移价格结算，物流成本按其实际发生额转移，因而其收支都是虚构的。近几年来，我国企业内部经济责任制已取得很大成绩，在企业内部和物流系统内部结算以及内部利润核算上获得了许多有益的经验，并日臻完善，所有这些为物流利润中心的确定打下了坚实的基础。

物流利润中心业绩的考核和评价，主要是通过一定期间实际实现的利润同"责任预算"所确定的预计利润进行比较，对差异产生的原因和责任进行具体分析，从而对物流利润中心进行行业绩评价和奖惩。通常以"边际贡献"作为业绩评价指标，其计算公式为

$$边际贡献 = 销售收入总额 - 变动成本总额$$

3. 物流投资中心

物流投资中心既要对收入、成本和利润负责，又要对投资效果负责。物流投资中心是最高层次的责任中心，一般情况下是采取分权管理的大型企业，承担母公司物流业务的子公司往往属于物流投资中心。

为了准确计算各物流投资中心的效益，要对各物流投资中心共同使用的资产划定界限，对共同发生的成本按标准进行分配，各物流投资中心之间相互调剂使用的资金、物资，均应计息清偿，有偿使用。同时，根据各物流投资中心的投入产出之比进行业绩评价和考核，除了考核利润指标以外，主要计算投资利润率和剩余收益两个指标，其计算公式为

$$投资利润率 = \frac{利润}{资产额} \times 100\%$$

$$剩余收益 = 利润 - 投资额 \times 预期最低投资回报率$$

6.2.3 物流责任中心的成本管理

1. 物流成本中心的成本管理

对一个物流系统来说，可以划分成几个物流成本（费用）中心。物流成本中心可以是货主企业的整个物流系统，可以是物流系统中的每个部门（仓储部门、运输部门、行政管理部门等），也可以进一步划分成物流作业班组，甚至是每个作业人员。通过将物流成本总预算按照每个成本费用中心的进一步细化，并明确责任，使得每个责任中心和责任人员明确自身的成本管理职责，并对其进行相应的绩效考核。从这样的角度看，物流成本中心的责任会计管理又是预算管理的一部分，其不同之处在于以下两方面。

（1）物流责任成本管理更注重各级责任中心的预算和考核，更强调责任人和责任中心，它是按照各级责任成本中心进行层层预算的细化管理。

（2）物流成本费用中心管理所分析和考核的是各责任中心的可控成本，对于责任中心无法控制的成本，不进行预算和考核，或者进行单独的预算与管理。

2. 物流利润中心的成本管理

物流利润中心不仅要考核责任中心的成本，还需要考核其收入。对物流系统内部的某个部门来说，本来可能是一个成本中心，通过内部结算价格的确定，将其确定为一个内部人为利润中心，这对责任中心的成本控制来说也具有一定的促进作用。这样做可以提高每个部门的经营意识，了解物流成本的节约对自己部门绩效的重要性，从而促使它们改善自己的管理和物流技术，降低自身的物流成本。

（1）应注意解决的问题。

在利用人为利润中心管理进行物流成本控制的过程中，应注意解决以下几个问题。

①对于几个责任中心共同负担的费用，应根据一定标准，按照谁受益谁负担、受益多的多负担、受益少的少负担的原则分配。一定要避免由于共同费用分配不合理而挫伤各个责任中心的积极性。

②内部转移价格的制定要合理。这是合理评估各物流责任中心工作成绩，促进各单位努力提高物流效率、降低物流成本的重要保证。合理确定内部结算价格是加强物流系统内部资金、成本、利润管理的有效措施，是客观评估各利润中心工作成绩的重要手段。

（2）物流内部结算价格的确定。

物流内部结算价格是指运输、装卸、包装、仓储等人为利润中心之间相互提供物流业务的结算价格。内部结算价格一般可分为成本定价和利润定价两大类。

①成本定价法是依据实际成本或标准成本来制定内部转移价格。一般可以以标准成本进行定价，因为实际成本定价下供方可能向需方转嫁不利成本差异，不利于分清责任。而按标准成本定价则可以克服这一缺陷，但它不符合利润中心考核收益、评定利润的要求。

②利润定价法是各利润中心之间结转物流业务时除成本外，还要加上一定的利润结算。其中，成本加成定价是最常见的一种，它是指在标准成本基础上加上一定比例的利润确定转移价格，另外，也可以参考市场价格来制定内部转移价格。

> 💡 **思考**
> 1. 物流责任中心的含义和特点。
> 2. 物流责任中心的分类。

6.3 物流成本绩效评价

拓展案例

借力电子商务控制物流成本

受到人民币汇率升值、劳动力成本上升等因素影响，外贸企业利润收窄，生存空间变小。特别是外贸中小企业在金融、物流配送等问题上缺乏管理运营经验，只能被动接受成本压力。降低成本是提升利润的有效途径，但仅仅依靠中小企业自身的力量来降低成本很难，需要一个拥有强大资源及整合能力的机构来完成。

广新达是一家从事外贸服务的电子商务平台，汇集了整条外贸供应链上的服务商，为客户提供一站式的买卖对接、融资、通关、仓储、物流、保险、资信调查、认证等服务，其业务均可在线上完成，企业可在网上选择适合自身的外贸服务供应商，并进行服务比价、查看服务口碑、做出精细筛选，从而提升管理效率。广新达作为国际商贸供应链集成服务平台，在外贸物流环节中有怎样的优势？

传统的服务模式，海关、船务公司、订仓等环节都要人去跑，由此，外贸公司就得培养一批人去跑这些流程，花费大量的人力物力，增加企业成本。对此，广新达汇集了整条外贸供应链上的服务商，并制定一套严格的服务商"军规"，把优质服务商聚集在平台上。客户只要在平台上点点鼠标，选择服务商，就能完成对所需环节服务的购买，还能精挑细选，进行比价，减少不必要的成本支出。广新达通过整合外贸供应链资源的模式，改变了线下企业要单独找每一个服务商的模式，大大提高了企业的效率并节省了成本。

快递费作为企业降低物流成本的重要环节，广新达的快递优势显而易见。据实测显示，平台价的国际快递费比现行价优惠30%~40%。按此预计，广新达每年可为一般外贸企业节省多达上百万元的国际快递费。

资料来源：http://www.chinawuliu.com.cn/xsyj/201207/05/184568.shtml

6.3.1 物流成本的全面指标分析

物流成本的全面指标分析是以物流企业整体的物流成本为依据，通过物流成本和其他要素的相关关系来分析评价企业物流活动的水平。

1. 物流成本率

$$物流成本率 = \frac{物流成本}{销售额} \times 100\%$$

使用该指标时是把物流部门作为独立的利润中心进行考核的，该指标用来说明单位销售额需要支出的物流成本。公式中的物流成本是完成物流活动所发生的真实成本，包括采购成本、库存成本、配送成本、运输成本和包装成本等。这个指标值越高则其对价格的弹性越低，说明企业单位销售额需要支出的物流成本越高。从历年的数据中，可以大体了解其动向，通过与同行业和外行业进行比较，可以进一步了解企业的物流成本水平。但该比率受价格和交易条件的变化影响较大，因而存在一定的缺陷。

2. 单位物流成本率

$$单位物流成本率 = \frac{物流成本}{企业总成本} \times 100\%$$

使用该指标进行分析时是把物流部门作为成本中心来考核的，该指标用来评价企业物流成本占企业总成本的比重。这是考核物流成本占总成本比率的一个指标，一般作为考核企业内部的物流合理化或检查企业是否合理化的指标来使用。该指标越大，说明物流成本占企业总支出的比重越大，此时应分析原因，找出改进的方法。

3. 单位营业费用物流成本率

$$单位营业费用物流成本率 = \frac{物流成本}{销售费用 + 一般管理费用} \times 100\%$$

该指标用来分析物流成本占营业费用的比值。公式中的物流成本指的是物流活动的经营过程中发生的支出。通过该指标可以判断营业物流成本的比重，且该指标不受进货成本变动的影响。该指标适合于作为企业物流过程合理化的评价指标。

4. 物流职能成本率

$$物流职能成本率 = \frac{物流职能成本}{物流总成本} \times 100\%$$

使用该指标时，企业应合理划分企业的物流职能，采用切实可行的方法计算出各项物流职能的成本，为提高物流过程的管理水平提供依据。该指标可以计算出包装费、运输费、保管费、装卸费、流通加工费、信息流通费、物流管理费等各物流职能成本占物流总成本的比率，为企业物流成本控制提供依据。

5. 产值物流成本率

$$产值物流成本率 = \frac{物流成本}{企业总产值} \times 100\%$$

该指标用来分析企业创造单位产值需要支出的物流成本，是一定时期生产一定数量产品过程中物流成本占总产值的比率。该指标表明每生产100元产值所需耗费的生产成本。评价物流过程所耗费的经济效果，企业投入产出率高，物流成本耗费低，该指标的值就越低。

6. 物流成本利润率

$$物流成本利润率 = \frac{利润总额}{物流成本} \times 100\%$$

该指标表明在物流活动中，耗费一定量的资金所获得的经济利益的能力。它是分析一定时期生产和销售一定数量产品所发生的物流成本与所获得的利润总额的比率；该指标高就说明市场竞争能力强，产品成本水平低，盈利能力强。但该指标受众多因素的影响，主要有销售产品的价格、销售数量、销售税金及附加、其他业务利润、营业外收支、产品的结构、各功能物流成本的大小等。

7. 物流效用增长率

$$物流效用增长率 = \frac{物流成本增长率}{销售额增长率} \times 100\%$$

该指标用来分析物流成本变化和销售额变化的关系，说明了物流成本随销售额的变化的水平。该指标合理的比例应该小于1，如果比例大于1，说明物流成本的增长速度超过了销售额的增长速度，应引起重视。

6.3.2 物流成本的专项指标分析

1. 进出货物流过程指标分析

进货是货物进入物流中心的第一个阶段，而出货是物流过程的最后阶段，出货和进货是否有效率，严重影响其他物流进程。

（1）每小时处理进出货量。

$$每小时处理进货量 = \frac{进货量}{进货人员数} \times 每日进货时间 \times 工作天数$$

$$每小时处理出货量 = \frac{出货量}{进化人员数} \times 每日出货时间 \times 工作天数$$

（2）每台进出货设备的装卸货量。

该指标用来评价每台进出货设备的工作量。

$$每台进出货设备的装卸货量 = \frac{进货量 + 出货量}{装卸设备数} \times 工作天数$$

（3）每台进出货设备每小时的装卸货量。

$$每台进出货设备每小时的装卸货量 = \frac{进货量 + 出货量}{装卸设备数} \times 工作天数 \times 每日进出货时数$$

2. 储存物流过程效率分析

（1）储区面积率。

储区是物流过程不可缺少的部分，该指标用来衡量厂房空间的利用率是否恰当。

$$储区面积率 = \frac{储区面积}{物流中心建筑面积}$$

（2）可保管面积率。

该指标用来判断储区内的通道规划是否合理。

$$可保管面积率 = \frac{可保管面积}{储区面积}$$

（3）储位容积使用率和单位面积保管量。

$$储位容积使用率 = \frac{存货总体积}{储位总容积}$$

$$单位面积保管量 = \frac{平均存量}{可保管面积}$$

（4）库存周转率。

该指标可用来检查公司的营运绩效和衡量现今存货是否恰当。

$$库存周转率 = \frac{出货量}{平均库存量}$$

$$库存周转率 = \frac{营业额}{平均库存金额}$$

（5）库存掌握程度。

该指标作为设定产品标准库存的比率依据。

$$库存掌握程度 = \frac{实际库存量}{标准库存量}$$

（6）库存管理费。

该指标用来衡量每单位存货的库存管理费用。

$$库存管理率 = \frac{库存管理费用}{平均库存量}$$

（7）呆废料率。

该指标用来衡量物料耗损对资金积压的影响情况。

$$呆废料率 = \frac{呆废料件数}{平均库存量}$$

$$呆废料率 = \frac{呆废料金额}{平均库存金额}$$

3. 物流营运能力指标

营运能力的大小对获利能力的持续增长有着决定性的影响。物流的营运能力可描述为：物流基于外部市场环境的需要，通过内部人力资源和作业资源的配置组合而对实现财务目标所产生作用的程度。

（1）人力资源营运能力指标。

$$物流劳动作业率 = \frac{物流营业净额}{从事物流作业的员工平均值}$$

$$物流营业净额 = 物流营业额 - 物流营业折扣与折让$$

物流劳动作业效率越高，说明每一个从事物流工作的人员创造的物流营业净额越高，因而人力资源利用得越好，物流人力资源的营运能力越强。

（2）作业资源营运能力指标。

作业资源的营运能力包括物流的总资产及构成物流总资产要素的营运能力。

①物流总资产营运能力指标。

物流总资产的周转率代表着物流总资产的营运能力，其计算公式为

$$物流总资产周转率 = \frac{物流营业净额}{平均物流资产总额}$$

物流总资产周转率也可以用周转天数表示，其与物流总资产周转率的关系为

$$物流总资产周转天数 = \frac{计算期天数}{物流总资产周转率}$$

物流总资产周转率，全面综合地反映了全部物流资产的营运能力。物流总资产周转率越高，说明在一定的计算期内，物流总资产周转的次数越多，周转一次的天数便越短，周转速度便越快，因而物流总资产的营运能力也就越高。

②物流流动资产营运能力指标。

物流总资产由流动资产与固定资产两部分组成。物流流动资产营运能力的大小主要通过流动资产周转率加以反映，其计算公式为

$$物流流动资产周转率 = \frac{物流营业净额}{物流流动资产和平均占用额}$$

$$物流流动资产周转天数 = \frac{计算期天数}{物流流动资产周转率}$$

与物流总资产营运能力指标相同，物流流动资产周转率越高说明营运能力越强，而物流流动资产周转天数越高则说明营运能力越弱。

③物流固定资产营运能力指标。

物流作业的收入主要来源于物流流动资产的周转，而不是物流固定资产的周转。但是，物流固定资产是实现物流流动资产周转的基础，物流流动资产投资规模、周转额的大小及周转速度的快慢在很大程度上取决于物流固定资产的作业经营能力及利用效率。反映物流固定资产营运能力的指标是物流固定资产周转率，其计算公式为

$$物流固定资产周转率 = \frac{物流营业收入}{物流固定资产额}$$

物流固定资产营运能力指标可以考查企业是否能以相对节约的物流固定资产投资，达到尽可能大的物流流动资产规模及尽可能快的周转速度，从而使企业能够以流动资产投资规模扩大和周转速度加快为手段，实现更多的物流营业收入。该指标越高，说明物流固定资产的营运能力越高。

（3）物流获利能力指标。

所谓物流获利能力，实际上是指投入物流系统的资金（物流成本）的增值能力。通常用物流系统的收益反映该能力的高低，具体指标有以下几个。

①物流作业利润率。

$$物流作业利润率 = \frac{物流利润}{物流营业收入净额}$$

②物流作业成本利润率。

$$物流作业成本利润率 = \frac{物流利润}{物流成本}$$

物流作业的利润率与成本利润率指标为正向指标。该指标越高，说明物流获利能力越强。

（4）物流作业的资产利润率。

物流作业的资产利润率用来反映物流资产的获利能力，具体指标有以下三个。

①物流总资产利润率。

根据利润层次的不同，可以列出三类物流总资产利润率：

$$物流总资产息税前利润率 = \frac{息税前物流利润总额}{平均物流资产总额}$$

$$物流总资产利润率 = \frac{物流利润总额}{平均物流资产总额}$$

$$物流总资产净利润率 = \frac{物流利润净额}{平均物流资产总额}$$

②物流流动资产利润率。

物流流动资产投资与其周转是物流利润的主要来源。因此，物流流动资产的利润率能够揭示物流利润增长的基础是否稳固。

考核物流流动资产获利能力的指标主要有两项，计算公式分别为

$$物流流动资产经营利润率=\frac{物流经营利润}{物流流动资产平均占用额}$$

$$物流流动资产营业利润率=\frac{物流营业利润}{物流流动资产平均占用额}$$

③物流固定资产利润率。

由于物流固定资产是物流流动资产周转获利的物质基础，因此还应当考察物流固定资产利润率，计算公式分别为

$$物流固定资产经营利润率=\frac{物流经营利润}{物流固定资产平均占用额}$$

$$物流固定资产营业利润率=\frac{物流营业利润}{物流固定资产平均占用额}$$

④物流作业净资产利润率。

物流作业净资产利润率的计算公式为

$$物流作业净资产利润率=\frac{物流利润净额}{物流净资产}$$

企业支出物流成本的最终目的是实现物流系统利润的最大化，要达到这一目的，首先就要最大限度地提高物流净资产利润率。因此，物流作业的净资产利润率是物流获利能力指标的核心。该项指标为正向指标。

由于商品制造企业和商品流通企业的收入与利润的获得来源于多方面，很难分清物流作业带来的收入与利润，所以可以采取内部转移价格的形式来获取与物流作业相关的收入与利润。物流服务提供商的主要业务为向客户提供物流服务，其收入与利润也主要来源于物流作业，因此可以直接使用上述指标。

6.3.3　物流成本绩效的评价方法

传统的物流成本绩效评价系统侧重于静态的财务业绩评价，随着物流活动日益复杂化，单纯的财务指标已经难以全面地评价企业物流部门的经营业绩。20 世纪 90 年代以来，西方的一些大企业发现传统的财务业绩指标和方法已经越来越阻碍企业物流业务的发展，存在着重短期利益轻长期利益、重局部利益轻全局利益的诸多缺陷。因此，人们提出了将财务指标和非财务指标相结合的成本绩效评价方法，如平衡计分卡法、标杆法等。

1. 平衡计分卡法

(1) 平衡计分卡法的含义。

平衡计分卡法是由美国哈佛大学的卡普兰教授和诺顿教授于 1992 年在《哈佛商业评论》上率先提出来的，它打破了传统的绩效评估体系，建立了一个全新的绩效评估体系，为管理人员提供了一个全面的框架，用于把企业的战略目标转化为一套系统的绩效测评指标。平衡计分卡法应用于绩效评估与控制，可以克服传统的绩效评估的不足，将财务测评指标和业务测评指标结合在一起使用，从而能够同时从几个角度对绩效进行快速而全面的

考察。

平衡计分卡法使用了一些关键的绩效指标，其中大多数是非财务的指标，针对传统的财务指标为主的业绩考核方式，它们为管理者提供了实现战略目标的更好的方法。平衡计分卡法一方面考核企业的产出（上期的结果），另一方面考核企业未来成长的潜力（下期的预测），再从客户的角度和公司业务角度两方面考核企业的运营状况参数，把公司的长期战略与短期行动联系起来，把远景目标转化为一套系统的绩效考核指标。

（2）平衡计分卡法的指标。

与传统的财务导向的指标相比，如果能够识别与战略目标实现相关的关键绩效指标，并以这些指标为基础，就可以建立相应的绩效衡量的平衡计分卡法。平衡计分卡将任务与战略转化为目标和衡量指标，它强调非财务指标的重要性，从财务、客户、内部业务过程、学习与成长四个方面来衡量绩效，如图 6-3 所示。依照平衡计分卡法的框架，对物流业的绩效评价从以下四个方面来研究。

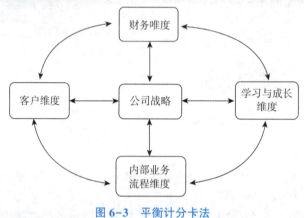

图 6-3　平衡计分卡法

①财务绩效评估指标。

财务绩效评估指标显示了物流企业的战略及其执行对于股东利益的影响。企业的主要财务目标涉及盈利、股东价值实现和增长，相应地将其财务目标简单表示为生存、成功和价值增长。生存目标的评估指标有现金净流量和速动比率，成功目标的评估指标有权益净利率，价值增长目标的评估指标为相对市场份额增加额。平衡计分卡的财务绩效衡量显示企业的战略及其实施和执行是否正在为最终经营结果的改善做出贡献。常见的指标包括资产负债率、流动比率、速动比率、应收账款周转率、存货周转率、资本金利润率、销售利税率等。

财务层面的绩效评估涵盖了传统的绩效评估方式，但是财务层面的评估指标并非唯一的或最重要的，它只是企业整体发展战略中不可忽视的一个要素。

②客户层面绩效评估指标。

物流企业的经营不仅是为了获取财务上的直接收益，还要考虑战略资源的开发和保持。这种战略资源包括外部资源和内部资源，外部资源即客户。客户层面的绩效就是企业赖以生存的基础，具体要从企业进行客户开发的业绩和客户方面的获利能力来衡量，一是客户对物流服务满意度的评价；二是企业的经营行为对客户开发的数量和质量的评价。平衡计分卡的客户衡量包括客户满意度、客户忠诚度、客户获得、获利能力和在目标市场上所占的份额。

③内部业务绩效评估指标。

内部业务流程方面，内部经营过程衡量方法所重视的是对客户满意度和实现组织财务目标影响最大的那些内部过程。企业物流的内部业务业绩来自企业的核心竞争力，即如何保持持久的市场领先地位、较高的市场占有率和营销的方针策略等，企业应当明确自己的优势，如高质量的产品和服务、优越的区位、资金的来源、优秀的管理人员等；平衡计分卡方法把革新过程引入内部经营过程之中，要求企业创造全新的产品和服务，以满足现有和未来目标客户的需求，这些过程能够创造未来企业的价值，提高未来企业的财务绩效。

④学习与成长绩效评估指标。

学习与成长的目标为其他三个方面的宏大目标提供了基础架构，是驱使上述三个方面获得卓越成果的动力。面对激烈的全球竞争，企业今天的技术和能力已无法确保其实现未来的业务目标。削减对企业学习和成长能力的投资虽然能在短期内增加财务收入，但由此造成的不利影响将在未来给企业带来沉重打击。学习与成长绩效指标涉及员工的能力、信息系统的能力以及激励、授权与相互配合。

平衡计分卡的发展过程中特别强调描述策略背后的因果关系，借客户面、内部营运面、学习与成长面评估指标的完成而达到最终的财务目标。

(3)平衡计分卡的流程。

首先，以组织的共同愿景与战略为内核，运用综合与平衡的哲学思想，依据组织结构，将公司的愿景与战略转化为下属各责任部门（如各事业部）在财务（Financial）、顾客（Customer）、内部流程（Internal Processes）、学习与成长维度（Learning & Growth）等四个方面的系列具体目标（即成功的因素），并设置相应的四张计分卡，其基本框架如图6-4所示。

其次，依据各责任部门分别在财务、顾客、内部流程、学习与成长四种维度计量可具体操作的目标，设置对应的绩效评价指标体系，这些指标不仅与公司战略目标高度相关，而且存在先行与滞后两种形式，同时兼顾和平衡公司长期和短期目标、内部与外部利益，综合反映战略管理绩效的财务与非财务信息。

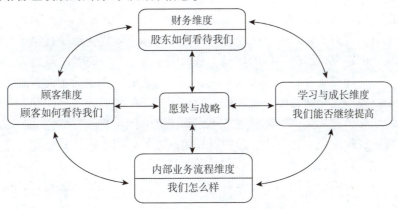

图6-4 平衡计分卡的基本框架

最后，由各主管部门与责任部门共同商定各项指标的具体评分规则。一般是将各项指标的预算值与实际值进行比较，对应不同范围的差异率，设定不同的评分值。以综合评分的形式，定期（通常是一个季度）考核各责任部门在财务、顾客、内部流程、学习与成长维度四个方面的目标执行情况，及时反馈，适时调整战略偏差，或修正原定目标和评价指标，确保公司战略得以顺利与正确地实行。

2. 标杆管理法

（1）标杆管理的含义。

标杆管理与企业再造、战略联盟并称为20世纪90年代三大管理方法。标杆管理本质上是一种面向实践、面向过程的以方法为主的管理方式，它与流程重组、企业再造一样，基本思想是系统优化，不断完善和持续改进。

标杆管理的概念可概括为：不断寻找和研究同行一流公司的最佳实践，并以此为基准与该企业进行比较、分析、判断，从而使自己企业得到不断改进，进入或赶超一流公司，创造优秀业绩的良性循环过程。其核心是向业内或业外的最优秀的企业学习。通过学习，企业重新思考和改进经营实践，创造自己的最佳实践，这实际上是模仿创新的过程。

标杆管理是站在全行业，甚至更广阔的全球视野上寻找基准，突破了企业的职能分界限和企业性质与行业局限，它重视实际经验，强调具体的环节、界面和流程，而且具有特色。同时，标杆管理也是一种直接的、中断式的渐进的管理方法，其思想是企业的业务、流程、环节都可以解削、分解和细化。企业可以根据需要，或者寻找整体最佳实践，或者发现优秀"片断"进行标杆比较，或者先学习"片断"再学习"整体"，或者先从"整体"把握方向，再从"片断"具体分步实施。

简而言之，标杆法就是：

①研究竞争对手的物流战略战术。

②学习竞争对手先进的物流模式。

③改进物流企业的物流流程及各种操作模式。

（2）标杆管理的意义。

标杆管理是一种有目的、有目标的学习过程。通过学习，企业重新思考和设计经营模式，借鉴先进的模式和理念，再进行本土化改造，创造出适合自己的全新最佳经营模式。这实际上就是一个模仿和创新的过程。通过标杆管理，企业能够明确产品、服务或流程方面的最高标准，然后作必要的改进来达到这些标准。标杆管理是一种能引发新观点、激起创新的管理工具，它对大公司或小企业都同样有用。标杆管理为组织提供了一个清楚地认识自我的工具，便于发现解决问题的途径，从而缩小自己与领先者的距离。

从本质上看，标杆管理是一种面向实践、面向过程的以方法为主的管理方式。但标杆管理是站在全行业甚至全球角度寻找标杆，突破了企业的职能分工界限和企业性质与行业局限，它重视实际经验，强调具体的环节界面和流程，因而更具有特色。

其次，标杆管理也是一种直接的、中断式的渐进的管理方法，其思想是企业的业务流程环节都可以解剖、分解和细化。企业可以寻找整体最佳实践，也可以发掘优秀"片断"进行标杆比较，由于现实中不同的企业各有长短，所以这种"片断"标杆可以使企业的比较视角更开阔，也容易使企业集百家之长。

标杆管理具有渐进性，对标杆管理策略的贯彻落实是一个需要长期努力的渐进过程，需要在员工交流与培训上进行投资。企业可从初级到高级分阶段循序渐进地改善管理。此外，企业通过标杆管理，从与最佳实践企业的差距中找出自身不足，学习别人的符合市场规律的生产方式和组织模式，可以在寻找差异的过程中培育组织扩展型的思维模式，引导组织的管理水平和技术水平呈螺旋式上升发展，有时甚至可以激发创新变革，向学习型组

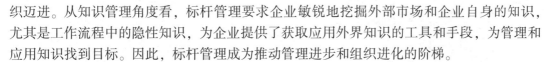

织迈进。从知识管理角度看，标杆管理要求企业敏锐地挖掘外部市场和企业自身的知识，尤其是工作流程中的隐性知识，为企业提供了获取应用外界知识的工具和手段，为管理和应用知识找到目标。因此，标杆管理成为推动管理进步和组织进化的阶梯。

（3）标杆管理的作用。

①通过标杆管理，企业可以选择标杆，确定企业中、长期发展战略；并与竞争对手对比分析，制订战略实施计划，并选择相应的策略与措施。

②标杆管理可以作为企业业绩提升与业绩评估的工具。标杆管理通过设定可达目标来改进和提高企业的经营业绩。目标有明确含义，有达到的途径，可行、可信，使企业可以坚信绩效完全有办法提高到最佳。而且，标杆管理是一种辨识世界上最好的企业实践并进行学习的过程。通过辨识行业内外最佳企业业绩及其实践途径，企业可以制定业绩评估标准；然后对其业绩进行评估，同时制定相应的改善措施。企业可以明确该企业所处的地位、管理运作以及需要改进的地方，从而制定适合该企业的有效的发展战略。

③标杆管理有助于企业建立学习型组织。学习型组织实质上是一个能熟练地创造、获取和传递知识的组织，同时也要善于修正自身的行为，以适应新的知识和见解。而实施标杆管理后，有助于企业发现在产品、服务、生产流程以及管理模式方面存在哪些不足，并学习"标杆企业"的成功之处，再结合实际，将其充分运用到自己的企业当中。而且这种过程是一种持续往复的过程，主要基于三点考虑：企业所在的竞争环境持续改变；"标杆企业"不断升级与更新；企业业务范围和企业规模。

（4）标杆管理的要素。

标杆管理的要素是界定标杆管理定义、分类和程序的基础。标杆管理主要有以下三个要素。

①标杆管理实施者，即发起和实施标杆管理的组织。

②标杆伙伴，也称标杆对象，即定为"标杆"被学习借鉴的组织，是任何乐于通过与标准管理实施者进行信息和资料交换，而开展合作的内外部组织或单位。

③标杆管理项目，也称标杆管理内容，即存在不足，通过标杆管理向他人学习借鉴以谋求提高的领域。

（5）标杆管理的类型。

根据标杆伙伴选择的不同，通常可将标杆管理分为以下五类。

①内部标杆管理。

标杆伙伴是组织内部其他单位或部门，主要适用于大型多部门的企业集团或跨国公司。由于不涉及商业秘密的泄露和其他利益冲突等问题，容易取得标杆伙伴的配合，简单易行。另外，通过展开内部标杆管理，还可以促进内部沟通和培养学习气氛。但是其缺点在于视野狭隘，不易找到最佳实践，很难实现创新性突破。

②竞争标杆管理。

标杆伙伴是行业内部直接竞争对手。由于同行业竞争者之间的产品结构和产业流程相似，面临的市场机会相当，竞争对手的作业方式会直接影响企业的目标市场，因此竞争对手的信息对企业进行策略分析及市场定位有很大的帮助，收集的资料具有高度相关性和可比性。但正因为标杆伙伴是直接竞争对手，信息具有高度商业敏感性，难以取得竞争对手的积极配合，获得真正有用或准确的资料，从而极有可能使标杆管理流于形式或者失败。

③非竞争标杆管理。

标杆伙伴是同行业非直接竞争对手，即那些由于地理位置不同等原因虽处同行业但不存在直接竞争关系的企业。非竞争标杆管理在一定程度上克服了竞争标杆管理资料收集和合作困难的弊端，继承了竞争标杆管理信息相关性强和可比性强的优点。但可能由于地理位置等原因而造成资料收集成本增大。

④功能标杆管理。

标杆伙伴是不同行业但拥有相同或相似功能、流程的企业。其理论基础是任何行业均存在一些相同或相似的功能或流程，如物流、人力资源管理、营销手段等。跨行业选择标杆伙伴，双方没有直接的利害冲突，更加容易取得对方的配合；另外，可以跳出行业的框框约束，视野开阔，随时掌握最新经营方式，成为强中之强。但是投入较大，信息相关性较差，最佳实践需要较为复杂的调整转换过程，实施较为困难。

⑤通用标杆管理。

标杆伙伴是不同行业具有不同功能、流程的组织，即看起来完全不同的组织。其理论基础是：即使完全不同的行业、功能、流程也会存在相同或相似的核心思想和共通之处。如多米诺比萨饼公司通过考察研究某医院的急救室来寻求提高送货人员的流动性和工作效率的途径，提高员工的应急能力。从完全不同的组织学习和借鉴会最大限度地开阔视野，突破创新，从而使企业绩效实现跳跃性的增长，大大提高企业的竞争力，这是最具创造性的学习。而因其信息相关性更差，企业需要更加复杂的学习、调整和转换过程才能在该企业成功实施学到的最佳实践，所以困难更大。企业最好的选择就是根据需要实施综合标杆管理，即将各种标杆管理方式根据企业自身条件和标杆管理项目的要求相结合，取长补短，以取得高效的标杆管理。

（6）标杆管理的实施步骤。

具体来说，一个完整的内外部综合标杆管理的程序通常分以下五步。

第一：计划

主要工作有以下几方面。

①组建项目小组，担当发起和管理整个标杆管理流程的责任。

②明确标杆管理的目标。

③通过对组织的衡量评估，确定标杆项目。

④选择标杆伙伴。

⑤制订数据收集计划，如设置调查问卷、安排参观访问、充分了解标杆伙伴并及时沟通。

⑥开发测评方案，为标杆管理项目赋值以便于衡量比较。

第二：内部数据分析

主要工作有以下几方面。

①收集并分析内部公开发表的信息。

②遴选内部标杆管理合作伙伴。

③通过内部访谈和调查，收集内部一手研究资料。

④通过内部标杆管理，可以为进一步实施外部标杆管理提供资料和基础。

第三：外部数据分析

主要工作有以下几方面。

①收集外部公开发表的信息。

②通过调查和实地访问收集外部一手研究资料。

③分析收集的有关最佳实践的数据，与自身绩效计量相比较，提出最终标杆管理报告。标杆管理报告揭示标杆管理过程的关键收获，以及对最佳实践调整、转换、创新的见解和建议。

第四：实施与调整

这一步是前几步的归宿和目标之所在。根据标杆管理报告，确认正确的纠正性行动方案，制订详细实施计划，在组织内部实施最佳实践，并不断对实施结果进行监控和评估，及时作出调整，以最终达到增强企业竞争优势的目的。

第五：持续改进

标杆管理是持续的管理过程，不是一次性行为，因此，为便于以后继续实施标杆管理，企业应维护好标杆管理数据库，制订和实施持续的绩效改进计划，以不断学习和提高。

（7）标杆管理的流程模型。

如图 6-5 所示为标杆管理的流程模型。

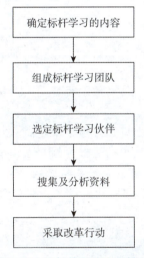

图 6-5　标杆管理的流程模型

①决定向标杆学习什么。

②流程的第一阶段，是确认标杆学习资讯的使用者以及他们的需求，从而界定标杆学习的明确主题。一旦知道标杆学习的主题和需求以后，就可以确认并争取需要的资源（例如时间、资金、人员），成功地完成标杆学习的调查工作。

③组成标杆学习团队。

虽然个人也可以向标杆学习，但大多数标杆学习是团队行动。挑选、训练及管理标杆学习团队，是流程的第二阶段。团队成员各有明确的角色以及责任。团队也可引进专案管理工具，以确保每位参与者都清楚自己的任务，而且团队要制订出重要的阶段目标。

④选定标杆学习伙伴。

流程的第三阶段，需要认定标杆学习的资讯来源。这些来源包括标杆组织的员工、管理顾问、分析人员、政府消息来源、商业及同业文献、产业报告以及电脑化的资料库等。

这个阶段也包括选定产业及组织最佳作业典范。

⑤搜集及分析资讯。

这个流程阶段，团队必须选择明确的资讯搜集方法，而负责搜集资讯的人必须对这些方法很熟悉。团队在联络标杆伙伴之后，依据既定的规范搜集资讯，然后再将资讯摘要分析。接下来是依据最初的顾客需求，分析标杆学习资讯，从而提出行动建议。

⑥采取改革行动。

影响这个阶段的因素是顾客的需求及标杆学习资讯的用途。团队可能会采取的行动有很多种，从制作一份报告或发表成果，到提出成套建议，甚至根据调查搜集到的资讯具体落实一些变革。在这个阶段也要确认接下来是否有必要采取哪些步骤或适当的后续活动，如有必要，可以建议标杆学习活动继续下去。

思考

1. 物流成本分析的指标。

2. 物流企业绩效评价方法。

能力训练

一、判断题

1. 物流绩效是正在进行的物流活动的执行情况，以及已完成的物流活动的结果。

（　　）

2. 可供应存货天数越大，企业资产管理效率越高。（　　）

3. 可保管面积率用来判断储区内的通道规划是否合理。（　　）

4. 物流成本中心也称物流费用中心，是指对物流成本进行归集、分配，对物流成本能加以控制、考核的责任单位，亦即对物流成本具有可控性的责任单位。（　　）

5. 增值生产率与企业员工人数无关。（　　）

二、单项选择题

1. 物流绩效评估的系统性是指（　　）。

A. 定量分析与定性分析相结合

B. 评价指标体系涵盖实现物流系统目标所涉及的一切方面

C. 防止评价人员的倾向性

D. 评价所用材料准确可靠

2. 物流绩效评估的客观性是指（　　）。

A. 定量分析与定性分析相结合

B. 评价指标体系涵盖实现物流系统目标所涉及的一切方面

C. 防止评价人员的倾向性

D. 评价所用材料准确可靠

3. 物流绩效评估的真实性是指（　　）。

A. 定量分析与定性分析相结合

B. 评价指标体系涵盖实现物流系统目标所涉及的一切方面

C. 防止评价人员的倾向性

D. 评价所用材料准确可靠

4. 通过物流绩效评估的结果分析来修正企业物流发展的战略目标的本质是(　　)。

A. 优化市场定位　　　　　　　　　　B. 确定目标方向

C. 理清现状　　　　　　　　　　　　D. 路径选择

三、理论问答

1. 简述物流绩效评价的含义和原则。

2. 简述物流责任中心的分类。

3. 物流成本分析的指标有哪些?

四、实训题

进入 21 世纪以来,我国物流业总体规模快速增长,服务水平显著提高,发展环境和条件不断改善,为进一步加快发展奠定了坚实基础。但是,我国物流业的整体水平仍然偏低,还存在一些突出问题。

第一,全社会物流运行效率偏低,社会物流总费用与 GDP 的比例高出发达国家一倍左右。

第二,社会化物流需求不足和专业化物流供给能力不足的问题同时存在,"大而全""小而全"的企业物流运作模式还相当普遍。

第三,物流基础设施能力不足,尚未建立布局合理、衔接顺畅、能力充分、高效便捷的综合交通运输体系,物流园区、物流技术装备等能力有待加强。

第四,地方封锁和行业垄断对资源整合和一体化运作形成障碍,物流市场还不够规范。

第五,物流技术、人才培养和物流标准还不能完全满足需求,物流服务的组织化和集约化程度不高。

 思考

如何采取措施改善物流业存在的问题?

 展思悟

新零售时代,物流价值不仅是快
——零售升级下,李宁的零售物流创新实践

2018 年 12 月 7 日,在上海举办的第五届中国服装供应链创新峰会,邀请百位行业专家老总聚焦服装供应链、服装新零售,结合 2018 年"双十一"服装物流复盘,探讨未来行业发展动向,学习行业创新模式。

"每一个人都要以终为始",李宁公司物流总监盛炜在分享里谈道:在新的模式中,首先要打破技术壁垒和技术官僚,把每一个人的岗位抽出来,要重建。告诉一个岗位,你的目的是什么,要重新把每一个业务的场景模拟出来,优化业务流程。同时强化数据分析系统,建立商业模型和连接,把决策变成数据决策。在过程当中供应链要改造,供应商能力要提升,物流体系、IT 系统要重建。

在盛炜看来：物流人永远关注的是效率和服务水平。在新零售时代，物流价值不仅是快。物流是商业模式中的重要组成部分，需要去共同创造客户体验。"精准、敏捷、柔性、高效，这四个词后面要有大量的工作去做"。（下面是物流总裁盛炜的演讲实录）

一、李宁公司的创新实践

服装企业在这一两年里如何杀出一条血路？通过实践，我们自己在这些方面做了一些有特色的事情。首先我们是做体育产品，有自己的技术含量，有一定的独特的创新性，如果要在这个行业里面杀出一条血路，一定要记住体育行业冠军永远是在上面拿金牌闪闪发光的那一个。

1. 专注产品

对于我们公司来讲，产品是核心，把产品做到极致化。我们也可以根据消费者需求，做几款常规运动产品就好了，但是对于我们老板来说，关注的是运动产品、运动基因，要打造出最好的篮球鞋、跑步鞋。首先要专注在自己的产品层面。另外非常专注自己的品质，用品质增加跟消费者的黏性。

我们曾经在创始之初花了很长的时间做了第一批漂亮的运动鞋，但当时有一个材料出现了微小的瑕疵，实际上不影响售卖使用的，但老板说一双不留全部烧掉，他要做的就是最好的产品。他最关注的，而且时时刻刻放在嘴边提醒我们的是："你们要把握住公司产品的质量"。这也是我们公司从创始一直走到现在，能够保持非常好的口碑的原因：我们关注产品，关注质量。

2. 关注成本

第二点就是成本。怎么来看这件事情？我们关注的成本是能够给消费者提供性价比最高的产品。整个商业链条当中你的设计成本包含哪些？设计周期有多长？产品从开始有意向，一直到能够生产、接受订货、推向市场都是成本，加工制造、运输和仓储，这些时间、库存都是成本。你的代理商和经销商运营效率怎么样，这些也是成本，跟消费者沟通的成本。所有这些都贯穿在商品从开始有意向到最后售出的过程当中，每一个环节都有成本。

我们现在要关注的是精准，要精准运营。在环节当中的每一个点上去抠细节，大家拼的是管理水平，你的模式有没有创新，创新之后的模式有没有能够带来增值、带来效益。我们会把所有的钱，每一分钱节省出来用在产品的成本上，用在打造产品上，把钱花在刀刃上，为消费者提升价值。第一关注产品，第二要把所有省出来的钱用在产品上，提升产品的性价比，这样打造出的产品才能真正对得起消费者，才能够跟他们做沟通和互动。

3. 获得消费者的持久关注

我们虽然做了很多努力，但是在这样的时代，沟通的媒体很重要，怎么样跟消费者去沟通，怎么获得他们持久的关注度？现在是眼球经济的时代，能不能把你的眼光在我的产品品牌上留的时间更久一点？我们要通过大量新的沟通媒介，比如说社群、营造的粉丝、个人平台和消费者有更多的沟通和互动，要让他们多了解我们的产品，多了解我们的公司，这样创造建立口碑。要做市场营销，要留住，而且口口相传扩大出去，这样才能持续地得到关注，把我们的品牌和产品推动出去。

4. 新技术的应用

我们要关注一些新技术的应用，刚才讲的各个环节当中都会有库存，但这些问题一直都存在，从有商业的时代就存在。所谓零售升级本质上都是用一定的技术，把过去不能解决的问题，用更多的手段去帮你解决了。新零售情况下，我们第一要重新构建人货场的关系，要用技术的手段去做构建，全链路重新用技术的手段打通。要强化连接和协同，在过去每一个环节都做得很好。

另外还要有新的机制方式，传统的工作流程很难去激发年轻团队的激情。现在如果用职业经理人的方式，很难适应这个时代，要让更新的方法，让每一个团队都视自己为创业的老板，这样才能为公司去提升价值。从我们的体验来说，我们会从这个方向去做一些创新和尝试。

二、以终为始，打破重建

我们讲商品精准运营的问题。过去可能是渠道为王，不管三线、四线、五线能把店开了就能把产品卖出去，我们把店铺从两千三千扩张到一万，但是现在由于有了电商的冲击，购买不再是主要的渠道问题。更多地是怎么样用精准的商品运营，把商品运营的效率能够做到提升。刚才我们讲到新零售情况下，做好的产品要做人货场。一个传统的客户进店，浏览你的产品，这个时候我们要做到场景体验，这个是重新发力的地方。从进到传统的店，到这个店里面要有一个有温度的互动交流。

1. 提高和重塑场

什么样的方式能够增加他挑选、搭配的频次和频率，有更多机会把产品推销出去：比价，现在很多客户进店拍张照片马上上网去比价，你怎么做互动，怎么样促进他购买下单，把他引用到会员机制，源源不断地跟他互动，让他把这个温度传承和继续下去做成体验。最后会有社群的分享，人是有归属感的，在运动团队当中他时时刻刻保持一种温度和激情，会促成他的第二次再进店。我们把线上的客户重新带回到线下，重新给予他体验，这是我们一直在做的事情。因为线上的购买关注的是冷冰冰的比较，坐在那里几乎是没有成本的，在那里有海量的选择、海量的比价，在那种场景下你的客户比的是性价比，是价格。

我们也发现一个问题，"90后"和"00后"喜欢社交，其实他愿意回到店里，回到大的购物中心去买，但关键你提供给他的是什么样的场景，你能不能了解他真的要什么和喜欢什么。我们传统的一两个人讲一些陈列的店铺，你还能吸引新的消费者吗？这显然是我们面临的新的问题，我们要做的是什么？培训我们的店长，在新的时代怎么和客户添加微信，做一些活动。推介商品、推介活动、推介券之外，还有自己的微群。

甚至鼓励店长在客户加入以后，可以建立自己的微信圈。让店长能够发挥更主动的作用，成为这个群的领袖，时时刻刻保持互动。我们店越开越大，更多地是跟客户交流，怎么提升运动场景，什么样的穿搭更潮流，我们有各种各样的互动需要跟客户一起来做，这样提升客户进到店里的感受。谁说李宁只能卖运动鞋，我为什么不能卖运动饮料，为什么不可以卖着运动饮料来跟客户交流什么样的篮球打起来是最好的。我们把消费、购物变成一种生活。

2. 创新商品供应模式

我们的店变得越来越好，产品越来越有体验感，但商品共赢是如何解决的？在体育行业，商业模式也是类似的，大家都是在批发情况下去做生意。但是这种批量采购、批量生产，环节非常长。像体育行业，我们有模具、新材料的问题，在我们这个行业里面一个新产品一盘货的规划会用 18 个月时间，从研发到销售出去有非常长的流程，从规划、设计、研发、生产、销售整个一个链路，在过去 20 年中我们经理人致力于把每一个环节做得更精致，人员招聘、人员职能做得非常深，但是单个做完之后发现产生了技术官僚。每一个人都说不行，你让我做的事情违反了我的工作职责、我的工作流程。我的工作要交给你，中间有多少环节等。

在新的生意模式中，首先要打破这种技术壁垒和技术官僚，把每一个人的岗位抽出来，要重建。真正拿出来告诉一个岗位，你的目的是什么。每一个人都要以终为始，你这个货品能不能卖出去，对整个链条的要求很高。我们老板在回到企业的时候，他重新打碎了这个团队，取消了中间很多环节、很多部门。最终告诉我，我要回到创业团队，我当时创立这家公司的时候，每个人都知道自己干什么，但目标只有一个。我的品牌做起来，商品卖出去，一切都是为了客户。但是在 20 多年的经营过程中，很多人忘记了这个初始，变成为我这个团队、为我这个岗位去工作，这是错的，打破掉，重新开始。

我们把所有的产品做了分类，按照市场流量的大小，按照产品生命周期、产品技术研发的周期和技术加工的难度都做了分类。哪一部分的产品需要用推的方式，哪些需要用拉的方式，要把自己的货拉出来真正去做分析。一个鞋子的销售季一般 3~6 个月就过去了，但是一个模具或者一个生产，做得高端篮球鞋，周期真的是要一到两个月。做得很粗糙就失去了精致感和品质感。靠的是区域性试销、把握和形象政策，不断地在基础上去做创新，延续品类的生命周期，而不是单品的生命周期。这是技术活，要跟团队做沟通，每一个产品做不同的打法。

我们的供应链在做调整，做供应链变革当中，如何把供应链打通，怎么创造从门店到终端的东西，我们可能做了大量的东西，从产品端到消费者端有很多环节，原来是批发者，但现在要越过所有的中间层，去真正了解消费者到底是什么样的。现在在京东、阿里、腾讯有无数的大数据公司去帮助我们了解消费者是什么样。对他们有一个画像，有一个标签，消费者的特点能不能转化为你公司的产品，商品购买的特征要从几百上千个描述当中抓出来，把对你的商品有指引的标签抓出来。

3. 精准快速商品运营

第二部分是门店，要从过去全盘一盘货的方式，变成由你的门店去参与。我们讲到所有的社群、消费者互动由门店发起，一定不能忽略门店的作用，要把大店的店长、有经验的店员，变成商品规划的核心人物，由他发起。我们如何从门店到总部建立好滚动补货、订货，怎么做商品的分类，这些都要建立起来。从门店到区域之间如何做到货品的有效性，通过自动的调补把过去沉积或者分散在各个节点的货物调动起来。

越了解门店就会发现，门店到区域之间里面并不完全是有效的，把前面越做越清晰的时候，中间开始跟供应环节产生连接。这个时候通过产品设计到门店之间要有更好的上市规划，不再是一盘货的规划，有可能是事件性的规划、单品的规划。在 2018 年我们做的最多的是产品源源不断地给上，这个货到这个店，那个货到那个店，时时刻刻有想法和创意给到你的店，把总部的创意真正到达门店去。

产品是有分类的，仍然有大量基础做生意的货品，是需要做批量的集中生产采购的，要强化你的销售预测能力。要把前端所掌握的所有能力强化到销售预测当中，给予后端生产制造，怎么样去扩充产能、找材料，怎么样去缩减，把环节建立起来。从材料到消费者的过程中，订单如何开，如何流动，一系列基础建立起来。

我们可能会有 18 个月的产品开发，如何把它缩短。以前的产品策划和规划更多地来源于品牌调性，现在我品牌卖什么，要做什么货，更多地来自消费者，消费者的分群、大数据来自门店店长社群，各种微信群告诉你人们喜欢什么东西。来源于各个大区，区域告诉你他的特点，产品的风格，我们在卖什么。你的竞品、你的对手也会告诉你，因为你总有打偏的时候，看你竞争对手什么时候做对了，网络的信息、市场、平台、各种机构的，会有各种各样的输入。同时产品的设计，你的生产供应商，包含你的材料供应商，他们都源源不断地告诉你什么东西好或者坏，有没有把这些整合起来，变成快速开发计划，把一部分商品能够变成一个月或者 15 天上市。

4. 场景模拟，优化流程

我们以终为始，重新把每一个业务的场景模拟出来，建立出来，来优化业务流程，把那么多环节的流程砍掉，变成最精辟的流程。强化数据分析系统，建立商业模型和连接，把决策变成数据决策。我们老大最怕的事情就是每天一堆文件抱到这来。"让我决策，我是神吗"？只要是汇报一定是有倾向性的，他在里面花了更多的时间，精心的能够自圆其说给到你的方案，他懂得你的一切想法，你会需要三个答案、三个方法，从中选择最优的，但是给你的东西都是做好的一盘菜，是有诱导性的，你做的决策真的能比他对吗？把这个变成数据驱动更理性的方式，把你自己的精力解放出来，你不是最终决策者，可能是一个方向的制定者和引导者。在过程当中供应链要改造，供应商能力要提升，物流体系、IT 系统要重建。

三、新零售时代的物流

刚才讲了很多前端的事情，回归到主流话题上，物流怎么做事的？在新的时代我们要做好一个物流总监，不要关注自己眼前的一亩三分地，一定要知道外面发生了什么，零售在发生什么，老板在关心什么。只有掌握这些才返回来给你的物流团队指引：物流最该关注提升或者具备的能力有哪些。我可能会花一半的时间研究零售，门店要什么、店长要什么，货品怎么样和供应链链接，要把这些明了于心才能告诉物流团队我们要往哪个地方去走。

物流人关注哪些事情？永远关注的是效率和服务水平。这两个方面缺一不可，传统的物流企业关注我的成本如何，时效怎么样，要综合看这件事情。物流效率里面有物流成本也有投资的效率、货品的效率、运作的效率，可能是以前讲的比较少的。如何让商品快速到店，快速周转，减少中间环节，这个是物流企业需要做的。

做到现在，我们所有物流企业，收一件货、发一件货可能成本差不多，已经高度透明化了。运输一个货品，从一个点到任何一个点已经社会化、透明化了。但是你的物流消费体验在哪？可能一个货发到门店退回来，或者再有一次调拨，要折腾几次才把货卖出去，有没有本事把动的频率降下来。我们三年时间一直在减仓，仓库数量一直在减少，这是为什么？就是跟商品团队、跟销售精英达成共识，加速了商品的流转。当商品快速地流动时，仓只是一个货品流动的地点，你的货在商店或者在准备的生产过程中。目前我们的库存是一直在下降的。

有人觉得前置仓还是销地仓好？现在你的供应链决策向前转移了，更多地是指导从需求产生到生产，生产出来以后，一次一条线，把这个货寄到消费者手里，要么寄到离消费者最近的门店去。有没有前置仓要根据产品，是数量小的、单件体积比较小的产品，还是体积比较大，门店在哪里，门店大小如何，能不能放得下铺货的巨大数量，要综合考量物流成本、补货的频率，门店的水平。所有这一切有没有前置仓本身不重要，货品管控的能力和水准才重要，要跟着这个走。

如果能力就在这，设置一个前置仓，跟你门店能保持天天的互动水平，但要解决一个货品的问题，一旦有前置仓，存货一定是分散掉了的，有没有总部团队把各个前置仓的货品调动起来，有效地运转起来，有了这个能力不一定是问题，反而能够带来更好的服务水准。也会有公司采用这个方式，由工厂或总仓一下铺到店，中间的方式和这个方式各有春秋。可能我有一个计划，时效性没那么强，可以用这种方法来做。补货可以把补货的效率提升，两种打法，要根据季节、商品、门店的能力来回变。

在变动的时代你的仓不一定是传统意义上多大的仓，多么自动化的仓，或者多大的仓，有可能就是一个临时性的仓，以后仓就是一个存货的，一个仓可能要花很多钱去投资设备。O2O更简单，不管在哪里，只要指令来了这个货在哪，就发给离客户最近的那个店。

对公司来讲，每天都在研究，每个区域设一个仓还是两个仓，运输和人员成本如何？甲方企业越来越多在做规划，不停地测算，找各种各样的模型。当我抛出一个设想的时候，我们可能已经做好了，有个最大的优化，我的合作伙伴要求你做什么，怎么跟我配合，用什么样的方式弄出去。多式联运也是一个很大的特点，网仓已经布置好了，有的地方铁运，成本低不受气候影响。各种各样的运输方式我们是综合使用的。

以前是用外包的方式，你给我按这个时间，从这个仓库送到任何一个地点的店就行了。因为这个是竞价得来的，有的物流企业是骗的，为了得到这张定单他必须要做到，但真的能做到吗？举个例子，顺丰是我们所有企业当中时效性、准时性最好的，我们跟他们做了大量的合作。

（资料来源：物流指闻 wuliuzhiwen）

💡 **思考**

阅读上述材料，对李宁公司的核心竞争力进行分析。

第7章 运输与配送成本管理

 **教学目标**

知识目标：

1. 了解云物流模式下的运输与配送相关理论；
2. 掌握影响运输成本的因素；
3. 掌握物流配送成本核算和运输成本核算方法。

能力目标：

能通过切合实际的运输与配送成本控制方法，帮助企业寻找存在问题的解决途径。

素质目标：

培育和践行社会主义核心价值观；培育爱国主义情怀，树立大局意识；遵守交规，树立安全意识；具备创新和财商思维，能进行运输运营管理和成本优化分析。成本节约、"双碳"意识。

先导案例

二十大报告中强调，坚持加快建设网络强国，数字中国。深入推动数字经济和物流运输的高效融合，同时为信息技术和信息产业做了清晰明确的发展规划和战略目标。为更好地实现物流数字化发展，大力鼓励物流科技工作者，向行业顶端看齐。

——摘自党的二十大报告

国家邮政局发布《快递进村三年行动方案》
到 2022 年年底符合条件的建制村基本实现"村村通快递"

2020 年 4 月 9 日，为进一步推进"快递进村"工程，国家邮政局印发了《快递进村三年行动方案（2020—2022 年）》（以下简称《行动方案》）。当日，国家邮政局对《行动方案》进行发布解读。

《行动方案》明确，到2022年年底，我国农村快递服务深度显著增强，县、乡、村快递物流体系逐步建立，城乡之间流通渠道基本畅通，农村综合物流服务供给力度明显加大，快递服务"三农"成果更加丰硕，符合条件的建制村基本实现"村村通快递"。

"快递进村"是指快递服务通达建制村，既包括快递企业直接设立站点的模式，也包括与其他商业组织合作提供快递服务等多种模式。国家邮政局方面表示，"快递进村"是畅通城乡经济循环、服务乡村振兴战略的重大工程，是邮政快递业未来三年的工作重点，是实现快递业高质量发展的必由之路。

"快递进村"的关键前提是快递下乡。国家邮政局于2014年启动了"快递下乡"工程。六年来，我国快递服务网络不断健全，快递服务深入农民生活，呈现出准公共服务的属性。据统计，目前，全国几乎所有的县级以上城市都有快递网点，全国96.6%的乡镇已经建有快递网点，有26个省(区、市)实现了乡镇快递网点全覆盖。

💡 思考

分析《行动方案》对乡村振兴战略的意义。

成本是物流模式革新的永恒主题。数字物流作为行业的新概念，是顺应互联网时代发展的产物，近几年来为行业注入了新动力，信息传递高效快捷，摆脱了线上线下信息无法共享的制约，通过5G网络、大数据云计算、人工智能、区块链等先进技术，实现运输科技化、管理链条化的运输模式，不断深度挖掘行业潜能，释放行业活力。随着云计算、大数据等新兴技术的普及应用，低成本、高效率的物流模式才成为可能——这就是云物流模式。

简单而言，云物流就是基于云计算应用模式的物流平台服务。在云物流平台上，不仅有物流企业，更包括代理服务商、设备制造商、管理机构、行业媒体、法律机构等成员。根据合作协议规定，云物流平台实际上成为一个"云端"的资源池，每位成员都可以按需在"云端"展示并获取资源，从而在信息的高速流通中，降低物流成本、提高物流效率。

7.1　云物流模式下的运输与配送

云物流服务模式是现代社会需求下产生的一种物流服务模式，它的出现满足了客户对专业化、个性化、定制化等的物流服务需求。在物联网和云计算等信息技术的支撑下，云物流服务模式将物流参与者的资源进行整合，通过构建智慧物流云平台来管理物流需求和物流服务资源，根据物流需求制定个性化、定制化的物流方案，实现物流服务与物流需求的智能匹配，以满足客户的需求(图7-1)。云物流服务模式的出现是为了减少物流资源和需求的浪费，通过构建云物流服务平台，能够为客户提供高效率、低成本、个性化的物流解决方案，从而能够有效地提高物流服务资源的利用率。

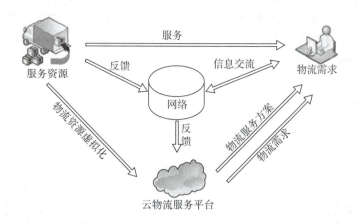

图 7-1　云物流概念模型

7.1.1　云物流模式相关理论

云物流中的参与者主要包括：物流服务商、云物流服务平台运营方和客户(物流服务的需求者)。物流服务承运商根据实际情况，将自身的物流资源进行虚拟化，以服务的形式在物流云平台上进行展示。注册后的客户能够登录云物流服务平台，根据需求情况，提出自己的物流需求。云物流服务平台根据服务请求迅速匹配满足条件的物流服务商，并结合客户的实际需求及条件，计算出最优的物流解决方案，将其提供给客户。客户和承运商能够通过云物流服务平台进行交互，并不断将信息及时反馈。

1. 物流服务资源

物流服务是指从客户手中接到订单开始，到将指定商品交给客户的过程中的所有服务。在云物流概念中，物流服务资源不仅包括常见的运输资源、人力资源等，还包括了整个物流服务过程中从订单接收到售后服务等的所有产生的人力、信息、物质等的集合。

2. 物流云

物流云是云物流服务体系中的核心，它由物流服务承运商的物流资源虚拟化后的云物流服务聚集而成，是动态的云物流服务资源池。物流服务承运商根据情况在云物流平台提供服务，或者修改撤销服务。物流云主要分为私有云和公有云。私有云主要面向企业内部，目的是加强企业内信息资源的共享，从而降低成本。公有云的面向对象是全社会的企业及个人，它能够促进行业物流资源信息的共享，从而加快物流行业的发展。

7.1.2　云物流服务模式和传统物流模式的不同

1. 自营物流模式

自营物流模式是指企业根据自身需求，成立属于自己的物流公司，并且该物流公司主要服务于企业自身。自营物流模式的特点是整个物流过程由企业自己负责管理，对物流过程中的所有环节清晰、明了，并且能够根据自身企业的需求进行物流服务，物流效率相对较高，时效性较强，能取得比较好的满意度。此外，由于自营物流是由企业自身掌控的，能够有效降低物流过程中存在的风险，提升交易的安全性。然而自营物流模式的成本较高，需要额外投入资金建立物流部门，会增加企业的资金压力，不能够增强企业抵抗外部市场风险的能力，同时自营物流模式的成本相对较高，由于自身规模的限制，物流专业化水平和物流服务水平可能较低，并且由于物流部门属于企业自身，无法评估物流所带来的收益。

2. 第三方物流模式

第三方物流模式是指企业自身专注于自己的核心业务，根据自身物流需求，跟第三方物流供应商签署物流合同，在一定期限内由第三方物流供应商负责该企业的物流服务，双方保持密切的信息交流，从而实现对物流过程的管理与掌控。第三方物流模式能够使得企业不再关注于物流活动，而是将自身的注意力转移到自身的核心业务模块，能够增强企业的核心竞争力和提升自身的经营效率。同时，企业由专门的第三方物流供应商来负责，能够很好地利用专业的物流技术与设备。此外，该模式能够降低企业在物流方面的资金投入，增加企业在外部市场的抵抗能力，减少企业的资金压力。然而，第三方物流模式的缺点也很明显，由于双方属于合同制合作关系，企业无法对第三方物流的服务水平等进行实质性的控制，当其出现问题时，会对企业造成较大的影响，并且由于缺乏控制，可能会导致产生泄密风险等情况的发生，而且企业和第三方物流在追求自身利益最大化过程中，可能会产生冲突与矛盾。

3. 共同配送模式

共同配送模式能够使物流供应商的物流资源得到有效利用，扩大其物流规模，降低物流成本，从而实现社会物流资源的共享。然而共同配送模式涉及的方面较多，不同货主的产品及物流服务需求差异较大，难以做到统一协调，而且该模式下企业机密泄露的风险较高。

4. 云物流服务模式

相比较于其他的传统物流模式，云物流模式的服务范围较广，通过构建云物流服务平台，面向整个社会需求，整合物流生态圈的社会资源，并将其进行虚拟化成物流云，在云物流服务平台下进行统一协调管理，根据用户的物流需求有针对性地提出专业化、定制化的物流解决方案。云物流模式相对其他模式，减少了中间环节的发生，简化了物流过程，实现了物流供应商和物流需求者的直接对接，从而降低了物流成本，提高了物流效率。基于云物流服务平台，用户能够实现与物流供应商的实时信息沟通，增强了对物流过程的掌控能力。同时通过云物流服务平台能够对物流过程进行实时监控以及数据分析，实现对用户的信息透明，保证物流服务的质量，避免泄露风险，增强用户的体验度与参与度。

7.1.3 云物流服务模式下的运输与配送

云物流服务平台不仅拥有商务功能，还具有订单选择、分析、处理等功能，并且不仅是客户或门店在云物流服务平台上进行注册，同时还有承运商等物流服务者在云物流服务平台上进行注册。在云物流服务平台中通过接收客户订单、对订单进行聚类、然后对平台上注册车辆进行任务分配和路径规划。在云物流服务平台下，客户作为物流服务的需求者，在云物流服务平台上进行注册登录，然后根据自身的实际情况，寻找能够满足自身需求的物流服务。承运商作为物流服务及资源的提供者，也需要在云物流服务平台上进行注册，并将自己的物流资源发布在云物流服务平台上，方便云物流服务平台进行统一调度与分配。车辆配送路线的合理直接关系着整体的配送成本与服务质量。在现代城市物流体系中，往往不仅只有一个配送中心，因此有必要对于多配送中心下的车辆配送优化问题进行深入研究。根据客户需求及约束条件等限制，对云物流服务模式下的车辆配送优化问题进行提炼，对带时间窗约束的多中心单车型配送优化问题和带时间窗约束的考虑取货需求的多中心多车型配送优化问题进行研究：

1. 云物流服务模式下带时间窗的多中心单车型配送优化问题

云物流服务模式下考虑时间窗的多中心单车型配送优化问题是指客户门店在云物流服务平台注册后，根据自身情况，将配送订单需求及对应的要求提交至云物流服务平台。云物流服务平台在制定车辆配送方案时，由于客户门店对时间有所限制，故需要考虑车辆到达客户门店的时间是否满足客户的期望。并且根据客户对车辆抵达门店的时间约束严格程度，可以将其分为硬时间窗约束问题和软时间窗约束问题。如果多配送中心的车型相同，存在配送车辆在完成配送服务后，可以根据情况返回其他配送中心，等待云物流服务平台的统一调度的情况。因此，考虑时间窗的多中心单车型配送优化问题很有研究价值。

2. 云物流服务模式下考虑取货需求的运输、配送优化问题

云物流服务模式下带时间窗约束的考虑取货需求的多中心多车型配送优化问题是指客户门店在云物流服务平台注册后，根据自身情况，将送货订单需求、取货订单需求及对应的要求提交至云物流服务平台，最后由云物流服务平台来进行统一调配。因为客户门店不仅有送货需求，还有可能根据实际订单情况需要，将门店的临期货物或者周转箱运送回配送中心，避免货物在门店的堆积从而影响正常运转。在本文中，将门店的临期货物或者周转箱运送回配送中心的过程，称为取货过程，其需求称为取货需求。如果将配货和取货两个阶段分开进行处理，不仅会增加车辆的重复利用，浪费车辆资源，增加物流配送成本；而且还会增加门店的服务时间，从而影响客户满意度。并且由于是多配送中心，有可能存在配送中心有多个不同车型的情况，故不考虑返回不同中心的情况。因此，有必要对云物流服务模式下带时间窗的考虑取货需求的多配送中心多车型配送优化问题进行研究。

讨论

"云物流"能否降低物流成本？

7.2　运输成本核算

运输是物流系统中的核心功能。运输成本的控制目的是使总运输成本最低，但又不影响运输的可靠性、安全性和快捷性要求。运输成本的组成内容主要包括人工费、燃油费、运输杂费、运输保险费以及外包运输费等。据日本有关部门的统计，企业为进行运输活动而支付的费用占物流成本总额的53%以上。

7.2.1　影响运输成本的因素

影响运输成本的因素很多，主要有商品运输距离、装载量、运输工具、运输环节和运输时效要求等。因此，运输成本控制要根据不同的情况采取不同的措施。

（一）运输距离

运输距离是影响运输成本的主要因素，因为它直接对劳动力、燃料和维修保养等费用发生作用。人们经常用每千米多少钱来衡量商品的运输成本，这说明在很多情况下，运输成本是与运输距离成正比例增长的，是一项变动成本。但是，人们仍然可以通过合理选择运输工具、优化运输环节与运输线路、合理装载等措施来降低运输成本。

（二）装载量

装载量对运输成本的影响，是因为运输活动中存在着规模经济效应，即每单位重量的运输成本随着载货量的增加而减少。这种规模效应的产生主要是因为每千米运输成本、提起和交付活动的固定费用，以及相关行政管理费用是相对固定的，因而随着载货量的增加会被分摊。对于小批量的载货应整合成更大的载货量，以期获得规模效应。当然，这种关系要受到运输工具（如卡车）最大尺寸的限制。

（三）运输工具

在多种运输工具并存的情况下，要注意选择合适的运输工具与运输线路。合理使用运力，要根据不同货物的特点，分别利用铁路、公路或水路运输，选择最佳的运输路线。能走水运的尽量不走铁路，应该用火车运输的不要用汽车。运输工具的选择对运输成本的影响很大，当然还要考虑货物形态、时效要求等具体情况。

（四）运输环节

围绕着运输业务活动，还要进行装卸、搬运、储存、包装等工作，多一道环节，就要花费很多劳动，发生许多成本。因此，在商品运输管理中，对有条件直运的尽可能组织直达、直拨运输，使商品不进入中转仓库，越过一切不必要的环节，由产地直接运输到销售地或用户，尽可能减少二次运输。

（五）运输时效要求

对于物流或运输业务来说，为了更好地满足顾客服务，及时满足顾客的需求，时效是一个决定性的因素，运输不及时容易失去销售机会，造成商品脱销或积压。尤其在市场变化很大的情况下，时效问题就更加突出。时效要求越高，运输的频次要求可能就越多，总的运输成本就可能增加。

 练一练

（单选题）（　　　）是影响运输成本的主要因素。

A. 运输工具　　　　B. 装载量　　　　C. 运输距离　　　　D. 运输环节

7.2.2　运输环节与运输网络的优化

1. 尽可能减少运输环节

每经过一道运输都会相应地发生装卸、搬运等工作，多一道环节，就会增加不少成本。因此，在组织运输时，应尽可能采用直运，减少中间环节，降低二次运输。同时，更要消除相向运输、迂回运输等不合理现象，以便减少运输里程，节约大量的运输开支。

实际上，运输环节的多少往往取决于企业仓储网点的设置。有的企业采用直运形式；

而对于全国或者全球性销售网络而言，如果终端销售网点很多，很多企业都采用干线运输—区域分拨—分拨运输—配送中心—配送—客户的运输组织模式。目前对于一些行业的制造企业，如日化业、医药业、电子业等，其产品产量大，品种比较固定，包装比较规范，这些企业的产品销售物流是很重要的，物流的合理组织将会给企业节约大量的成本。目前，许多制造企业对原有的仓储场地进行改造之后，建设了大型的多功能物流中心，通过物流中心的组织，对原有的销售渠道和销售网络进行重新整合，实现了销售物流的合理化。

制造企业的传统分销渠道一般都是长而复杂的。一般来说，产品只有经过一级批发商和二级批发商才到零售商手中。在这种情况下，制造商有时很难确切地掌握其产品处于分销过程中的数量，因为批发商在经销产品时彼此是独立的，所以又长又复杂的分销渠道实际上阻碍了制造商对产品最终销售情况的有效跟踪。这种信息上的滞后性又反过来使制造商不能及时根据消费者喜好的变化调整生产，这样，制造商就会面临产品生产过剩的风险。所以，对于制造商来说，为了获得分销过程中的即时信息，尽可能缩短分销渠道是非常重要的。通过建立大型物流中心，可以把原来的复杂分销渠道简化，一方面可以及时有效地跟踪产品销售信息；另一方面，也促进了销售物流的更加合理化。

例如，日本的花王公司是一家生产香皂、洗发水、卫生用品等日用必需品的制造商，被认为是物流系统最优秀的制造企业之一。花王按照"次日交货"的策略向批发商和零售商供应产品。假如一个零售商订购不到一箱的产品，无论它在日本的哪个地方，花王都会在第二天将货送到。花王建立了几个大型物流中心，取代以前那些小而分散的配送中心，以保证优良的服务水平。由于供应范围广，物流中心的规模必然很大，只有实现自动化作业才能提高效率，作业人员也尽量缩减到最少。由于代表当今先进水平的信息系统运用于供应作业中，从零售终端过来的订单可立即传输给物流中心。关于订购的所有产品的信息都能直接转给工厂，生产计划做到了合理化。花王通过设立销售代理公司来代替批发商，使分销渠道合理化。以前，一个传统批发商经销的产品不止花王一家，而销售代理公司专门经销花王的产品。花王原先在每个商业批发中心都单独设立这样的销售代理，但以后逐渐被调整为一个综合销售体系。现在，日本有 20 个花王的销售代理，零售商购买的花王产品的 70%出自那里。花王通过信息系统与销售代理联网，及时了解当前的销售状况，这种实时信息使生产变得富有效率。

2. 运输网络与运输线路的优化

不合理的运输如重复运输、迂回运输的存在，将造成运力的浪费与运输成本的增加，而优化运输网络与运输线路将可以减少不合理的运输。

（1）不合理运输的种类。

常见的不合理运输包括对流运输、迂回运输、重复运输和无效运输等。

对流运输是指将 A 地的货物运到 B 地，同时又存在 B 地同种货物被运送到 A 地的现象。对流运输是不合理运输中最突出、最普遍的一种。

迂回运输是指因运输线路选择不当而造成的比最优路线多走路程的运输活动，当然也可能是由于道路施工、事故等原因造成的被迫绕道的情况，这种情况下应尽快恢复正常。

重复运输是指把可以直线运输的货物经过不必要的中转，增加了货物损耗和出入库的手续，造成物流时间加长、运费增加。

无效运输即不必要的运输，由于货物本身的品质，浪费了大量的运输能力。无效运输可以通过先行的流通加工得到解决。

（2）优化运输网络与运输路线的方法。

在物流过程中，运输组织问题是很重要的。例如，某产品某几个企业生产，又需供应某几个客户，怎样才能使企业生产的产品运到客户所在地时达到总运费最小的目标？在企业到消费地的单位运费和运输距离，以及各企业的生产能力和消费量都已确定的情况下，可用线性规划技术来解决运输的组织问题；如果企业的生产量发生变化，生产费用函数是非线性的，就应使用非线性规划来解决。属于线性规划类型的运输问题，常用的方法有单纯形法和表上作业法。

①单纯形法。

在运价已知、路程已知的条件下，对 m 个商品供应地和 n 个商品需求地的商品运输建立数学模型，并利用单纯形法求解，以使满足条件的总运费最小。模型建立中可以包括供需平衡模型和供需不平衡模型两种。

②表上作业法。

表上作业法是已知各地单位运价和各产销地供需量，在表上求解使总运费最低的调运方案。初始调运方案可以根据最小费用（运价）法编制，然后进行判优、调整，直到找到总运费最低的方案。

7.3 运输成本管理

7.3.1 运输方式和运输工具的选择

1. 主要的运输方式及其特点

主要的运输方式包括公路运输、铁路运输、水运运输和航空运输，每种运输方式的特点与适用情况各不相同。

（1）公路运输主要承担近距离、小批量的短途运输。公路运输的主要优点是灵活性强，可以实现"门到门"的运输，而无须转运或反复装卸搬运。公路运输的经济半径一般在200千米以内。

（2）铁路运输主要承担长距离、大数量的货运，是在干线运输中起主力作用的运输形式。铁路运输的优点是速度快，运输不大受自然条件限制，载运量大，运输成本较低。其主要缺点是灵活性差，只能在固定线路上实现运输，需要以其他运输手段配合和衔接。铁路运输的经济里程一般在200千米以上。

（3）水运运输主要承担大批量、长距离的运输。水运的主要优点是成本低，能进行低成本、大批量、远距离的运输。水运的缺点是运输速度慢，受港口、水位、季节、气候影响较大。

（4）航空运输的单位成本很高，因此，主要适合运载的货物有两类：一类是价值高、运费承担能力很强的货物，如高档贵重产品等；另一类是紧急需要的物品。空运的主要优点是速度快，不受地形的限制。空运往往可以完成火车、汽车很难完成的运输任务。

思考

请同学们通过以下四个维度比较各种运输方式的物流成本
- 速度
- 运量
- 运价
- 运输持续性

2. 运输方式选择的基本原则与影响因素

（1）运输方式选择的基本原则。

对于不同货物的形状、价格、运输批量、交货日期、到达地点等货物特点，都有与之相对应的适当运输工具。运输工具的经济性与迅速性、安全性、便利性之间存在着相互制约的关系。因此，在目前多种运输工具并存的情况下，在控制运输成本时，必须注意根据不同货物的特点及对物流时效的要求，对运输工具所具有的特征进行综合评估，以便作出合理选择运输工具的策略。一般来说，空运比较贵，公路运输次之，铁路运输便宜，水运最廉。因此，在保证物流时效、不使商品损失的情况下，应尽可能选择廉价运输工具。

（2）运输方式选择的影响因素。

运输方式的选择不仅要考虑到运输成本的因素，还要涉及客户服务要求、货物种类以及与库存成本之间的关系等问题。

目前，我国各种运输方式的技术速度分别为：铁路 200～400 千米/小时，海运 10～25 海里/小时，河运 8～20 千米/小时，公路 80～120 千米/小时，航空 900～1 000 千米/小时。从经济性的角度看，一般认为，距离在 300 千米以内主要选择公路运输，300～500 千米主要选择铁路运输，500 千米以上则尽可能选择水路运输。

3. 开展多式联运

多式联运是一种高效的运输组织方式，它集中了各种运输方式的特点，扬长避短，融会一体，组成连贯运输，达到简化货运环节、加速货运周转、减少货损货差、降低运输成本、实现合理运输的目的。与单一运输方式相比，多式联运具有非常大的优越性。

在多式联运方式下，不论全程运输距离多远，不论需要使用多少种不同运输工具，也不论中途需要经过多少次装卸转换，一切运输事宜统一由多式联运经营人统一负责办理。对货主来说，只办理一次托运，签订一个合同，支付一笔全程单一运费，取得一份联运单据，就履行全部责任，这样可以节约大量的手续费用和中转费用。

多式联运是直达、连贯的运输，各个运输环节配合密切，衔接紧凑，中转迅速而及时，中途停留时间短。此外，多式联运往往以集装箱为主体，货物封闭在集装箱内，虽经长途运输，但不需拆箱和搬动，这样既减少了货损货差，还可以防止污染和被盗，能够较好地保证货物安全、迅速、准确、及时地运到目的地。

7.3.2　运输成本控制

1. 通过合理装载，降低运输成本

在单位运输费用一定时，通过改善装载方式，提高装载水平，充分利用运输车辆的容

积和额定载重量，可以使单位运输成本降低，最终减少总运输成本。合理的装载方式包括以下几种。

（1）拼装整车运输。整车运输和零担运输运价相差较大，进行拼装整车运输可以减少部分运输费用。拼装整车运输的做法有：零担货物拼整车直达运输；零担货物拼接力直达运输；整车分卸；整装零担。

（2）轻重配载。将重量大、体积小的货物与重量小、体积大的货物组装，可充分利用运输工具的装载空间和载重定额，提高运输工具的使用效率。

（3）解体运输。对体积大、笨重、不易装卸、易损坏的货物，可拆卸装车，分别包装。这样既缩小占据的空间，又易于装箱和搬运，可以提高运输效率。例如，自行车之类的商品以零件的形式进行运输，到了消费地再进行组装和销售。再比如说，品牌台式电脑的销售物流，也可以采用解体运输方式。

（4）多样堆码。根据运输工具的货位情况、所载货物的特点，采取不同的堆码方式，如多层装载等，以便提高运输工具的装载量。

（5）利用组合运输，减少空载。运输中经常存在回程空载现象，这样，运输同一批货物到同一地点，就多花了几倍的费用。在运输工具回程前，通过各种方式安排好回程的货物，尽可能利用回程车辆进行运输，可以减少运输成本。

例如，日本花王公司通过商品组合运输系统解决了货车返程途中的空载问题。开始时，花王公司主要与其原材料供应商进行组合运输，即花王公司将商品从工厂或总公司运抵销售公司后，与当地供应商联系，将生产所需的原材料装车运回工厂。后来，商品运输组合的对象范围逐渐扩大，其他企业都可以利用花王公司的车辆运载货物。例如，静冈花王每天早上8点钟卸完货物后，就装载清水公司的机电产品零部件，并运送到清水公司位于东京的客户批发店。现在，参与花王组合运输的企业达到100多家，花王工厂与销售公司之间将近80%的货物都进行了组合运输。

2. 运用现代运输技术降低运输成本

各种新技术在物流实践中得到推广使用，也可以使运输成本得到降低。

（1）托盘化运输。全程以托盘作为单元货载进行运输，可以缩短运输中转时间、加快中转速度，同时可以提高实际操作的可靠性和机械化程度。

（2）集装箱化运输。集装箱作为现代运输的重要载体，既是一种包装容器，又是一种有效的运输工具。通过集装箱运输可以提高装载效率、减轻劳动强度，起到强化外包装的作用，节约大量商品包装费用和检验费用，并防止发生货损货差。

（3）特殊运输工具和运输技术。新运输技术和运输工具的运用，解决了原先运输的许多难题。例如，专用散装罐车使粉状、液态状运输损耗大、安全性差的问题得到解决；集装箱高速直达车船加快了运输速度。

例如，日本花王公司为了实现工厂仓库和销售公司仓库自动机械化的连接，开发出了特殊车辆。这种特殊车辆是能装载14.5吨货物的重型货车，该货车能装载20个Ⅱ型平托盘，并用轻型铝在货车货台上配置了起重装置。后来，花王公司又开发了能装载19吨货物、装载4个平托盘的新型货车、特殊架装车和集装箱运输车。特殊运输工具的开发对花王公司运输系统的成功运作起到了重要作用。

7.3.3 运输组织模式

1. 运输组织模式选择的基本原则

企业可以选择自营运输，也可以选择外包运输业务。而对于不同的产品，由于客户需求特点的不同，以及货物价值量大小的不同，在仓储和运输模式的选择上也会有很大的不同。

2. 合理的运输组织模式

（1）分区产销平衡合理运输。

分区产销平衡合理运输，就是在组织物流活动中，对某种货物，使其一定的生产区固定于一定的消费区。根据产销情况和交通条件，在产销平衡的基础上，按近产近销的原则，使货物走最少的里程，组织货物运输。这种形式的适用范围，主要针对品种单一、规格简单、生产集中、消费分散或生产分散、消费集中、调运量大的货物，如煤炭、木材、水泥、粮食、建材等。实行这一办法，对于加强产、供、运、销的计划性，消除过远、迂回和对流等不合理运输，充分利用地方资源，促进生产合理布局，降低物流费用，节约国家运输能力，都有十分重要的意义。

实行分区产销平衡运输，首先，要摸清货物产销情况、供应区域和运输路线的运输方式，作为制定合理调运方案的依据。其次，划定货物调运区域，将某种物资的生产区基本固定于一定的消费区。工业产品以生产地为中心，同靠近这一生产地的消费区的产销关系基本固定下来，农副产品以消费城市为中心，同附近的生产地的产销关系基本固定下来，一次形成一个合理的货物调运区域。再次，绘制合理运输流向图。即根据已制定的调运区域范围，按着运程最近和产销平衡的原则，制定合理运输流向图，把产、供、运、销的关系固定下来，作为铁路、交通、商业、物资和生产部门执行货物调运和运输计划的依据。最后，制定合理运输调运方案。

（2）直达运输。

直达运输，就是在组织货物运输过程中，把货物从产地或起运地直接运到销售地或用户，从而减少中间的仓库或运输环节。对于生产资料来说，由于某些货物体大笨重，一般采取由生产厂矿直接供应消费单位，实行直达运输，如煤炭、钢材、建材等。

（3）共同运输。

参加共同运输计划通常意味着一个货运代理、公共仓储或物流运输企业在为相同市场中的多个货主安排集运。提供共同运输的公司通常具备大批量送货目的地的长期送货约定，在这种安排下，集运公司通常为满足客户的需要而完成相关价值增值服务，如分类、排序、进口货物的单据处理等。

7.4 配送成本管理

配送是物流企业重要的作业环节，它是指在经济合理区域范围内，根据客户要求，对物品进行拣选、加工、包装、分割、组配等作业，并按时送达指定地点的物流活动。

为了提高对客户的服务水平，越来越多的企业建立配送中心，进行配送作业，但是配送作业的实施往往会带来成本的居高不下、减低企业竞争力的后果。因此，对配送成本的控制就显得非常重要。配送成本的控制应从配送中心选址、配送中心内部的布局开始，直到配送运营过程。

配送成本指在配送活动中的备货、储存、分拣及配货、配装送货、送达服务及配送加工的环节发生的各项费用的总和，是配送过程中所消耗的各种活劳动和物化劳动的货币表现。

7.4.1　配送成本的分类

1. 按配送成本的特征分类

（1）固定成本。固定成本是指短期内不发生变化，与业务量没有直接关系，只要开展配送经营就必须支出的成本。如配送设备、设施、信息系统的购置成本，行政办公费用、管理人员工资等。它是由企业规模、生产方式、资金成本所确定的。企业规模越大、生产的技术手段越先进，其固定成本就会越高。

（2）变动成本。变动成本是指那些成本的总发生额在相关范围内随着业务量的变化而呈线性变化的成本。直接人工、直接材料都是典型的变动成本，在一定期间内它们的总发生额随着业务量的增减而成正比例变动，但单位产品的耗费则保持不变。变动成本主要是由劳动力成本、固定资产的运行成本和社会资源的使用成本构成的。变动成本和固定成本一般会因为经营方式的不同而发生转化。如车辆费用，自购车辆配送时，购车成本为固定成本；但是采用租车配送时，车辆的租金就成了变动成本。

2. 按经济内容分类

按经济内容分类，配送成本分为固定资产折旧费、材料费、燃料动力费、工资、利息支出、税金和其他支出。

3. 按经济用途分类

按经济用途分类，配送成本分为配送运输成本、仓储成本、流通加工成本、分拣配货作业成本、包装成本、装卸与搬运成本、订单处理和信息流通成本。

4. 按成本计入营业成本的方式分类

按成本计入营业成本的方式分类，配送成本分为直接成本和间接成本。

7.4.2　影响配送成本的因素

影响配送成本的因素包括以下几个方面：

1. 时间

配送作业的持续时间影响着配送作业对仓储设施设备的占用时间，影响设施的固定资产投入成本；配送业务决定了时间的长短，影响车辆配载效率，也影响配送路线的优化，直接影响着配送成本的控制。

2. 配送距离

配送距离是构成配送成本的重要因素。距离越远，意味着配送运输的成本就越高，运输设备和人员的消耗也越多。

3. 配送货物的数量和重量

配送货物数量和重量的增加会使配送作业量加大，配送成本上升。但是大批量的配送作业也会使作业效率得到提高，单位产品的配送成本下降，外包配送可能得到的价格优惠更多。

4. 货物种类及作业过程

不同的货物种类可能造成的配送作业过程不同，技术要求也不同，承担的责任也不同，因此，不同的货物种类对配送成本会产生较大的影响。如不同包装方式的物品、标准化程度或装卸活性指数不同，都会直接影响配送作业成本。

5. 外部成本

配送作业可能需要利用企业外部的资源，如租用装卸搬运设备、不同地区的交通管制状况、基础设施完备情况等，这些因素也会影响企业配送成本的大小。

7.4.3　配送策略与成本管理

1. 混合配送

混合配送策略是指配送业务一部分由企业自身完成，另一部分外包给第三方。通过合理安排企业自身完成的配送和外包给第三方完成的配送作业，能实现配送成本的降低。例如，美国一家干货公司为了满足遍及美国 1 000 多家连锁店的配送需求，建造了 6 座仓库，并拥有自己的车队。随着经营的发展，企业决定扩大配送系统，计划在芝加哥投资 700 万美元再建一座新配送中心，并配以新型的仓库处理系统。但是董事会通过讨论发现，自建仓储配送系统不仅投资高，而且即使建成该物流中心，也可能满足不了日益增长的配送需求。于是企业通过仔细分析把该业务外包给了第三方物流企业，并在周边租赁了部分仓储设施，增加了一些必要的设备，总共投资了 20 万元的设备购置费，以及定期支付的外包运费和仓库租赁费。实际上，在我国，很多企业都有自己一定的仓储设施和配送队伍，因此，完全可以采用自营配送和外包配送相结合的方式来满足自身的业务需求。一方面，自身的仓储配送资源得到了有效的利用；另一方面，第三方物流的引入也能弥补企业自身配送能力的不足。而且，自有配送队伍的存在对第三方物流也是一个有效的牵制。

2. 差异化配送

差异化配送策略是指按照产品的特点和销售水平来设置不同的配送作业，即设置不同的库存、不同的配送方式以及不同的储存地点。如果采用同样的配送作业可能会增加不必要的配送成本。例如，一家销售汽车零配件的企业，为了降低成本，按照配件的销售量比重进行分类：A 类配件的销售量占总销售量的 70% 以上，13 类配件占 20% 左右，C 类配件则为 10% 左右。对于 A 类配件，公司在各个销售网点都备有库存；B 类配件只在地区分销中心备有库存而在各销售网点不备有库存：C 类配件连地区分销中心都不设库存，仅在工厂的仓库才有存货。经过一段时间的运行，证明该方法使得总配送成本降低了 20%。

3. 共同配送

共同配送是一种战略运作层次的共享，它是几个企业联合，集小量为大量，共同利用同一配送设施的配送方式。共同配送一般包括以下两种情况。

（1）中小型生产、零售企业之间分工合作实行共同配送。即同一行业或在同一地区的中小型生产或零售企业在单独进行配送的运输量少、效率低下的情况下进行联合配送，不仅可以减少企业的配送费用，配送能力得到互补，而且有利于提高配送频率，提高配送服务质量，提高配送车辆的利用率。

（2）几个中小型配送中心之间的联合。针对某一地区的用户，由于各配送中心所配货物数量少、车辆利用率低等原因，几个配送中心将用户所需货物集中起来，共同配送。

4. 延迟配送

传统的配送作业安排中，大多数的库存是按照对未来市场需求的预测量来设置的，这样就存在预测风险。当预测量与实际需求量不符时，就出现库存过多或过少的情况，从而增加配送成本。延迟配送策略的基本思想是，对产品的外观、形状及其生产、组装、配送应尽可能推迟到接到顾客订单后再确定。一旦接到订单就要快速反应，因此采用延迟配送策略的一个基本前提是信息传递要非常快。

一般来讲，实施延迟配送策略的企业应具备以下基本条件：一是产品特征条件，即生产技术非常成熟、模块化程度高、产品价值密度大、有特定的外形、产品特征易于表达、定制后可改变产品的容积或重量；二是生产技术特征，即模块化产品设计、设备智能化程度高、定制工艺与基本功能差别不大；三是市场特征，即产品生命周期短、销售波动大、价格竞争激烈、市场变化大、产品的提前期短。

实施延迟配送策略常采用两种方式：生产延迟（或形成延迟）和物流延迟（或时间延迟）。而在配送中，往往存在加工活动，所以实施延迟配送策略既可以采用形成延迟方式，也可以采用时间延迟方式。具体操作时，常发生在诸如贴标签（形成延迟）、包装（形成延迟）、装配（形成延迟）和发送（时间延迟）等领域。

5. 配送线路优化

配送线路是指各送货车辆向各个客户送货时所要经过的路线，它的合理与否，对配送速度、车辆的利用效率和配送费用都有直接影响。

合理配载以后，应选择适当的配送路线，按顺序把物资送到用户手中。其目标是要在保证生产供应的前提下，实现运输的距离最短，运输的费用最省。合理配载和运输路线的选择并不是相互孤立的，在进行配载时，不但要考虑到物资的品种、数量、重量、体积等因素，也要充分考虑到运输路线的因素。

📖 拓展案例

资源整合　一点多能
徐州飞马配送服务有限公司

一、企业基本情况

徐州飞马配送服务有限公司（以下简称"飞马公司"）于2016年年初成立。三年多来，飞马公司立足沛县经济发展实际，坚持以市场为导向，采取整合资源、健全网络、统一平台、政策支持、规划引导、拓展功能等措施，推动县、乡、村三级配送网络全覆盖，打通农村物流最后一公里，畅通"工业品下乡、农产品进城"渠道，创新探索城乡快递末端配送体系。新华日报、人民网、中国邮政快递报、江苏省委新闻网、江苏经济报等媒体多次报道，宣传典型经验。

二、主要做法与成效

近年来，随着我国网络零售的高速增长，快递物流在取得迅猛发展的同时，也出现了同业低价竞争、企业经营微利等问题。特别是县域电商快递物流末端配送的问题更为严重，主要体现在配送成本居高不下、配送网络尚不健全、集聚发展能力较弱、配送网络功能单一等方面。随着产业规模的不断壮大，长期制约县域电商快递物流发展的弊端越发凸显。飞马公司改变各快递企业单独配送的固有模式，实行"统仓共配"。整合沛县所有快递企业，由邮政牵头，联合申通、韵达、百世、天天等企业，组建了徐州飞马配送服务有限公司。公司原有的配送业务、人员车辆交由飞马公司统筹调配，即各快递公司车辆到达沛县后统一入仓分拣，同一区域的各快递公司邮、快件由同一快递员统一配送。整合农村快递物流资源，在各小区、办公楼、乡镇、村庄建立 400 个平台，搭建县、镇、村三级网络，实现农村快递物流体系全覆盖。同时在末端网点叠加政务服务、社区电商、社区金融、社区医疗、家政服务、远程缴费等多种服务，从而实现一点多能。

(一)覆盖镇、村网络

飞马公司对沛县辖区内 13 家快递物流企业进行整合，建成了一处共同分拣中心、50 个城区社区服务站、16 个镇级共配中心、169 个村级服务站。同时，依托连锁超市、邮政营业场所、客货运站场、农资站等网络资源，在城区、乡镇、行政村建设了100 多个复合共配点，实现了县域快递共配网络全覆盖。真正打通了农村快递物流最后一公里，并利用每天的快递量保证了农村网点可持续发展的生命力。

(二)统一信息平台

飞马公司与菜鸟物流签订战略合作协议，共同开发打通不同快递公司的末端操作系统，用一把靶枪即可完成多家快递公司到件扫描、末端配送的全部操作指令，仓库分拨更加高效，运输操作更加便捷。同时，能够为客户批量发送快递邮件提醒短信，提升了客户体验和满意率。

(三)赋能服务站点

一是网络赋能。采取快递+便利店、快递+水果店、快递+天猫优品店、快递+生鲜农产品、快递+物业服务等多种模式，加强城区服务站建设。以快递+三农服务、快递+商贸共配模式，加强乡镇服务站建设。在配送快递物流货物的同时，拓展服务范围，增强网络功能。

二是平台赋能。引进连锁商贸企业、骨干电商平台等平台资源，加强物流商流融合。与乐客大型连锁超市合作，通过飞马共配网络，实现商品快速预定，城区 29 分钟、乡镇 6 小时、村组 12 小时内送货上门。与中国邮政深度合作，在全部乡镇网点开通"邮乐购"业务，进一步方便乡镇居民网络购物。

三是网点赋能。与连锁企业合作，在提供便民消费的同时，增加了服务网点营业收入。与中国邮政储蓄银行、中国人寿等单位在服务网点深化合作，专门开发小微信贷、家庭保险等业务，增加了平台的普惠金融服务功能。

飞马公司整合县域物流资源，增强服务功能，取得了很好的成效：

一是配送成本大幅降低。通过配送线路整合，业务流程和人员配置优化，作业效率明显提升，配送延误率下降 80 个百分点，商品丢失短少率下降 96 个百分点，消费者满意度提高 20 个百分点，年节约成本 600 余万元。

二是惠民服务更加便捷。社区配送网点融合了购物、代缴费、政务服务等多项便民服务，让社区居民生活更加便捷；在镇村末端实现了"快递进村"，让村民在"家门口"实现了收发件；与中国邮政集团合作使每个服务网点都具备了小额存取款功能，2018 年累计实现存取款 1.2 亿元，有力促进了农村经济的发展。

三是双向流通更加畅通。农产品上行方面，通过与骨干电商平台合作，使沛县的牛蒡、黄桃、甜菜走向了全国及东南亚地区，每天网上农产品销量达到 1 万多件，2018 年借助飞马配送网络上行的优质农产品货值达到 8 000 万元。消费品下行方面，与快递邮包共配的快消品下行货值达到 1.1 亿元，镇村网点与阿里平台合作销售电器店均年销售达 300 万元。

四是助力扶贫更加精准。快递整合后，城区业务员业务量增加了 60%，月均工资增加 1 500～3 000 元；镇级配送站每月可实现利润 3 万元左右，人员工资提升了 50% 以上。村级网点都由贫困户来运营，如敬安黄庄村李某因病致贫，不能干重体力工作，运营飞马服务站后，每年增加收入 3 万多元，实现了脱贫。目前飞马使全县 160 多户贫困家庭脱贫，实现了充分发挥自身行业优势的精准扶贫。

三、未来规划

飞马公司计划利用网络优势和平台优势，进一步拓展物流共配业务，探索经验模式复制，加强供应链协作。

一是拓展快递物流共配业务。加快生鲜蔬菜等农产品的整合配送，利用城市社区网点全覆盖的优势，服务到本地社区居民，开通餐饮业直送平台，探索对餐饮企业、饭店餐厅的农产品配送。

二是探索经验模式复制。与淮海经济区部分市县达成战略合作协议，由飞马公司牵头，在淮海经济区条件成熟的县域逐步推广快递整合模式，实现网点的统一管理、网络横向联合、业务统一开展，加快共配业务发展。

三是加强供应链协作。与青岛啤酒、江小白酒业、洋河酒业、今麦郎饮品等快消品本地供应商签订配送及销售协议，利用飞马公司物流网络和遍布城乡的网点优势，开展快消品销售和配送业务，增强飞马公司发展新动能。

（资料来源：商务部网站（www.mofcom.gov.cn）

http：//ltfzs.mofcom.gov.cn/article/af/202001/20200102928404.shtml）

能力训练

一、单选题

1. 以下运输方式中，计划性较强、行驶阻力较小的是（　　　）。

A. 公路运输　　　B. 铁路运输　　　C. 水路运输　　　D. 航空运输

2. 在物流系统中，起着缓冲、调节和平衡作用的物流活动是（　　　）。

A. 运输　　　　　　B. 配送　　　　　　C. 装卸　　　　　　D. 仓储

3. 被称为生产物流的终点，同时也是社会物流的起点的物流活动是(　　)。

A. 运输　　　　　B. 装卸搬运　　　　C. 流通加工　　　　D. 包装

4. 反映物流各种活动内容的知识、资料、图像、数据、文件的总称称为(　　)。

A. 物流信息　　　B. 物流集合　　　　C. 物流汇编　　　　D. 物流情报

5. 采用托盘化物流的前提条件：一是(　　)与托盘规格一致，二是集装箱、车辆、货架等规格与托盘相吻合。

A. 包装规格　　　B. 包装标志　　　　C. 包装模数　　　　D. 包装术语

6. 车辆配装时，应遵循以下原则：(　　)。

A. 重不压轻，后送后装；　　　　　　B. 重不压轻，后送先装；

C. 轻不压重，后送后装；　　　　　　D. 轻不压重，后送先装

7. 配送中心在配货时，以出货单为准，按货物品类顺序或储位顺序取货，这种方式称为(　　)。

A. 摘取方式　　　B. 播种方式　　　　C. 分货方式　　　　D. 提货方式

8. 按其功能划分，配送中心可分为下列三种类型：(　　)。

A. 通过型配送中心、集中库存型配送中心和流通加工型配送中心

B. 通过型配送中心、分散型库存配送网点和流通加工型配送中心

C. 储备型配送中心、加工型配送中心和增值型配送中心

D. 储备型配送中心、集中库存型配送中心和流通加工型配送中心

9. 配货时，大多是按照入库日期的"(　　)"原则进行。

A. 先进先出　　　B. 先进后出　　　　C. 后进先出　　　　D. 任其自然

10. 所谓拣选，就是按订单或出库单的要求，从(　　)，并放置在指定地点的作业。

A. 转运场所选出物品　　　　　　　　B. 检验场所选出物品

C. 加工场所选出物品　　　　　　　　D. 储存场所选出物品

二、理论问答

1. 影响运输车本的因素有哪些？

2. 配送策略合理化选择有哪些？

3. 配送成本的优化途径有哪些？

三、实训题

1. 远洋运输有限公司首次承揽到 3 个集装箱运输业务，时间较紧，从上海到大连铁路 1 200 千米，公路 1 500 千米，水路 1 000 千米。该公司自有 10 辆 10 吨普通卡车和一个自动化立体仓库，经联系附近一家联运公司虽无集装箱卡车，却有专业人才和货代经验，只是要价比较高，至于零星集装箱安排落实车皮和船舱，实在心中无底，你认为采取什么措施比较妥当？

(1)自己购买若干辆集装箱卡车然后组织运输。

(2)想法请铁路部门安排运输但心中无底。

(3)水路最短路程，请航运公司来解决运输。

(4)联运公司虽无集卡，但可租车完成此项运输。

(5)没有合适运输工具，辞掉该项业务。

2. 郑州市地处中原地区，交通便利，是国家重点支持建设的大型商贸城市之一，在

这个拥有 600 万人口的城市里，商业企业、工业企业等交错布局，比较适合开展异产业间的共同配送。郑州市的仓储企业除了各个产业部门的仓库外，聚集了中央、省级的仓储企业，数量众多，规模较大的有 70 多家，这些仓库目前基本都在从事异产业的仓储服务，但是还不能提供配送服务，更不能提供异产业间的共同配送服务。

 思考

（1）你认为同产业和异产业共同配送有哪些优缺点？

（2）如果让你来组织和运作一个共同配送的项目，你将分几步开展这项工作？

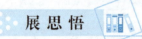 展思悟

国务院办公厅转发国家发展改革委交通运输部
关于进一步降低物流成本实施意见的通知

国办发〔2020〕10 号

各省、自治区、直辖市人民政府，国务院各部委、各直属机构：

国家发展改革委、交通运输部《关于进一步降低物流成本的实施意见》已经国务院同意，现转发给你们，请认真贯彻执行。

国务院办公厅

2020 年 5 月 20 日

（此件公开发布）

关于进一步降低物流成本的实施意见

国家发展改革委　交通运输部

物流是畅通国民经济循环的重要环节。近年来，物流降本增效积极推进，社会物流成本水平保持稳步下降，但部分领域物流成本高、效率低等问题仍然突出，特别是受新冠疫情影响，社会物流成本出现阶段性上升，难以适应建设现代化经济体系、推动高质量发展的要求。为贯彻落实党中央、国务院关于统筹疫情防控和经济社会发展的决策部署，进一步降低物流成本、提升物流效率，加快恢复生产生活秩序，现提出以下意见。

一、深化关键环节改革，降低物流制度成本

（一）完善证照和许可办理程序。加快运输领域资质证照电子化，推动线上办理签注。优化大件运输跨省并联许可服务，进一步提高审批效率。（交通运输部负责）

（二）科学推进治理车辆超限超载。深入推进治超联合执法常态化、制度化，细化执法流程，严格执行全国统一的治超执法标准。分车型、分阶段有序开展治理货运车辆非法改装工作，逐步淘汰各种不合规车型。组织开展常压液体危险货物罐车专项治理行动。（交通运输部、公安部、工业和信息化部、市场监管总局按职责分工负责）

（三）维护道路货运市场正常秩序。建立严厉打击高速公路、国省道车匪路霸的常态化工作机制，畅通投诉举报渠道，重点规范车辆通行、停车服务、道路救援等领域市场秩序。（公安部、交通运输部、国家发展改革委、市场监管总局、省级人民政府按职责分工负责）

（四）优化城市配送车辆通行停靠管理。持续推进城市绿色货运配送示范工程。完善以综合物流中心、公共配送中心、末端配送网点为支撑的三级配送网络，合理设置城市配送车辆停靠装卸相关设施。鼓励发展共同配送、统一配送、集中配送、分时配送等集约化配送。改进城市配送车辆通行管理工作，明确城市配送车辆的概念范围，放宽标准化轻微型配送车辆通行限制，对新能源城市配送车辆给予更多通行便利。（交通运输部、商务部、公安部按职责分工负责）研究将城市配送车辆停靠接卸场地建设纳入城市建设和建筑设计规范。（住房城乡建设部负责）

（五）推进通关便利化。推动港口、口岸等场所作业单证无纸化，压缩单证流转时间，提升货物进出港效率。依托国际贸易"单一窗口"，开展监管、查验指令信息与港口信息双向交互试点，提高进出口货物提离速度。持续推进进出口"提前申报"，优化"两步申报"通关模式。梳理海运、通关环节审批管理事项和监管证件，对不合理或不能适应监管需要的，按规定予以取消或退出口岸验核。（交通运输部、商务部、海关总署按职责分工负责）

（六）深化铁路市场化改革。选取铁路路网密集、货运需求量大、运输供求矛盾较突出的地区和部分重要铁路货运线路（含疏运体系）开展铁路市场化改革综合试点，通过引入市场竞争机制，开展投融资、规划建设、运营管理、绩效管理、运输组织等改革。持续完善铁路货物运输价格灵活调整机制，及时灵敏反映市场供求关系。进一步放宽市场准入，吸引社会资本参与铁路货运场站、仓储等物流设施建设和运营。（国家发展改革委、交通运输部、财政部、国家铁路局、中国国家铁路集团有限公司负责）

二、加强土地和资金保障，降低物流要素成本

（七）保障物流用地需求。对国家及有关部门、省（自治区、直辖市）确定的国家物流枢纽、铁路专用线、冷链物流设施等重大物流基础设施项目，在建设用地指标方面给予重点保障。支持利用铁路划拨用地等存量土地建设物流设施。指导地方按照有关规定利用集体经营性建设用地建设物流基础设施。（自然资源部、中国国家铁路集团有限公司、省级人民政府负责）

（八）完善物流用地考核。指导地方政府合理设置物流用地绩效考核指标。在符合规划、不改变用途的前提下，对提高自有工业用地或仓储用地利用率、容积率并用于仓储、分拨转运等物流设施建设的，不再增收土地价款。（自然资源部、省级人民政府负责）

（九）拓宽融资渠道。加大中央预算内投资、地方政府专项债券对国家物流枢纽、国家骨干冷链物流基地等重大物流基础设施建设的支持力度。引导银行业金融机构加强对物流企业融资支持，鼓励规范发展供应链金融，依托核心企业加强对上下游小微企业的金融服务。充分发挥全国中小企业融资综合信用服务平台作用，推广"信易贷"模式。落实授信尽职免责和差异化考核激励政策，明确尽职认定标准和免责条件。鼓励社会资本设立物流产业发展基金。（国家发展改革委、财政部、中国人民银行、中国银保监会、国家开发银行按职责分工负责）

（十）完善风险补偿分担机制。鼓励保险公司为物流企业获取信贷融资提供保证保险增信支持，加大政策性担保对物流企业的信贷担保支持力度。发挥商业保险优势，支持保险公司开发物流企业综合保险产品和物流新兴业态从业人员的意外、医疗保险产品。（中国银保监会负责）

三、深入落实减税降费措施，降低物流税费成本

（十一）落实物流领域税费优惠政策。落实好大宗商品仓储用地城镇土地使用税减半征

收等物流减税降费政策。（财政部、税务总局负责）

（十二）降低公路通行成本。结合深化收费公路制度改革，全面推广高速公路差异化收费，引导拥堵路段、时段车辆科学分流，进一步提高通行效率。深化高速公路电子不停车快捷收费改革。加强取消高速公路省界收费站后的路网运行保障，确保不增加货车通行费总体负担。鼓励有条件的地方回购经营性普通收费公路收费权，对车辆实行免费通行。严格落实鲜活农产品运输"绿色通道"政策，切实降低冷鲜猪肉等鲜活农产品运输成本。（交通运输部、财政部、国家发展改革委、省级人民政府按职责分工负责）

（十三）降低铁路航空货运收费。精简铁路货运杂费项目，降低运杂费迟交金收费标准，严格落实取消货物运输变更手续费。（中国国家铁路集团有限公司负责）大力推行大宗货物"一口价"运输。严格落实铁路专用线领域收费目录清单和公示制度，对目录清单外的收费项目以及地方政府附加收费、专用线产权单位或经营单位收费等进行清理规范。制定铁路专用线服务价格行为规则，规范铁路专用线、自备车维修服务收费行为，进一步降低收费标准，严禁通过提高或变相提高其他收费的方式冲抵降费效果。（市场监管总局、国家铁路局、中国国家铁路集团有限公司按职责分工负责）推动中欧班列高质量发展，优化班列运输组织，加强资源整合，推进"中转集散"，规范不良竞争行为，进一步降低班列开行成本。（国家发展改革委、中国国家铁路集团有限公司、财政部按职责分工负责）将机场货站运抵费归并纳入货物处理费。（中国民航局、省级人民政府负责）

（十四）规范海运口岸收费。降低港口、检验检疫等收费。对海运口岸收费进行专项清理整顿，进一步精简合并收费项目，完善海运口岸收费目录清单并实行动态管理，确保清单外无收费项目。研究将港口设施保安费等并入港口作业包干费，降低部分政府定价的港口收费标准。依法规范港口企业和船公司收费行为。降低集装箱进出口常规收费水平。（国家发展改革委、财政部、交通运输部、海关总署、市场监管总局按职责分工负责）

（十五）加强物流领域收费行为监管。对实行政府定价或政府指导价的收费项目，及时降低偏高收费标准；对实行市场调节价的收费项目，研究建立收费行为规则和指南。严格执行收费项目和标准公示制度，对不按公示价格标准收费或随意增加收费项目等行为，加大查处力度。依法查处强制收费、只收费不服务、超标准收费等违规违法行为。（国家发展改革委、市场监管总局、交通运输部、海关总署、省级人民政府按职责分工负责）

四、加强信息开放共享，降低物流信息成本

（十六）推动物流信息开放共享。在确保信息安全前提下，交通运输、公安交管、铁路、港口、航空等单位要向社会开放与物流相关的公共信息。按照安全共享和对等互利的原则，推动铁路企业与港口、物流等企业信息系统对接，完善信息接口等标准，加强列车到发时刻等信息开放。研究建立全国多式联运公共信息系统，推行标准化数据接口和协议，更大限度实现数据信息共享。（交通运输部、公安部、工业和信息化部、国家铁路局、中国民航局、中国国家铁路集团有限公司按职责分工负责）

（十七）降低货车定位信息成本。对出厂前已安装卫星定位装置的货运车辆，任何单位不得要求重复加装卫星定位装置。规范货运车辆定位信息服务商收费行为，减轻货运车辆定位信息成本负担。（工业和信息化部、市场监管总局、交通运输部按职责分工负责）

五、推动物流设施高效衔接，降低物流联运成本

（十八）破除多式联运"中梗阻"。中央和地方财政加大对铁路专用线、多式联运场站等物流设施建设的资金支持力度，研究制定铁路专用线进港口设计规范，促进铁路专用线进港口、进大型工矿企业、进物流枢纽。持续推进长江航道整治工程和三峡翻坝综合转运体系建设，进一步提升长江等内河航运能力。加快推动大宗货物中长距离运输"公转铁""公转水"。（财政部、国家发展改革委、交通运输部、工业和信息化部、国家铁路局、中国国家铁路集团有限公司按职责分工负责）以多式联运示范工程为重点，推广应用多式联运运单，加快发展"一单制"联运服务。（交通运输部、国家发展改革委、国家铁路局、中国国家铁路集团有限公司负责）

（十九）完善物流标准规范体系。推广应用符合国家标准的货运车辆、内河船舶船型、标准化托盘和包装基础模数，带动上下游物流装载器具标准化。（工业和信息化部、商务部、交通运输部、市场监管总局按职责分工负责）加强与国际标准接轨，适应多式联运发展需求，推广应用内陆集装箱（系列 2），加强特定货类安全装载标准研究，减少重复掏箱装箱。（交通运输部、国家铁路局、工业和信息化部、公安部、中国国家铁路集团有限公司负责）

六、推动物流业提质增效，降低物流综合成本

（二十）推进物流基础设施网络建设。研究制定 2021—2025 年国家物流枢纽网络建设实施方案，整合优化存量物流基础设施资源，构建"通道＋枢纽＋网络"的物流运作体系，系统性降低全程运输、仓储等物流成本。（国家发展改革委、交通运输部负责）继续实施示范物流园区工程，示范带动骨干物流园区互联成网。（国家发展改革委、自然资源部负责）布局建设一批国家骨干冷链物流基地，有针对性补齐城乡冷链物流设施短板，整合冷链物流以及农产品生产、流通资源，提高冷链物流规模化、集约化、组织化、网络化水平，降低冷链物流成本。（国家发展改革委负责）加强县乡村共同配送基础设施建设，推广应用移动冷库等新型冷链物流设施设备。（商务部、国家发展改革委负责）加强应急物流体系建设，完善应急物流基础设施网络，整合储备、运输、配送等各类存量基础设施资源，加快补齐特定区域、特定领域应急物流基础设施短板，提高紧急情况下应急物流保障能力。（国家发展改革委、交通运输部、省级人民政府按职责分工负责）

（二十一）培育骨干物流企业。鼓励大型物流企业市场化兼并重组，提高综合服务能力和国际竞争力。培育具有较强实力的国际海运企业，推动构建与我国对外贸易规模相适应的国际航运网络。（国务院国资委、交通运输部按职责分工负责）严格落实网络货运平台运营相关法规和标准，促进公路货运新业态规范发展。鼓励物流企业向多式联运经营人、物流全链条服务商转型。（交通运输部、国家发展改革委按职责分工负责）

（二十二）提高现代供应链发展水平。深入推进供应链创新与应用试点，总结推广试点成功经验和模式，提高资金、存货周转效率，促进现代供应链与农业、工业、商贸流通业等融合创新。研究制定现代供应链发展战略，加快发展数字化、智能化、全球化的现代供应链。（国家发展改革委、商务部按职责分工负责）

（二十三）加快发展智慧物流。积极推进新一代国家交通控制网建设，加快货物管理、运输服务、场站设施等数字化升级。（交通运输部负责）推进新兴技术和智能化设备应用，提高仓储、运输、分拨配送等物流环节的自动化、智慧化水平。（国家发展改革委负责）

（二十四）积极发展绿色物流。深入推动货物包装和物流器具绿色化、减量化，鼓励企业研发使用可循环的绿色包装和可降解的绿色包材。加快推动建立托盘等标准化装载器具循环共用体系，减少企业重复投入。（商务部、交通运输部、市场监管总局、工业和信息化部、国家邮政局按职责分工负责）

　　各地区各部门要按照党中央、国务院决策部署，加强政策统筹协调，切实落实工作责任，结合本地区本部门实际认真组织实施。国家发展改革委要会同有关部门发挥全国现代物流工作部际联席会议作用，加强工作指导，及时总结推广降低物流成本典型经验做法，协调解决政策实施中存在的问题，确保各项政策措施落地见效。

　　（资料来源：中华人民共和国中央人民政府 https：//www.gov.cn/zhengce/content/2020−06/02/content_5516810.htm）

第8章

仓储成本管理

知识目标：

1. 了解物流仓储成本的构成；
2. 初步掌握仓储成本的计算方法、存货数量的盘存方法；
3. 掌握物流仓储成本的分析方法；
4. 掌握 ABC 分类法；
5. 能独立进行仓储成本的计算。

能力目标：

能对仓储成本进行归集与分配；能正确进行仓储成本的分析和管理；能对仓储成本进行控制与优化。

素质目标：

培育和践行社会主义核心价值观；培育爱国主义情怀，树立大局意识；遵守交规，树立安全意识；具备创新和财商思维。

📦 **先导案例**

党的二十大报告指出，加快发展物联网，建设高效顺畅的流通体系，降低物流成本。加快发展数字经济，促进数字经济和实体经济深度融合，打造具有国际竞争力的数字产业集群。

——摘自党的二十大报告

"物超人"时代，万物互联启新篇

当前，我国移动物联网发展现状如何？"物超人"将带来哪些机遇和挑战？未来应如何进一步推动移动物联网高质量发展？

工人在重庆电动车生产基地智能化生产车间作业（新华社发）

1. 连接数占全球比例超 70%　我国建成全球最大移动物联网络

移动物联网，即基于蜂窝移动通信网络的物联网技术和应用，是我国新型基础设施的重要组成部分。近年来，我国移动物联网发展的政策环境持续优化，移动物联网综合生态体系加快构建。

2017 年，工业和信息化部（以下简称"工信部"）印发《关于全面推进移动物联网（NB-IoT）建设发展的通知》，首次提出移动物联网网络建设和用户发展的量化指标。2020 年，工信部印发《关于深入推进移动物联网全面发展的通知》，明确要求加快移动物联网网络建设、加强移动物联网标准和技术研究等。

2022 年 9 月，工信部印发《关于组织开展 2022 年移动物联网应用典型案例征集活动的通知》，围绕智能家居、网联汽车、智能穿戴等领域的生活智慧化应用，智慧农业、智能工厂、智慧医疗等领域的产业数字化应用，智慧消防、环保监测、智能表计等领域的智能化应用，征集优秀案例，推进移动物联网应用发展。

专家表示，在政策支持指引、各方共同努力下，我国移动物联网在网络能力、应用发展和产业能力等方面取得明显进展。移动物联网深度融入经济社会发展各领域多环节，国内企业技术及产品研发能力持续增强，生态体系持续完善。

黑龙江哈尔滨智慧农业助力稻海扬帆（新华社发）

数据显示，截至 2022 年 8 月月底，窄带物联网、4G、5G 基站总数分别达到 75.5 万个、593.7 万个、210.2 万个，多网协同发展、城乡普遍覆盖、重点场景深度覆盖的网络基础设施格局已形成。目前，我国移动物联网连接数占全球比例已经超过 70%。

中国信息通信研究院院长余晓晖介绍，目前，我国已建成全球最大的移动物联网络，实现高中低速协同组网的良好局面。截至 8 月月末，我国移动物联网连接数达到 16.98 亿，在连接规模和"物超人"比例上远远高于美国、日本、韩国、德国等世界主要发达国家。此外，技术创新方面，自 2015 年以来，我国一直是全球移动物联网技术创新的主要贡献者。生态建设方面，我国移动物联网产业规模不断壮大，产业供给能力显著提升，芯片、模组、终端出货量等方面全球领先。

余晓晖认为，实现"物超人"，标志着我国正引领全球移动物联网生态体系发展，意味着移动物联网迎来规模化爆发的重要时间节点，进入"迈向百亿物联"的新时代，开启信息通信业高质量发展的新征程，意味着移动物联网的价值将不断凸显，开始成为推动经济社会数字化转型的重要引擎。

2. 打开更大数据价值空间 促进千行百业数字化转型

实际上，移动物联网与我们的生产生活息息相关。

如今，移动物联网在智能制造、远程控制、车联网、智能家居、智能表具、智慧医疗、智慧交通等领域广泛应用。

在济南，工作人员可通过智慧燃气管理平台，实时查看管理全市近 50 万块物联网燃气表。物联网燃气表具有数据传输和分析功能，能自动采集数据、实现远程抄表、在线充值、自动报警、远程控阀等多种功能。

在湖北武汉一家服装企业的车间里，各种智能设备有序进行生产作业。由 5G 网络、人工智能、大数据等共同搭建的物联网体系，可让管理人员通过办公区的大屏幕对生产设备进行实时查看和管控。

"移动物联网与千行百业加速创新融合，使数据产生价值，赋能经济社会各个领域，促进数字化转型升级。"余晓晖说，目前，窄带物联网已形成水表、气表、烟感、追踪类 4 个千万级应用，白色家电、路灯、停车、农业等 7 个百万级应用，电视机机顶盒、垃圾桶、冷链、模具管理等多领域新兴应用。

安徽合肥智能自动驾驶服务热门景区（新华社发）

此外，余晓晖表示，移动物联网发展为产业数字化和数字化治理提供了更强的连接能力和更大的连接规模，打开了更大的数据价值空间，将更好地触达万物，加快数据高效感知、传递和处理，加速形成全"连"、有"数"、能"算"的闭环格局。

中国工程院院士邬贺铨认为，过去，互联网和移动互联网的发展主要依靠人口红利；今天，物联网应用打开了另一个维度，工业互联网、智慧城市、智慧家居等应用将实现爆发式增长，网络技术发展开启新的里程碑。

"移动物联网和大数据紧密关联。"邬贺铨说，物联网的第一环是感知数据，然后是传输和分析数据，最终支撑智能决策。实现"物超人"，意味着数据大增长，可以更好地发挥数据的生产要素作用。

广州港南沙港区四期全自动化码头投入运行（新华社发）

3. 提升应用广度和深度 开启万物互联新阶段

移动物联网是实现万物互联、连接泛在的新型信息基础设施。推动移动物联网应用全面发展，对于促进经济社会数字化转型、培育信息通信行业发展动能、提升产业链现代化水平等具有重要意义。

数据显示，2021 年，我国物联网支出超过 1 500 亿美元。预计到 2026 年，我国物联网支出将接近 3 000 亿美元，成为全球最大的物联网市场。

当然，在看到机遇的同时，也要清醒认识到，我国移动物联网产业发展依然面临着挑战。比如，规模化应用有待提升、创新能力不足等。

邬贺铨介绍，移动物联网的产业链较长，涉及芯片、软件、操作系统、边缘计算，后端还有大数据分析、云计算、人工智能等技术。其中，芯片是最基础、最重要的"底座"。目前，我国移动物联网芯片技术虽然实现了一些突破，但与国外相比仍然存在差距。同时，我国移动物联网生态尚未形成。物联网与重要基础设施关联，其安全风险更大，也意味着物联网安全面临更大挑战。

"在移动物联网发展过程中，我们往往会重建设、轻应用，重采集、轻分析。"邬贺铨说，只是简单进行数据感知是不够的，还要进行数据分析。业界要开发更多的移动物联网应用。在保证数据安全、个人隐私的情况下，应把可以开放的数据开放出来，扶持更多创新企业成长。

未来几年是移动物联网高速发展阶段。

专家建议，要加快移动物联网网络建设。加快推进 5G 网络建设，继续深化 4G 网络覆盖，进一步加大窄带物联网网络部署力度，做好网络运维、监测和优化等工作，提升网络服务水平。同时，积极开展移动物联网关键技术研究。面向不同垂直行业应用环境和业务需求，重点加强网络切片、边缘计算、高精度定位、智能传感、安全芯片等新兴关键技术研究。此外，要提升移动物联网应用广度和深度。围绕产业数字化、治理智能化、生活智慧化三大方向推动移动物联网创新发展。

在余晓晖看来，"物超人"是实现移动物联网全面发展的重要节点。我国移动物联网将向更广范围、更深程度、更高水平发展方向迈进，量质并举，开启万物互联新阶段，助力数字社会高质量发展。

链接

智能制造

党的十八大以来，我国智能制造取得长足进步，产业数字化转型全面推进。截至 2021 年年底，全国工业企业关键工序数控化率、数字化研发设计工具普及率分别达到 51.3%、74.7%，比 2012 年分别提高 30.7、25.9 个百分点。智能制造发展水平稳步提升。我国已建成 700 多个数字化车间、智能工厂，智能制造试点示范项目生产效率平均提高 48%，产品研制周期平均缩短 38%，产品不良品率平均降低 35%，炼化、印染、家电等领域智能制造水平处于世界领先地位。

智慧物流

交通运输部、国家标准化管理委员会印发的《交通运输智慧物流标准体系建设指南》提出，到 2025 年，聚焦基础设施、运载装备、系统平台、电子单证、数据交互与共享、运行服务与管理等领域，完成重点标准制修订 30 项以上，形成结构合理、层次清晰、系统全面、先进适用、国际兼容的交通运输智慧物流标准体系，打造一批标准实施应用典型项目，持续提升智慧物流标准化水平，为加快建设交通强国提供高质量标准供给。

智能网联汽车

我国智能网联汽车产业发展驶入"快车道"。2022年上半年，国内具备组合驾驶辅助功能的乘用车达到228万辆，渗透率升至32.4%，同比增长46.2%。

多地多部门围绕激励技术创新、优化政策供给、加快车路协同基础设施建设、打造自动驾驶和车联网示范区等多方面推动智能网联汽车产业化进程。

工信部表示，将坚持"单车智能+网联赋能"发展战略，进一步完善措施，持续推动我国智能网联汽车高质量发展。

（资料来源：光明网—《光明日报》2022-10-27（https：//news. gmw. cn/2022-10/27/content_36116817. htm））

💡思考

请分析下列问题：

1. "物超人"时代对企业仓储成本管理产生了哪些影响？

2. 如果您是一位物流职业经理人，从中得到了哪些启示？

8.1　仓储概述

在物流系统中，运输和仓储是并列的两大主要功能要素，被称为物流的两个支柱。仓储的概念和运输的概念相对应，运输是以改变"物"的空间状态为目的的活动，而仓储则是以改变"物"的时间状态为目的的活动，以克服产需之间的时间差异，获得更好的效用。仓储成本管理的任务是用最低的费用在适当的时间和适当的地点取得适当数量的存货。

8.1.1　仓储的概念

在物流科学体系中，经常涉及库存、储备及仓储这几个概念，而且经常被混淆。其实，三个概念虽有共同之处，但仍然有所区别。

1. 库存

库存是指处于储存状态的物品。广义的库存还包括处于制造加工状态和运输状态的物品。

2. 储备

储备是指储存起来以备急需的物品。储备分当年储备、长期储备和战略储备三种。

库存和储备两者的本质区别在于停滞的位置与目的性不同。储备这种停滞所处的地理位置比库存广泛得多。储备的位置：第一，可能在生产及流通中的任何节点上，可能是仓库中的储备，也可能是其他形式的储备；第二，储备是有目的的、能动的、主动的行动，而库存有可能不是有目的的，有可能完全是盲目的或被动的。

3. 仓储

仓储是指保护、管理、储藏的物品。仓储是包含库存和储备在内的一种广泛的经济物流成本管理存在的经济现象。在一般情况下，仓储与储备两个概念是不做区分的。

4. 生产储备

生产储备是企业为保持生产的正常进行而保有的物质准备，这种储备存在于生产领域中，已脱离流通领域但尚未投入生产过程。

生产储备一般以库存形式存在，储备占生产企业的流动资产。由于被储备之"物"已由生产企业验收，在此期间的损失一般都进入生产企业生产成本之中。生产储备主要有以下三种：

（1）经常储备。经常储备是企业在前后两批原材料、燃料、零部件运达的间隔期内，为满足日常生产而建立的储备。这种储备是经常需要保有的，当一批订货到达时，储备的数量到了最高值，在间隔期中陆续消耗，储备陆续降低，至间隔期到达日、下批订货到达前，储备降至最低。

（2）保险储备。其指企业为了应付各种意外原因，如运输延误，在经常储备间隔结束时仍未到货；或者虽到货，但品种、规格、质量不符合要求，不能投入使用；或由于生产加速造成消耗速度增加，在间隔期未完时，经常储备便被消耗殆尽等，为此所建立的储备称保险储备。保险储备在未动用时，是一个恒定数量，其数量变化没有周期性。

（3）季节储备。企业为了克服某些原材料供应的季节影响而建立的储备。这种储备建立的原因是由于生产、消耗或流通受到季节影响而发生中断，为弥补这一中断期，以中断期为目标按消耗速率建立的储备。

5. 消费储备

消费储备是为了保持消费的需要而保有的物质储备，这种储备在最终消费领域中，已脱离了流通领域但尚未进入消费过程。

消费储备一般不以库存形式存在，在强大的流通领域储备保证之下，消费者无需过多储备，因而也很少为此而专设仓库，往往采取暂存、暂放的仓储形式。

6. 流通储备

流通储备是社会再生产中，为保证再生产的正常而保持在流通领域中的"物"的暂时停滞。流通仓储的"物"，已经完成了上一段生产过程，进入了流通领域但尚未进入再生产和消费领域。

流通储备可能以库存形式存在，也可能以非库存形式，或处于市场、车站、码头等物流节点上，或处于装卸、运输环节上。进入物流领域中的"物"，不论在什么环节上，都属于流通储备。

8.1.2　仓储支出

仓储活动由其特点所决定，也经常存在冲减物流系统效益的趋势，主要原因是伴随着仓储活动规模的扩大，物流费用支出也相应增加。

（1）固定费用支出。库存会引起仓库建设，仓库管理，仓库工作人员工资、福利等费用开支增高。

（2）机会损失。仓储物资占用资金所付利息，以及这部分资金如果用于另外项目会有更高的收益，所以，利息损失和机会损失都是很大的。

（3）陈旧损失与跌价损失。物资在库存期间，可能发生各种物理、化学、生物、机械等损失，严重者将失去全部价值及使用价值。

（4）保险费支出。为分担风险，我国对库存物资采取投保缴纳保险费的方法。保险费支出在有些国家、地区已达到相当大的比例，随着社会保障体系和安全体系日益完善，这个费用支出的比例还会呈上升的趋势。

（5）进货、验收、保管、发货、搬运等项支出。上述各项费用支出都是抵减企业效益的因素。仓储成本管理的任务之一，就是要在物流系统中充分发挥仓储有利的一面，而遏制其有害的面。

本章以一般工业生产企业内部物流仓储作业环节以及自有仓库为例介绍仓储成本管理的基本方法，其主要内容经适当选取可用于物流企业。一般工业企业内部物流仓储作业环节主要包括生产过程两端的原材料仓储作业环节与产成品仓储作业环节，本章将两个环节的仓储对象统称为货物。

 练一练

（单选题）物流成本管理的环节包括（　　）。

A. 运输　　　　　　B. 包装　　　　　　C. 仓储　　　　　　D. 以上均包括

8.2　仓储成本的构成

仓储成本主要包括仓储持有成本、订货或生产准备成本、缺货成本和在途库存持有成本等。

8.2.1　仓储持有成本

1. 仓储持有成本的构成

仓储持有成本是指为保持适当的库存而发生的成本。仓储持有成本主要包括资金占用成本、仓储维护成本、仓储运作成本、仓储风险成本。

（1）资金占用成本。

资金占用成本也称为利息费用或机会成本，是仓储成本的隐含费用。资金占用成本反映失去的盈利能力，如果资金投入其他方面，就会要求取得投资回报，因此资金占用成本就是这种尚未获得的回报的费用。为了核算上的方便，一般情况下，资金占用成本指占用资金支付的银行利息。

资金占用成本是仓储持有成本的一个重要组成部分，通常用持有库存的货币价值的百分比表示。也有用确定企业新投资最低回报率来计算资金占用成本的。

（2）仓储维护成本。

仓储维护成本主要包括与仓库有关的租赁、取暖、照明、设备折旧、保险费用和税金费用等。仓储维护成本随企业采取的仓储方式不同而有不同的变化，如果企业利用自用的仓库，大部分仓储维护成本是固定的；如果企业利用公共的仓库，则有关存储的所有成本将直接随库存数量的变化而变化，在做仓储决策时，这些成本都要考虑。

另外，根据货物的价值和类型，货物丢失或损坏的风险高，就需要较高的保险费用。

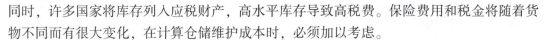

同时，许多国家将库存列入应税财产，高水平库存导致高税费。保险费用和税金将随着货物不同而有很大变化，在计算仓储维护成本时，必须加以考虑。

（3）仓储运作成本。

仓储运作成本主要与货物的出入库作业有关，具体包括：

①装卸搬运作业成本。例如支付给装卸搬运工人、装卸搬运机械司机和装卸搬运管理人员的工资、加班费、津贴、职工福利、劳动保护等费用；装卸搬运过程中消耗的燃料和电能等能源的费用；装卸过程中，消耗的轮胎、垫带及耗用的机油、润滑油等成本；装卸搬运的机械工具按会计原则应计的折旧成本；为装卸搬运机械和工具进行维护和小修所发生的成本；企业租赁装卸搬运机械或设备时应付的租金等费用；支付给外单位支援装卸搬运工作所发生的成本；在装卸搬运作业过程中发生的应由本期负担的货损、机械损坏、人员伤亡等赔偿费用。

②装卸搬运作业除外的成本，即出入库作业、验货、备货、仓储设施与设备的日常养护与管理的成本。例如：从事以上作业的员工工资、加班费、奖金、福利等费用；以上作业消耗的能源、低值易耗品的成本；以上作业使用的机器和工具的折旧及维修费用，如机器或工具为租赁所得，则租金代替折旧。

③应由仓储作业承担的营运间接费用等。

（4）仓储风险成本。

仓储风险成本是由于企业无法控制的原因而造成的库存货物贬值、损坏、丢失、变质等损失。

2. 仓储持有成本的计算项目

仓储持有成本可以分为固定成本和变动成本。固定成本与一定限度内的仓储数量无关，变动成本与仓储数量的多少相关。

（1）固定成本项目。

固定成本项目主要包括租赁费、取暖费、照明费、设备折旧费、保险费和税金等。

（2）变动成本项目。

变动成本项目主要包括库存占用资金的利息费用、仓储物品的毁损和变质损失、保险费用、搬运装卸费用、挑选整理费用等。

仓储持有成本与仓储数量的关系如图 8-1 所示。

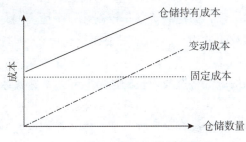

图 8-1 仓储持有成本与仓储数量关系

8.2.2　订货或生产准备成本

订货成本或生产准备成本，是指企业向外部的供应商发出采购订单的成本，或指企业内部的生产准备成本。

1. 订货成本

订货成本是指企业为了实现一次订货而进行的各种活动的费用，包括处理订货的差旅费、办公费等支出。订货成本中有一部分与订货次数无关，如常设机构的基本开支等，称为订货的固定成本；另一部分与订货的次数有关，如差旅费、通信费等，称为订货的变动成本。

具体来讲，订货成本包括与下列活动相关的费用：检查存货；编制并提出订货申请；对多个供应商进行调查比较，选择最合适的供应商；填写并发出订单；填写并核对收货单；验收发来的货物；筹集资金并付款。

2. 生产准备成本

生产准备成本，是指当库存的某些货物不由外部供应而是由企业自己生产时，企业为生产一批货物而进行准备的成本。其中，与生产货物的数量无关的费用如更换模具、增添某些专用设备等属于生产准备成本中的固定成本，与生产货物的数量有关的费用如材料费、加工费、人工费等属于生产准备成本中的变动成本。

8.2.3　缺货成本

缺货成本指由于库存供应中断而造成的损失，包括原材料供应中断造成的停工损失、产成品库存缺货造成的延迟发货损失和丧失销售机会的损失（还应包括商誉损失）；如果生产企业以紧急采购代用材料来解决库存材料的中断之急，那么缺货成本表现为紧急额外购入成本（紧急采购成本大于正常采购成本部分）。当一种货物缺货时，客户就会购买竞争对手的货物，这就会使企业产生直接利润损失，如果失去客户，还可能为企业造成间接或长期成本。在供应物流方面，原材料、半成品或零配件的缺货，意味着机器空闲甚至停产。

缺货成本是由于外部和内部中断供应所产生的。当企业的客户得不到全部订货时，叫作外部缺货；而当企业内部某个部门得不到全部订货时，叫作内部缺货。为了确定必要的库存量，有必要确定如果发生缺货而造成的损失的情况。

针对库存需求的不确定性，为把缺货损失控制在一个适度的范围，许多企业都会考虑保持一定数量的保险库存及缓冲库存，但是困难在于确定在何时需要保持多少保险库存，保险库存太多意味着多余的库存，而保险库存不足则意味着缺货或失销。

保险库存每一追加的增量都将造成效益的递减。超过期望需求量的第一个单位的保险库存，所提供的防止缺货的预防效能的增值最大，第二个单位所提供的预防效能比第一个单位稍小，依次类推。如果保险库存量增加，那么缺货概率就会减少。在某一保险存货水平，储存额外数量的存货成本加期望缺货成本会有一个最小值，这个水平就是最优水平。高于或低于这个水平，都将产生净损失。

8.2.4　在途库存持有成本

在途库存持有成本虽不像前面讨论的三项成本那么明显，然而在某些情况下，企业必须考虑这项成本。如果企业以货到收取货款的方式销售货物就意味有企业要负责将货物运达客户，当客户收到订货货物时，货物的所有权才转移。从理财的角度来看，货物仍是销售方的库存。因为这种在通货物在交给客户之前仍然属于企业所有，运货方式及所需的时间是储存成本的一部分，企业应该对运输成本与在途存货持有成本进行分析。

在途库存的资金占用成本等同于仓库中库存的资金占用成本。一般来说，在途库存持有成本总额要比仓储持有成本总额小。

练一练

（单选题）利息费用属于（　　）成本。
A. 仓储维护　　　　B. 资金占用　　　　C. 仓储运作　　　　D. 仓储风险

8.3　仓储成本的核算

仓储成本是伴随着物流仓储活动而发生的各种费用，仓储成本的高低直接影响着企业的利润水平，因此仓储成本管理是企业物流管理的一项重要内容。

8.3.1　仓储成本核算目的

仓储成本主要由三部分构成：伴随着物资的物理性活动发生的费用，以及从事这些活动所必需的设备、设施的费用；物流信息的传送和处理活动发生的费用，以及从事这些活动所必需的设备和设施的费用；对上述活动进行综合管理的费用。

仓储成本是客观存在的，但是，在对于仓储成本的计算内容和范围没有一个统一的仓储计算标准之前，不同的企业有不同的计算方法，企业之间千差万别，这给仓储成本计算和仓储成本管理带来很大困难。随着仓储成本管理重要性的提高，企业出现了统一物流计算标准的要求。从企业经营的总体上看，进行仓储成本计算获得数据，主要为了满足以下几个方面的需要：

（1）为各个层次的经营管理者提供物流管理所需的成本资料。

（2）为编制物流预算以及预算控制提供所需的成本资料。

（3）为制订物流计划提供所需的成本资料。

（4）提供价格计算所需的成本资料

8.3.2　仓储成本核算对象

为满足上述各方面的需要，就要明确仓储成本的计算对象和计算单位，以便正确归集与计算成本。

仓储成本计算对象的选取，主要取决于经营管理的需要，即按适用对象来计算仓储成本。通常可以选取的仓储成本计算对象有仓储货物种类、销售地区、货物顾客等。将仓储货物作为仓储成本计算对象是仓储成本计算的基本方法。按货物计算仓储成本是指把按项目计算出来的仓储费，归集或分配给各类货物，以此计算各类货物的仓储成本总额与单位成本。这种方法可以用来分析各类货物的仓储效益。

仓储成本的计算单位，通常是仓储货物的实物单位，或者是货物的重量单位(kg、t)，或容积单位(L、m³)，也可以是货物的价值单位(元)等。

仓储成本除了按物流活动领域、支付形态等类别分类外，还应根据管理上的需要进行分类，而且要通过不同期间成本的比较，实际发生费用与预算标准的比较，并结合仓储周转数量和仓储服务水平，对仓储成本进行分析。

8.3.3 仓储费用分项归集的基本方法

仓储成本计算所依据的原始数据主要由企业会计部门提供，由于企业发生的仓储费用除少数项目外，往往与其他部门发生的费用混合在一起，需要采取合理的方式将其剥离出来。下面简要说明主要仓储成本项目的费用剥离与归集方法。

(1)材料费。材料费是与仓储作业相关联的材料耗费，例如包装耗材、作业工具耗费、器具备品耗费、燃料耗费等，可以根据材料的领用记录计算与归集。对于与非仓储作业相混用的材料，可按一定方法对其费用加以分割。

(2)人工费。人工费可以直接根据从事仓储作业的人员工资、奖金、补贴等报酬的实际金额加以计算与归集。

(3)物业管理费。物业管理费包括水、电、气等费用，可以根据安装在设施上的用量记录装置获取相关数据，也可以根据建筑设施的比例和物流人员的比例简单推算。

(4)折旧。折旧根据设施设备的折旧年限、折旧率计算。

(5)利息。利息可根据物流相关资产的贷款利率计算。

(6)营运间接费用。营运间接费用可以按管理人员构成比例或固定比率分摊计算。

8.3.4 仓储成本核算方法

1. 纳入会计核算体系，计算仓储实际成本

企业可按仓储成本计算对象计算归集仓储费用，并计算仓储成本和单位成本。具体方法与前述汽车货运成本计算方法类同，不再赘述。

2. 采用作业成本法归集计算仓储成本

具体方法参见本书有关作业成本法章节内容。

3. 按仓储成本与库存货物成本比率估算

在仓储实际成本无法按项目据实计算时，可采用按仓储成本与库存货物成本比率估算的方法(表8-1)，其步骤如下：

(1)确定库存货物的成本，企业可采用先进先出法、移动加权平均法、加权平均法、个别计价法等存货计价方法计算存货的成本。

(2)按仓储成本项目逐项估算该项全年成本占存货成本的比率。

(3)用各项储存成本占存货成本的比率乘以存货成本并求和，就可以估算出保管一定数量货物的年库存成本。

表8-1 仓储成本占存货货物成本比率的估算方法

项目	占存货成本比率/%	存货成本/万元	仓储持有成本/万元
仓储维护成本	8		80
仓库租金	1		10
仓库折旧	5		50
税金	1		10
保险费	1		10
仓储作业成本	5		50
搬运装卸费用	2		20
设备折旧	1	1 000	10
能源消耗	1		10
人工费用	1		10
其他成本	10		100
资金占用成本	7		70
库存货物损坏	1		10
丢失	1		10
变质等损失	1		10
仓储持有成本总额	23	1 000	230

4. 按各种相关比率关系估算仓储成本

按仓储搬运费、仓储保管费、材料消耗费、人工费、仓储管理费、仓储占用资金利息等和与其相关的各种比率关系来估算其费用数额，最终计算出仓储成本的总额。

这种计算方法是从月度损益表中"管理费用""财务费用""营业费用"等各个项目中找出含有仓储费用的项目及其数额，将其数额乘以一定的比率(物流部门比率，分别按人数平均、台数平均、面积平均、时间平均等计算出来)算出仓储部门的费用。再将仓储成本总额与上一年度的数值做比较，弄清楚增减的原因并研究制订整改方案。其示例见表8-2。

表8-2 光华乳业公司按支付形态划分的仓储成本计算表　　　单位：元

支付形态	管理、财务、营业等相关费用	仓储成本	计算基准/%	备注
仓库租赁费	100 080	100 080	100	金额比率
材料消耗费	30 184	30 184	100	金额比率
工资津贴费	631 335	178 668	28.3	人数比率
燃料动力费	12 645	6 664	52.7	面积比率
保险费	10 247	5 400	52.7	面积比率
修缮维护费	19 596	10 327	52.7	面积比率
仓储搬运费	28 114	14 816	52.7	面积比率
仓储保管费	39 804	20 977	52.7	面积比率

续表

支付形态	管理、财务、营业等相关费用	仓储成本	计算基准/%	备注
小计	872 005	367 116	42.1	成本费用比率
仓储管理费	19 276	8 115	42.1	成本费用比率
易耗品费	21 316	8 974	42.1	成本费用比率
资金占用利息	23 861	10 045	42.1	成本费用比率
税金等	33 106	13 937	42.1	成本费用比率
小计	97 559	41 071	42.1	成本费用比率
合计	969 564	408 187	42.1	成本费用比率

表8-2中计算基准的计算公式如下（该公司有127人，物流工作人员有36人；全公司面积为5 869m²，物流设施面积为3 093m²）：

人数比率＝物流工作人员数÷全公司人数＝36÷127＝28.3%

面积比率＝物流设施面积÷全公司面积＝3 093÷5 869＝52.7%

成本费用比率＝（仓储成本前8项之和）÷（相关费用前8项之和）＝42.1%

5. 按仓储项目计算仓储成本

按前面所述的支付形态进行仓储成本分析，还须进一步按其用途（即费用项目）加以分类，以满足仓储成本管控的需要。仓储成本项目的划分与计算方法见表8-3。

表8-3　永康乳品厂按项目计算的仓储成本计算表 单位：元

仓储成本按支付形态归集		仓储成本按项目分解				
		仓储租赁费	仓储保管费	仓储管理费	材料消耗费	搬运费
仓库租赁费	100 080.00	100 080.00	—	—	—	—
(2)材料消耗费	30 184.00	8 074.00	12 405.00	4 889.00	4 816.00	
(3)工资津贴费	178 668.00	53 600.00	44 667.00	17 866.80	—	62 533.80
(4)燃料动力费	6 664.00	1 066.00	—	4 664.80	932.96	
(5)保险费	5 400.00	2430.00	2 700.00	270.00		
(6)修缮维护费	10 327.00	3 511.18	—	3 717.72	3 098.10	
(7)仓储搬运费	14 816.00	—	—		2 963.20	11 852.80
(8)仓储保管费	20 977.00	1 014.38	20 977.00	—		
(9)仓储管理费	8 115.00	—	1 014.38	1 014.38	5 071.88	
(10)易耗品费	8 974.00	—			8 974.00	
(11)资金占用利息	10 045.00	4 520.25	5 524.75	5 524.75		
(12)税金等	13 973.00	2 787.40	8 362.20	8 362.20		
	408 187.00 *	177 083.85	95 650.33	35 210.10	25 856.14	74 386.60

* 仓储成本按项目分解之和为408 187.02元，误差为0.02元

8.3.5　存货数量的盘存方法

企业存货的数量需要通过盘存来确定，常用的存货数量盘存方法主要有实地盘存制和

永续盘存制。

1. 实地盘存制

实地盘存制也称定期盘存制，指会计期末通过对全部存货进行实物盘点，以确定期末存货结存数量，然后分别乘以各项存货的盘存单价，计算出期末存货的总金额，计入各有关存货账户，再倒算出各种存货本期已耗用或已销售存货的成本。这种方法在物流企业被称为"以存计销"或"盘存计销"。

采用实地盘存制的优点：平时可以不登记存货明细账减少栏，从而简化了核算工作。

采用实地盘存制的缺点：核算手续不够严密，不能通过账簿记录随时反映各种存货的收入、发出和结存情况，不利于对存货的计划、管理和控制；由于发出存货的成本是通过倒算的方式确定的，如果出现收发错误、毁损、自然损耗、被盗等情况，账面均无反映，而是全部隐匿在倒算出的本期发出(销售或耗用)存货之中，不利于对存货的管理，影响成本的计算和利润确定的正确性。

2. 永续盘存制

永续盘存制也称账面盘存制，对存货项目随时进行库存记录，即分别品名、规格设置存货的明细账，逐笔或逐日地登记收入或发出的存货，并随时记录结存数。

在永续盘存制下，一般情况下存货账户余额应当与实际库存相符。采用永续盘存制，也应根据需要对存货进行实物盘点。为了核对存货的账面记录，加强对存货的管理，每年至少应对存货进行一次全面盘点。

采用永续盘存制的优点：核算手续严密，平时可以通过账簿记录完整掌握各种存货收发及结存情况，有利于加强控制和管理。

采用永续盘存制的缺点：存货核算的工作量较大。

练一练

(单选题)存货的盘存方法有(　　　)。

A. 账面盘存制　　　　　　　　　B. 定期盘存制

C. 个别计价　　　　　　　　　　D. 加权平均

8.4　仓储成本分析与管理

在物流企业中存货占有较大的比重，因此，物流企业的仓储成本管理是一项非常重要的工作。库存物资数量并非越多越好，库存物资数量过多，占用的资金和支付的仓储保险费也就过多，显然是不经济的。因此，物流企业仓储成本管理的核心内容是确定合理的库存量。

8.4.1　影响仓储成本的因素

物资仓储量的多少是由许多因素决定的。比如，从物资本身的特征来看，货物本身的性能不稳定，易燃、易爆、易变质的货物的库存量要小一些；时尚性强的货物，库存量要小一些，如时装等；时尚性不强的货物，库存量可以高一些，如烟酒等。从物资管理方面来看，运输条件的便利与否也是影响因素之一。从交通方面来看，运输周期短的货物，可以保持较小的库存量；反之，运输不便、运输周期长的货物，应保持较高的库存量。从物资的使用和销售方面来看，一般销售量增加，相应的库存量也要增加；反之，销售量减少，库存量也要减少。在研究物资最佳仓储量时，采购批量的大小是控制仓储量的基础。影响采购批量的因素可以分为以下几个方面。

1. 取得成本

取得成本是指在采购过程中所发生的各种费用的总和。这些费用大体可以归结为两大类：一是随采购数量的变化而变化的变动费用；二是与采购数量多少关系不大的固定费用。

2. 储存成本

生产销售使用的各种物资，在一般情况下都应该有一定的储备。储备就会有成本费用发生，这种费用也可以分为两大类：一是与储备资金（即储备物资所占用的资金量）多少有近似正比关系的成本，如储备资金的利息、相关的税金等；二是与仓储物资数量（即仓储规模）有近似正比关系的成本，如仓库设施维护修理费、物资装卸搬运费、仓库管理人员工资等。

3. 缺货成本

由于计划不周或环境条件发生变化，导致企业在仓储中发生了缺货现象，从而影响生产的顺利进行，造成生产或销售上的损失，这种由于缺货原因所造成的生产损失和其他额外支出称为缺货损失。所以，为了防止缺货损失，在确定采购批量时，必须综合考虑采购费用、储存费用等相关因素，以确定最佳的经济储量。

4. 运输时间

在物资采购过程中，要做到随要随到的情况是有条件的。在一般情况下，物资采购到企业仓库总是需要一定的时间。所以，在物资采购时，需要将运输时间考虑在相关因素中。

总之，在对上述影响物资采购批量的因素进行综合分析之后，才能正确确定物资的最佳经济采购量，从而进一步确定仓储的最佳经济储量。

 练一练

（多选题）影响仓储成本的因素有（　　）。

A. 仓储管理人员工资　　　　B. 存货的买价

C. 运输时间　　　　　　　　D. 缺货成本

8.4.2　仓储成本的分析

物流企业的仓储成本分析，应该从取得成本、储存成本、缺货成本三个方面进行。

1. 取得成本

取得成本是指为取得存货而支出的成本。取得成本又可以分为订货成本和购置成本，前者是指取得订单的成本，与订货次数有关；后者是存货本身的价值。

因此取得成本为

$$TC_a = F_1 + K_a D/Q + DU$$

式中，TC_a——取得成本；

F_1——订货固定成本；

K_a——每次订货的变动成本；

D——年需求量；

Q——每次订货批量；

U——单价。

2. 储存成本

储存成本是指企业为保持存货而发生的成本，如仓储费、搬运费、保险费、占用资金的利息等。储存成本可以分为变动成本和固定成本两部分，前者与存货数量的多少有关，后者与存货数量无关。因此储存成本为

$$TC_c = F_2 + K_c Q/2$$

F_2——固定储存成本；

K_c 单位变动储存成本。

3. 缺货成本

缺货成本是指由于存货不能满足生产经营活动的需要而造成的损失，如失销损失、信誉损失、紧急采购额外支出等。缺货成本用 TC_s 表示。

4. 总成本

总成本 TC 与每次订货批量 Q 的关系式为

$$总成本(TC) = 取得成本 + 储存成本 + 缺货成本$$
$$= TC_a + TC_c + TC_s$$
$$= F_1 + K_a D/Q + DU + F_2 + K_c Q/2 + TC_s$$

从上式可知，如果订货批量 Q 有所加大，可以使取得成本 TC_a 和缺货成本 TC_s 有所减少，但相应地会使储存成本 TC_c 有所增加；反之，如果订货批量 Q 有所减少，可以使储存成本 TC_c 有所减少，但相应地会使订货成本 TC_a 和缺货成本 TC_s 有所增加。存货管理的目标是使存货的总成本达到最小，即确定经济批量。

5. 经济批量的基本模型

经济批量基本模型的假设条件：企业能及时补充存货，不考虑缺货成本；集中到货；存货单价不变，不考虑现金折扣和数量折扣。

$$TC = 取得成本 + 储存成本$$
$$= TC_a + TC$$
$$= (F_1 + K_a D/Q + DU) + (F_2 + K_c Q/2)$$

在 K_a、D、K_c 为已知常数时，TC 的大小取决于 Q，经济批量 Q 的计算公式为

$$Q^* = \sqrt{2K_a D/K_c}$$

经济批量与取得成本、储存成本的关系，如图8-2所示。

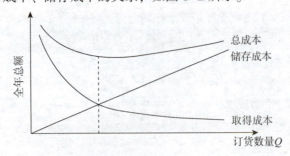

图8-2　经济批量与订货成本、持有成本关系

根据经济批量公式，还可以推算出以下公式：

每年最佳订货次数（次）

$$N^* = D/Q^*$$

最佳储存总成本（元）

$$TC^* = \sqrt{2DK_aK_c}$$

6. 保险储备

上述经济批量模型均假设存货的供需是稳定的，即每日需求量不变。但实际情况并非完全如此，需求量经常会发生变化，交货时间由于各种原因也可能延误。这些不确定因素的存在，要求企业要持有一定的保险储备，以防止延误、存货短缺等造成的损失。建立保险储备的代价是储存成本的增加。保险储备大，因缺货造成的损失小，但相应的储存成本大；保险储备小，储存成本小，但可能因缺货造成的损失大。最佳保险储备的确定，就是在存货短缺所造成的损失和保险储备的储存成本之间做出权衡，要使两者之和（总成本）达到最小。保险储备总成本公式为

$$TC(S，B) = C_s + C_b = K_uSN + BK_c$$

式中，$TC(S，B)$——与保险储备有关的总成本；

C_s——缺货成本；

C_b——保险储备成本；

S——缺货量；

K_u——单位缺货成本；

N——年订货次数；

B——保险储备；

K_c——单位储存成本。

其中，缺货量S具有一定的概率分布，其概率可根据历史经验估计。按概率的方法，可以计算不同保险储备量下的缺货量的期望值，进而计算出不同保险储备量下的成本，对成本进行比较，总成本最低时的保险储备即为最佳保险储备量。

【例题8-1】红旗汽车配件销售公司主要经营某种汽车零部件，每年的销售量为400件，该零件的单位储存成本为25元/件，一次订货成本为50元/次，单位缺货成本为1.5元/件。在交货间隔期内的需要量及其概率分布见表8-4。

表 8-4　在交货间隔期内的需要量及其概率分布

需要量/件	10	20	30	40	50
概率	0.1	0.2	0.4	0.2	0.1

经济批量：

$$Q^* = \sqrt{2DK_aK_c} = \sqrt{2\times50\times400\div25} = 40(件)$$

每年最佳订货次数：

$$N^* = D/Q^* = 400/40 = 10(次)$$

交货期内平均需要量 $10\times0.1+20\times0.2+30\times0.4+40\times0.2+50\times0.1 = 30$（件）

保险储备如果为 30 件，缺货量为 0，则总成本为

$$TC(S, B) = C_s + C_b = K_u SN + BK_c$$
$$= 0 + 25\times30 = 750(元)$$

保险储备如果为 20 件，缺货量为 10，则总成本为

$$TC(S, B) = 10\times1.5\times10 + 25\times20 = 650(元)$$

保险储备如果为 10 件，缺货量为 20，则总成本为

$$TC(S, B) = 20\times1.5\times10 + 25\times10 = 550(元)$$

故应保持 10 件的保险储备。

在通货膨胀期间，购价会经常性地变化，运输成本会上升，资金成本也会增加，经济批量模型中的许多因素都具有不稳定性，物流企业可以看准机会，在价格大幅度上升之前购入存货。在通货膨胀情况下，企业需要更有弹性的仓储管理。

练一练

计算题：

A 公司以单价 10 元每年购入某种产品 8 000 件。每次订货费用为 30 元，资金年利息率为 12%，单位维持库存费按库存货物价值的 18% 计算。若每次订货的提前期为 2 周，试求经济生产批量、最低年总成本、年订购次数和订货点。

8.4.3　仓储成本的控制原则

1. 政策性原则

（1）国家利益、企业利益和消费者利益的关系。降低仓储成本从根本上说对国家、企业、消费者都是有利的，但是如果在仓储成本控制过程中，采用不适当的手段损害国家和消费者的利益，是极端错误的，应予避免。

（2）质量和成本的关系。不能片面追求降低储存成本，而忽视储存物资的保管要求和保管质量。

2. 经济性原则

（1）因仓储成本控制而发生的成本费用支出，不应超过因缺少控制而丧失的收益。同销售、生产、财务活动一样，任何仓储管理工作都要讲求经济效益。为了建立某项严格的仓储成本控制制度，需要发生一定的人力或物力支出，但这种支出不应太大，不应超过建

立这项控制所节约的成本。

（2）通常增加成本控制环节发生的成本比较容易计量，而控制的收益则较难确定，但并不能因此否定这条原则。在一般情况下，控制的收益会明显大于其成本，人们可以做出定性的判断。

（3）企业应在仓储活动的重要领域和环节上对关键的因素加以控制，而不是对所有成本项目都进行同样周密的控制。

（4）仓储成本控制要起到降低成本、纠正偏差的作用，并具有实用、方便、易于操作的特点。

（5）在仓储成本控制中要贯彻"例外原则"，对正常储存成本费用支出可以从简控制，而特别关注各种例外情况。

（6）管理活动要遵循重要性原则，将注意力集中于重要事项，对一些无关大局的成本项目可以从略。

（7）仓储成本控制系统应具有灵活性。对于各种始料未及的情况，控制系统应能发挥作用，不至于在市场变化时成为无用的"装饰品"。

3. 分级归口管理原则

企业的仓储成本控制目标，要层层分解，落实到各环节、各小组甚至个人，形成一个仓储成本控制系统。一般来说控制的范围越小越好，因为这样可使各有关责任单位明确责任范围，使仓储成本控制真正落到实处。

4. 权责利相结合原则

落实到每一个环节、小组或个人的目标成本，必须与他们的责任大小、控制范围相一致，否则成本控制就不可能产生积极的效果。同时为了充分调动控制者的积极性，应将仓储成本控制的好坏与奖励的大小结合起来。

5. 全面性的原则

由于仓储成本涉及企业管理的方方面面，所以仓储成本控制要进行全员、全过程和全方位控制。

8.4.4 库存最优控制

库存的最优控制部分是确定仓库的商业模式的，即要（根据上一层设计的要求）确定本仓库的管理目标和管理模式，如果是供应链上的一个执行环节，是成本中心，多以服务质量、运营成本为控制目标，追求合理库存甚至零库存。

如果是独立核算的利润中心，则是完全不同的目标和管理模式，除了服务质量、运行成本外，更关心利润的核算，因此计费系统和客户关系管理成为其中极其重要的组成部分，因为在计费系统中固化了市场营销的战略和策略。

1. 存货的订购点控制法

订购点控制法是以固定订购点和订购批量为基础的一种存货控制方法。它以永续盘存制为基础，当库存低于或等于再订购点时就提出订货计划，并且每次订购的数量是固定的。

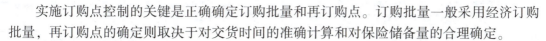

实施订购点控制的关键是正确确定订购批量和再订购点。订购批量一般采用经济订购批量，再订购点的确定则取决于对交货时间的准确计算和对保险储备量的合理确定。

（1）影响再订购点的因素。

①交货期：指从办理采购到货物验收入库为止的时间间隔，包括办理订购、发运、在途、验收入库等所需时间。

②平均耗用量：指物资每日的平均耗用量。

③保险储备量：保险储备是为应付采购期间需要量的变动而建立的，包括不能按时到货、实际交货时间延时而增加的需要量，也包括交货期内实际每日需要量超过平均日需要量而增加的需要量。

（2）再订购点的确定。

再订购点的计算式为

$$再订购点 = 交货时间 \times 每日出库量 + 保险储备量$$
$$= 交货期平均耗用量 + 保险储备量$$

在实际工作中，将订购点数量的物资从库存中分离出来，单独存放或加以明显标志，当库存量的其余部分用完，只剩下订购点数量时，即提出订货，每次订购固定数量的物资。

再订购点与交期平均耗用量、保险储备量的关系，如图 8-3 所示。

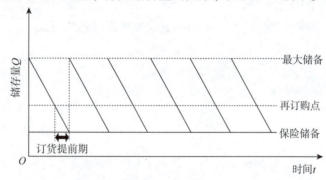

图 8-3　再定购点与交货期平均耗用量、保险储备关系

（3）订购点控制法的优点。

①能经常掌握库存量动态，不易出现缺货。

②保险储备量少，仓储成本相对较低。

③每次订购量固定，能采用经济批量，也便于进货搬运和保管作业。

④盘点和订购手续比较简单，尤其便于计算机进行控制。

（4）订购点控制法的缺点。

①订购时间不确定，难以编制严密的采购计划。

②不适用需求量变化较大的物资，不能及时调整订购批量。

定量控制法般适用于单位价值较低、需求量比较稳定、缺货损失较大、储存成本较高的货物。

2. 存货的定期控制法

定期控制法是指以固定的订购周期为基础的一种库存控制方法。它采用定期盘点，按固定的时间间隔检查库存量，并随即提出订购批量计划，订购批量根据盘点时的实际库存量和下一个进货周期的预计需要量而定。

在定期库存控制中，关键问题在于正确确定检查周期，即订购周期。检查周期的长短对订购批量和库存水平有决定性的影响。订购周期是由预先规定的进货周期和备运时间长短所决定的。

合理确定保险储备量同样是实施定期控制的重要问题。在定期库存控制中，保险储备量不仅要用以应付交货期内需要量的变动，而且要用以应付整个进货周期内需要量的变动，因此，与定量控制相比，定期控制要求有更大的保险储备量。

(1)定期采购量标准。

定期采购量标准是指每次订购的最高限额，它由订购周期平均耗用量、交货期平均耗用量与保险储备量构成。其公式为

$$定期采购量=供应间隔时间×每日平均耗用量+交货期时间×$$
$$每日平均耗用量+保险储备量$$

(2)定期控制法的特点。

定期控制法的特点是：订购时间固定，能调整订购批量，但不能及时掌握库存情况，保险储备量较大，每次订购量不固定。

(3)定期控制法的适用范围。

1)需求量较大，有较严格的保管期限，必须严格管理的物资。

2)需求量变化大，可以事先确定用量的物资。

3)发货次数较多，难以进行连续动态管理的物资。

4)许多不同物资能从统一供应商或中心集中采购订货。

3. ABC 分类法

ABC 分类法又称帕累托分析法或巴雷托分析法、柏拉图分析、主次因素分析法、ABC 分析法、ABC 法则、分类管理法、重点管理法、ABC 管理法，它是根据事物在技术或经济方面的主要特征，进行分类排队，分清重点和一般，从而有区别地确定管理方式的一种分析方法。由于它把被分析的对象分成 A、B、C 三类，所以又称为 ABC 分析法。

4. 基本原理

ABC 分类法的基本原理是"关键的是少数，次要的是多数"，根据各项存货在全部存货中重要程度的大小，将存货分为 A、B、C 三类。A 类物资，占用资金较大，应该严格按照最佳库存量的办法，采取定期订货方式设法将物资库存降到最低度，并对库存变动实行经常或定期检查，严格盘存等；C 类物资虽然数量较多，但占用的资金不大，因此在采购订货方式上，可以用定量不定期的办法，即按订货点组织订货，在仓库管理上可采取定期盘点，并适当控制库存；B 类物资，可分别不同情况，对金额较高的物资可按 A 类物资管理，对金额较低的物资可按 C 类物资管理。

5. 分析步骤

(1)收集数据：按分析对象和分析内容，收集有关数据。例如，打算分析产品成本，则应收集产品成本因素、产品成本构成等方面的数据；打算分析针对某一系统高价值工

程，则应收集系统中各局部功能、各局部成本等数据。

如要对库存物品的平均资金占用额进行分析，可以了解哪些物品占用资金多，以便实行重点管理。应收集的数据为：每种库存物资的平均库存量、每种物资的单价等。

(2) 处理数据：对收集来的数据资料进行整理，按要求计算和汇总。比如以平均库存乘以单价，求算各种物品的平均资金占用额。

(3) 制 ABC 分析表：ABC 分析表栏目构成如下：第一栏物品名称；第二栏品目数累计，即每一种物品皆为一个品目数，品目数累计实际就是序号；第三栏品目数累计百分数，即累计品目数对总品目数的百分比；第四栏物品单价；第五栏平均库存；第六栏是第四栏单价乘以第五栏平均库存，为各种物品平均资金占用额；第七栏为平均资金占用额累计；第八栏平均资金占用额累计百分数；第九栏为分类结果。

制表按下述步骤进行：将第 2 步已求算出的平均资金占用额，以大排队方式，由高至低填入表中第六栏。以此栏为准，将相当物品名称填入第一栏、物品单价填入第四栏、平均库存填入第五栏、在第二栏中按 1，2，3，4……编号，则为品目累计。此后，计算品目数累计百分数，填入第三栏；计算平均资金占用额累计，填入第七栏；计算平均资金占用额累计百分数，填入第八栏。

(4) 根据 ABC 分析表确定分类：按 ABC 分析表，观察第三栏累计品目百分数和第八栏平均资金占用额累计百分数，将累计品目百分数为 5%~15% 而平均资金占用额累计百分数为 60%~80% 的前几个物品，确定为 A 类；将累计品目百分数为 20%~30%，而平均资金占用额累计百分数也为 20%~30% 的物品，确定为 B 类；其余为 C 类，C 类情况正和 A 类相反，其累计品目百分数为 60%~80%，而平均资金占用额累计百分数仅为 5%~15%。

(5) 绘 ABC 分析图：以累计品目百分数为横坐标，以累计资金占用额百分数为纵坐标，按 ABC 分析表第三栏和第八栏所提供的数据，在坐标图上取点，并联结各点曲线，则绘成 ABC 曲线。

按 ABC 分析曲线对应的数据，按 ABC 分析表确定 A、B、C 三个类别的方法，在图上标明 A、B、C 三类，则制成 ABC 分析图。在管理时，如果认为 ABC 分析图直观性仍不强，也可绘成直方图。

(6) 应用局限。

ABC 分析的结果，只是理顺了复杂事物，搞清了各局部的地位，明确了重点。ABC 分析主要目的更在于解决困难，它是一种解决困难的技巧。但是，ABC 分类标准过于单一，主要按库存物品所占资金数量进行分类，没有考虑到采购难易度、采购提前期、供方垄断、生产依赖性等因素，具有一定的片面性。因此，在分析的基础上必须提出解决的办法，才真正达到 ABC 分析的目的。

6. 分析举例

【案例 8-2】根据 JD 仓库各类库存物资进行分类统计，编制 ABC 分析表，并根据 ABC 分析表确定分类，见表 8-5。

表 8-5　ABC 分析表

物资序号	数量	单价	占用资金			占存货数量百分比		归类
			金额/元	比值/%	累计/%	比值/%	累计/%	
	①	②	③=①×②	④=③/∑③	⑤=④累计	⑥=①/∑①	⑦=⑥累计	
1	10	680	6 800	68.0	68.0	5.49	5.49	A
2	12	100	1 200	12.0	80.0	6.59	12.09	A
3	25	20	500	50.	85.0	13.74	25.82	B
4	20	20	400	4.0	89.0	10.99	36.81	B
5	20	10	200	2.0	91.0	10.99	47.80	C
6	20	10	200	2.0	92.0	10.99	58.79	C
7	10	20	200	2.0	95.0	5.49	64.29	C
8	20	10	200	2.0	97.0	10.969	75.27	C
9	15	10	150	1.5	98.5	8.24	83.52	C
10	30	5	150	1.5	100	16.48	100.00	C
合计	182	—	10 000	100	—		—	—

据此表绘制 ABC 分析图，如图 8-4 所示。

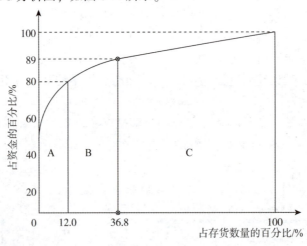

图 8-4　ABC 分析图

从表 8-5 和图 8-3 可以得出：编号 1~2 的物资为 A 类，占用资金 80%；编号 3~4 的物资为 B 类，占用资金 9%；编号 5~10 的物资为 C 类，占用资金 11%。故应对这三类各自包含的物资分别采取不同的管理方式。

 能力训练

一、单选题

1. 仓储对企业物流成本的负面影响不包括（　　）。

A. 机会损失

B. 减少固定资产投资与其他成本的支出

C. 陈旧损失与跌价损失

D. 仓储活动有可能占用企业过多的流动资金，从而影响企业正常运转

2. 仓库作业操作的前提条件是(　　)。

A. 维护合同　　　　　B. 有系统管理

C. 有基础数据　　　　D. 以上均不是

3. 下面哪项属于增值服务(　　)。

A. 促销品进/出仓装卸　B. 再包装

C. 库内调整　　　　　D. 清理货物

4. 装卸的作业类型由(　　)维护。

A. 总部财务　　　　　B. 分公司财务C. 系统管理部D. 信息主管

5. 在(　　)状态下可以进行装卸作业单修改。

A. 未审核　　　　　　B. 主管审核

C. 分公司财务审核　　　D. 总部财务审核

6. 仓库的装卸是否为与客户/供应商同时结算由(　　)判断。

A. 仓库主管　　　　　　B. 分公司财务C. 统计人员D. 总部财务

7. 物流配送成本管理中(　　)方式指配送业务一部分由自身完成，部分外包给第三方。

A. 差异化　　　　　　B. 合并C. 混合D. 延迟

8. 假定仓储成本为20%，年度存货成本为100万美元的企业，其平均存货为(　　)万美元。

A. 10　　　　　　　　B. 5C. 20D. 15

9. 在物流系统中，起着缓冲、调节和平衡作用的物流活动是(　　)。

A. 运输　　　　　　　B. 配送C. 装卸D. 仓储

10. 自动仓储系统的英文缩写是(　　)。

A. AS/SR　　　　　　B. AS/RSC. SA/RSD. SA/SR

二、理论问答

1. 仓储持有成本主要包括哪些内容？

2. 何为订货成本或生产准备成本、缺货成本、在途库存持有成本？

3. 如何选取仓储成本计算对象？

4. 仓储成本的计算方法有哪几种？

三、实训题

1. 红旗汽车修理厂每月需要某种零件2 000件，单价为30元，每次订购费为100元，年库存保管费率为16%，求经济订货批量以及年库存管理总费用。

2. 好宜居建材仓库存货统计见表8-6，据表中给出的数据计算并填列第3栏和第6栏，然后绘制ABC分析图。

表 8-6　建材 ABC 分析表

材料名称	品种数量	占总品种/%		库存金额/元	占存货数量百分比		分类
		比值	累计		比值/%	累计/%	
	①	②	③	④	⑤	⑥	⑦
中纤板加工板	136	2.34		13 289 778.80	25.52		
通用五金	55	0.95		6 890 674.21	13.23		
油漆及天那水	95	1.63		6 691 005.98	12.85		
刨花板加工板	87	1.50		4 571 994.95	8.78		
实木	43	0.74		3 203 353.24	6.15		
封边条	188	3.23		2 984 680.78	5.73		
杂木外购件	256	4.40		2 798 270.08	5.37		
五金杂件	614	10.56		2 521 401.33	4.84		
布料皮革	98	1.69		2 385 858.44	4.58		
工具耗材	1 125	19.35		1 359 080.13	2.61		
纸箱	1 413	24.30		1 208 781.68	2.32		
木皮	145	2.49		665 519.37	1.28		
玻璃	242	4.16		655 855.33	1.26		
保丽龙	497	8.55		649 777.78	1.25		
胶黏剂	497	8.55		643 744.38	1.24		
珍珠棉	17	0.29		578 688.44	1.11		
贴面纸	46	0.79		447 187.44	0.86		
蜂窝纸芯	7	0.12		330 890.31	0.64		
其他	253	4.35		202 556.72	0.39		
合计	5814	100		52 079 099.39	100		

 展 思 悟

从十八大到二十大看物流行业未来发展趋势

导读：从十八大到二十大这十年，现代物流业发展步入快车道，产业地位不断提升，本次党的二十大报告提及物流相关关键词 3 次，涉及产业链供应链韧性、安全水平以及交通强国建设三个方面。从趋势上看，未来我国物流业将持续上行发展，迎来四大发展机遇。

（一）二十大总结

二十大大会主题：高举中国特色社会主义伟大旗帜，全面贯彻新时代中国特色社会主义思想，弘扬伟大建党精神，自信自强、守正创新，踔厉奋发、勇毅前行，为全面建设社会主义现代化国家、全面推进中华民族伟大复兴而团结奋斗。

习近平总书记在党的二十大报告中全面回顾总结了过去五年党和国家的历史性成就以及新时代十年的伟大变革，科学绘制了未来五年乃至本世纪中叶的宏伟蓝图，从经济、科教、民主、法治、文化、民生、生态、国家安全、国防和军队现代化、"一国两制"和祖国统一、

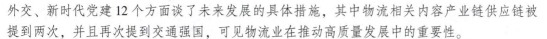

外交、新时代党建 12 个方面谈了未来发展的具体措施，其中物流相关内容产业链供应链被提到两次，并且再次提到交通强国，可见物流业在推动高质量发展中的重要性。

(二)从十八大到二十大物流地位逐渐提升

物流业一头连着生产，一头连着消费，在总书记关于现代物流与供应链一系列重要讲话指示批示指引下，从十八大到二十大这十年现代物流业快速发展，产业地位不断提升。

重要会议	时间	涉及物流内容	简要解读
二十大	2022 年 10 月	着力提升产业链供应链韧性和安全水平；加快建设交通强国；确保重要产业链供应链安全	二十大报告两提产业链供应链，对供应链的关注从微观的企业层面提升到产业层面，将产业链供应链安全提升到国家安全层面，着重关注重点领域产业链供应链安全；再提交通强国
十九大	2017 年 10 月	在现代供应链领域培育新增长点、形成新动能；加强物流等基础设施网络建设；建设交通强国	十九大报告首次将物流与公路、铁路等国家重大基础设施并列，确立了物流基础性和准公益性的地位，提出在现代供应链领域培育新增长点、形成新动能；做出了交通强国的重大决策
十八大	2012 年 11 月	未直接提到物流、供应链等关键词，但十八大以来相继发布多项物流相关政策	十八大报告中虽然没有直接提到物流、供应链等关键词，但从十八大以来国务院先后印发《物流业发展中长期规划（2014—2020 年）》(国发[2014]42 号)、《物流降本增效专项行动方案（2016—2018 年）》(国办发[2016]69 号)等政策文件，出台了简政放权、减税降费、补短强基、互联互通等一系列政策措施，引导实体经济降低物流成本水平，助力物流行业不断向上发展，物流业在市场经济中的地位逐渐凸显，发展步入快车道

(三)二十大报告物流相关内容解读

党的二十大报告两提产业链供应链，分别在第四章节"加快构建新发展格局，着力推动高质量发展"和第十一章节"推进国家安全体系和能力现代化，坚决维护国家安全和社会稳定"，对供应链的关注从以往微观的企业层面提升到产业层面，将产业链供应链安全提升到国家安全层面，并且再次提到交通强国建设。

1. 着力提升产业链供应链韧性和安全水平

二十大报告在第四章节，"加快构建新发展格局，着力推动高质量发展"中明确提出：我们要坚持以推动高质量发展为主题，把实施扩大内需战略同深化供给侧结构性改革有机结合起来，增强国内大循环内生动力和可靠性，提升国际循环质量和水平，加快建设现代化经济体系，着力提高全要素生产率，着力提升产业链供应链韧性和安全水平，着力推进城乡融合和区域协调发展，推动经济实现质的有效提升和量的合理增长。

"供应链韧性"(Supply Chain Resilience)的概念最早是在 2003 年由 Rice 和 Caniato 教授提出的，其正式定义是 Christopher 和 Peck 教授在 2004 年首次提出，将供应链韧性定义为

"供应链受到干扰后能够恢复到其原始状态或更加理想状态的能力"。随后，供应链韧性的其他定义也陆续被提出，目前使用较为广泛的定义为"供应链对潜在的突发事件的事前准备、在中断发生后的快速响应并从中恢复的适应能力"。

对供应链的关注从微观的企业层面提升到产业层面，一方面是因为我国经济已由高速发展阶段转向高质量发展阶段，产业链供应链安全稳定是构建新发展格局的重要基础；另一方面是因为当前国际环境复杂严峻，新冠疫情对全球的生产贸易活动造成冲击，全球产业链供应链加速重构，我国产业链供应链面临诸多挑战。首先在逆全球化思潮影响下，贸易保护主义抬头，西方一些国家针对关键技术和领域的打压力度明显加大，我国产业链供应链在许多领域依然面临"卡脖子""断供"等威胁。其次，产业链供应链外迁风险增大，在全球产业链供应链加速重构时期，我国经历了由工业化向经济服务化阶段的过渡，国内一些地区产业链供应链外迁趋势渐露端倪。最后，我国产业链供应链尚存在部分领域核心基础零部件、关键技术和设备、关键基础材料严重依赖进口，质量技术基础不完善、共性技术创新体系缺失等问题，造成我国对产业链供应链关键环节掌控力较弱，局部受阻或断裂的风险较大。

2. 确保重要产业链供应链安全

党的二十大报告在第十一章节"推进国家安全体系和能力现代化，坚决维护国家安全和社会稳定"中明确提出：增强维护国家安全能力，坚定维护国家政权安全、制度安全、意识形态安全，确保粮食、能源资源、重要产业链供应链安全，维护我国公民、法人在海外合法权益，筑牢国家安全人民防线。

产业链供应链安全涉及多个方面，比如重要原材料、零部件、中间产品、产成品供给明显不足或中断；核心技术受到他国封锁或限制；重要交通与物流通道受阻；支付受制于人或中断等。当前，受地缘政治、贸易摩擦、外交冲突、自然灾害、公共卫生危机以及国家竞争等因素影响，产业链供应链安全风险增大。保障重点领域产业链安全、供应链安全，不在关键时刻掉链子，已经成为重大战略任务。

将产业链供应链安全提升到国家安全层面，与粮食、能源资源安全并列受到多重因素的影响。

一是新冠疫情发生后，各国产业链供应链受到巨大冲击，保障产业链供应链安全成为各国的重要战略目标。同时在数字化、可持续发展等浪潮影响下，全球产业链供应链正在加速重构，主要发达经济体比如美国、英国、日本、德国均从战略层面推动产业链供应链体系建设，国家间的竞争很大程度上已演变成高技术产业与供应链的竞争。

二是安全是发展的前提，发展是安全的保障，统筹发展和安全、做到居安思危，是我们党治国理政的一个重大原则，当前我国经济发展面临需求收缩、供给冲击、预期转弱三重压力，困难和挑战明显增多，需坚持稳字当头，产业链供应链安全稳定是经济良性循环的基础，是稳定增长的重要支撑。

三是产业链供应链安全意味着关键生产环节的自主可控，目前我国在多数关系国民经济命脉重大装备的整机设计、制造、运行上已经实现了国产化和自主可控。当前存在的主要问题是一些基础零部件、基础软件、基础材料、仪器和计量设备和少数整机领域仍然存在瓶颈和短板，特别是芯片、操作系统、工业软件、仪器和计量设备、基础材料、高档数控机床具有很强的通用性和渗透性，其存在的瓶颈和短板影响广泛。在国际形势不稳定的情况下，掌握产业链关键环节或重点领域核心技术，独立解决产品、技术等方面的"卡脖子"问题，能有效防范产业链关键环节风险，在面临外部产品、零部件或技术等断供、断链冲击时，迅速恢复，稳定运行。

3. 加快建设制造强国、质量强国、航天强国、交通强国、网络强国、数字中国

二十大报告在第四章节"加快构建新发展格局，着力推动高质量发展"中明确指出：建设现代化产业体系，坚持把发展经济的着力点放在实体经济上，推进新型工业化，加快建设制造强国、质量强国、航天强国、交通强国、网络强国、数字中国。

二十大再次提出了要加快建设交通强国。交通运输是国民经济基础性、战略性、先导性产业，也是重要服务性行业，是服务构建新发展格局的重要支撑。综合交通运输体系的不断完善，交通支撑实体经济降本增效的能力也将不断提升。根据交通强国的建设要求，到2035年，我国将基本建成"人民满意、保障有力、世界前列"的交通强国，到2050年全面建成交通强国，实现"人享其行、物优其流"。

交通运输是承担物流总量最大、街接物流环节最多、服务市场范围最广的物流关键环节，是现代物流发展的基础主体。在外部环境不稳定且内部要求不断提升的形势下，现代物流发展面临新要求：一是"双碳"发展目标对于交通运输尤其是公路货运的新要求。二是建设满足经济社会发展新需求的现代流通体系的新要求。三是推动物流业制造业深度融合、创新发展的新要求；四是推动产业梯次转移，实现区域协调发展的新要求；五是经济复苏和供应链安全的新要求；六是电子商务快速发展、人民消费升级的新要求。

（四）物流行业的四大机遇

从十八大到二十大，物流业在市场经济中的地位逐渐凸显；物流设施地位提高，确立了物流基础性、战略性、准公益性的地位；对产业链供应链的关注从企业微观层面上升到产业层面、国家安全层面。从现代物流业取得成就来看，我国加大物流基础设施建设，搭建了以国家物流枢纽为核心，多种运输方式为通道，骨干冷链物流基地、示范物流园区、多式联运场站、城市配送中心、物流末端网点等为支撑的物流基础设施网络，初步形成了"通道+枢纽+网络"的物流运行体系。社会物流总额由 2012 年的 177.3 万亿元增长到 2021 年的 335.2 万亿元，年均增长达到 7.2%，成为全球最大物流市场。从趋势上来看，未来我国物流业将持续上行发展，迎来四大发展机遇。

1. 供给侧改革持续推进，供应链创新及应用作为推进供给侧结构性改革的重要抓手，大有可为

"供给侧结构性改革"的提法，最早出现于 2015 年的中央财经领导小组第十一次会议，会议提出，"着力加强供给侧结构性改革，着力提高供给体系质量和效率，增强经济持续增长动力，推动我国社会生产力水平实现整体跃升"。十九大召开前夕国务院正式发布了我国首个供应链政策——《关于积极推进供应链创新与应用的指导意见》。这一政策的发布，也为物流业降本提效提出了新的思路。意见明确指出，加快供应链创新与应用是推进供给侧结构性改革的重要抓手。二十大报告在第四章节"加快构建新发展格局，着力推动高质量发展"中明确指出，"我们要坚持以推动高质量发展为主题，把实施扩大内需战略同深化供给侧结构性改革有机结合起来"。现代供应链作为连接供给侧和需求侧的桥梁和纽带，发展现代供应链，有利于运用先进的供应链管理技术和模式来替代过去低效粗放的运营模式，促进降本增效，优化供给结构、供给质量和供给效率，推动经济高质量发展。当前企业供应链管理水平两极分化，尤其是中小企业的供应链管理水平偏低，如何提高供应链管理水平，在激烈的市场竞争中占据优势成为各企业必须面对的关键问题。

2. 物流基础设施升级作为现代化基础设施建设的重要一环，具有长期机遇

党的十九大报告从国家发展战略全局的高度首次将物流与公路、铁路、电力等国家重大基础设施并列，物流设施地位提高，确立了物流基础性、战略性、准公益性的地位。

二十大报告在第四章节"加快构建新发展格局，着力推动高质量发展"中指出，"优化基础设施布局、结构、功能和系统集成，构建现代化基础设施体系"。中央财经委员会第十一次会议明确了现代化基础设施的五大方向，其中就包括物流等产业升级基础设施建设。铁路、公路、机场、港口、码头、管道、货运场站、物流园区、中转分拨中心、快件处理中心、邮政网点等硬件是基础设施，信息系统、大型数据库、互联网平台等软件也是基础设施，物流基础设施建设升级和结构优化是持续性的，具有长期机遇。

3. 数字化转型，物流领域的新理念、新技术，促进物流企业降本增效，驱动企业更好发展

此次二十大报告指出要加快建设数字中国，提到数字中国就不得不提数字经济。推动数字经济新形态必不可少"三驾马车"：技术、要素及设施。技术即数字技术，要素即数字化的信息和知识，设施即现代信息网络。数字经济的发展由产业数字化支撑，而产业数字化则是由企业数字化转型来实现的。当前，与其他行业相比物流业整体数字化程度偏低，中小企业多，物流行业的数字化转型既是挑战也是机遇。

中国各行业的数字化水平

数字化水平较低 ▰▰▰▰▰ 数字化水平较高

行业	整体数字化水平	GDP占比/%
ICT行业		7
媒体		0.3
金融和保险		6
娱乐休闲		0.2
零售贸易		2
公用事业		3
医疗保健		2
政府服务		2
教育		4
批发贸易		6
高端制造		10
油气		4
基础产品制造		7
化工和制药		10
冶矿		3
运输与仓储		4
专业服务		3
房地产		5
农业与狩猎		7
个人与本地服务		6
酒店服务		2
建筑		7

数据来源：麦肯锡全球研究院

4. 与交通业、制造业深度融合，打造产业链供应链生态体系

习近平总书记指出，要大力发展智慧交通和智慧物流，推动大数据、互联网、人工智能、区块链等新技术与交通行业深度融合，使人享其行、物畅其流。交通运输是现代物流发展的基础主体，物流业与交通业的深度融合能解决交通枢纽与物流园区布局不衔接，多式联运和供应链物流发展滞后，运输标准化、信息化及规模化水平低的问题，实现提质、降本、增效。二十大报告明确指出：建设现代化产业体系，坚持把发展经济的着力点放在实体经济上。在国家大力支持实体经济发展的形势下，物流业还需与制造业深度融合，结合新兴技术，利用智慧物流助力实体经济降本增效，引领行业创新发展。工信部确定杭州、武汉、成都、宁德等12个城市为首批开展产业链供应链生态体系建设试点，树立一批可复制、可推广的发展标杆，助力制造业高质量发展。

（资料来源：物联云仓 https：//www.50yc.com/information/zhengce/18689）

附　录　各章节二维码

视频 1-1
物流成本的概念

视频 1-2
物流成本相关理论学说

视频 1-3
物流成本管理内涵与意义

视频 1-4
物流成本管理与控制系统的几本内容

视频 2-1
物流成本核算的意义

视频 2-2
物流成本核算方法 1

视频 2-3
物流成本核算方法 2

视频 2-4
隐形物流成本的核算

视频 2-5
物流成本分析概述 1

视频 2-6
物流成本比较分析

视频 2-7
物流成本性态分析

视频 2-8
物流成本保本点分析

视频 2-9
物流成本保利点分析

视频 3-1
作业成本制度的基本原理

视频 3-2
物流作业成本制度的实施步骤 2

视频 3-3
物流作业成本制度的实施步骤 1

视频 3-4
物流作业成本分析与改善

视频 3-5
作业成本案例

视频 3-6
物流成本经营分析与安全边际

视频 3-7
企业物流成本结构分析案例

视频 6-1 物流责任会计实施内容 1	视频 6-2 物流责任中心的划分及成本管理 1	视频 6-3 物流成本预算的编制内容	视频 6-4 物流成本预算基本方法 1
视频 6-5 弹性预算	视频 6-6 弹性预算案例分析	视频 7-1 物流绩效评价步骤 1	视频 7-2 货主企业物流成本分析评价
视频 7-3 货主企业存货资金核定方法 1	视频 7-4 货主企业存货管理绩效评价	视频 7-5 物流企业财务绩效评价指标体系	视频 7-6 平衡计分卡
视频 8-1 物流成本日常控制的内容	视频 8-2 运输成本的控制	视频 8-3 仓储成本的控制	视频 8-4 自有仓库与租赁仓库的战略选择
视频 8-5 运用 ABC 和 CVA 分类管理法	视频 8-6 配送成本的控制 1	视频 8-7 装卸搬运成本的控制	视频 8-8 包装成本的控制

参 考 文 献

[1]中国注册会计师协会. 财务成本管理[M]. 北京：中国财政经济出版社，2023.

[2]鲍新中. 物流成本管理与控制[M]. 北京：人民邮电出版社，2020.

[3]张艳，刘明伟. 物流成本管理[M]. 北京：清华大学出版社，2022.

[4]王桂花，万里. 物流成本管理与控制[M]. 北京：高等教育出版社，2021.

[5]朱伟生. 物流成本管理[M]. 北京：机械工业出版社，2019.

[6]胡博文，张建军. 考虑经济成本和环境影响的城市物流枢纽布局研究[J]. 上海管理科学，2017，39(1)：85-88.

[7]田生. 基于利益相关者理论的物流业环境成本核算与控制研究[D]. 天津：天津理工大学，2014.

[8]张驰，李华东. 基于环境影响的绿化物流成本初探[J]. 工业安全与环保，2012，38(9)：94-96.

[9]张驰. 基于环境影响的物流成本构成研究[D]. 成都：西南交通大学，2012.

网站

中国仓储与配送协会 http：//www. cawd. org. cn/

中国物流与采购联合会 http：//www. chinawuliu. com. cn/

中国物流学会 http：//csl. chinawuliu. com. cn/